Éclair $14.95

SERVICE ROYAL

Traduction: Eric Watton
Couverture: — Conception graphique: Martin Dufour
          — Photographie: Keystone
Photos: collection personnelle de l'auteur et D.R.

Dépôts légaux: 2e trimestre 1983
Bibliothèque nationale du Québec
Bibliothèque nationale du Canada

ISBN: 0-7773-5661-9

Imprimé au Canada

Si vous désirez recevoir la liste de nos plus récentes publications,
veuillez écrire à:

LES ÉDITIONS HÉRITAGE INC.
300, Arran, Saint-Lambert, Qué. J4R 1K5
(514) 672-6710

SERVICE ROYAL

Stephen Barry

Héritage+plus

SOUS
LA DIRECTION
DE
RENÉ BONENFANT

CHAPITRE PREMIER

LE MARIAGE

En entrant dans la chambre du Prince Charles pour le réveiller, ce matin du 29 juillet 1981, je constatai que, pour la première fois en douze ans de service, ma mission n'avait ce jour-là aucune utilité : il était là, couché sur son lit, mais les yeux grands ouverts.

Je fis couler son bain et, comme d'habitude, j'allumai au passage la radio. Le programme spécial avait déjà commencé. Le Prince se montra assez excité, mais pas du tout nerveux.

La préparation des derniers mois avait été intensive, mais surtout, le futur Roi d'Angleterre avait été, tout le long de sa vie, formé pour de telles cérémonies.

Du Mall[1] venait à nos oreilles la rumeur de la foule amassée jusque devant les grilles. La plus légère ondulation d'un rideau aux fenêtres du Palais suffisait à la faire redoubler d'applaudissements et d'acclamations.

Après son bain, le Prince Charles enfila un velours à côtes, et une chemise pour prendre paisiblement son petit déjeuner. A 9 heures trente, il consacra quelques instants pour dire adieu à Paul Officer, son garde du corps et compagnon de longue date, qui devait quitter le service à ce moment.

---

1. Le Mall est, à Londres, cette avenue monumentale qui conduit de Buckingham Palace à Trafalgar Square.

Dans ses appartements, régnait une atmosphère tout à fait sereine : il n'aurait pas pu être plus détendu.

A 10 heures moins vingt, j'achevai de l'habiller. Dans son uniforme de la Marine, il était prêt à prendre sa place dans le cortège qui le conduirait à Saint-Paul et à la mariée. Il détourna la tête du miroir :

— Il nous en a fallu, du temps ! Mais, enfin, nous y voilà ! Je vous remercie, Stephen.

— Merci à vous, Monsieur.

L'heure approchait.

— Tout est paré, en ce qui concerne Broadlands ? voulut-il savoir à ce moment.

Les nouveaux mariés devaient passer les deux premiers jours de leur voyage de noces dans la maison de Lord Mountbatten, qui avait été le parrain du Prince Charles, et presque un grand-père pour lui.

— Tout est en ordre, Monsieur, lui répondis-je.

— Bien... — Il resta silencieux un instant avant de reprendre. — Comment irez-vous à Saint-Paul ?

— Mais je vous suivrai, Monsieur, répondis-je.

Il éclata de rire.

— Espérons que nous n'allons pas nous perdre tous les deux !

Je descendis avec le Prince jusqu'à la Grande Porte, qui était remplie de monde. Cette porte du Palais n'est pas visible du Mall. Le Prince Andrew attendait déjà son tour dans le vestibule, alors que la Reine et le Prince Philip étaient sur le point de partir pour la Cathédrale. Tout le personnel qui n'allait pas à la cérémonie s'était massé à l'entrée pour saluer les départs. Applaudissements et ovations fusèrent à l'arrivée du Prince Charles, et quand son équipage se mit en marche.

De mon côté, je traversai en courant la Grande Salle d'Honneur, qui mène aux Jardins, et sautai dans une voiture qui attendait devant le perron du Jardin Privé.

La voiture emprunta le plus court chemin, par les quais, mais je pus entendre sur le trajet, les ovations et les applaudissements incessants de la foule au passage du cortège royal.

Le Gouverneur de la Maison Royale était avec moi dans l'auto et sa présence fit ressurgir en moi tous les souvenirs des années passées, depuis que son prédécesseur m'avait engagé, il y avait de cela si longtemps.

— Eh bien, Stephen. Voilà le grand événement, finalement. Il ne reste plus qu'à espérer qu'ils soient heureux ensemble.

Pour ma part, je ne pensais qu'à une chose. Qui aurait deviné, l'été précédent à Cowes [1], que nous serions tous à la Cathédrale Saint-Paul aujourd'hui, pour voir le Prince épouser Lady Diana, si peu de temps après leur première rencontre ?

Je pris place dans la Cathédrale avant même que le Prince n'arrivât. Il n'y avait plus rien que j'eusse pu faire à ce stade. La Princesse, bien sûr, était attendue par sa coiffeuse et sa maquilleuse pour de rapides retouches, mais les hommes de la famille Royale, contrairement à ce qu'on dit parfois, ne portent aucun maquillage à l'occasion des cérémonies publiques. En fait, ils n'en ont tout simplement pas besoin, tant leur peau à tous semble impeccable. Le Prince ne mettait même pas de maquillage pour les séances de photographie, et si je me souviens bien, il avait été stupéfié par l'apparence de la Princesse Anne, lors de son mariage :

— Elle est bien trop maquillée ! s'était-il tout de suite exclamé en la voyant.

Peu de gens en Grande-Bretagne (et il faut bien le dire, dans une grande partie du monde) n'ont pas vu la cérémonie à la télévision, mais ceux qui furent présents dans la cathédrale ne sont pas nombreux et se fut pour eux une expérience extraordinaire. Saint-Paul était baignée de lumière, des fleurs jaillissaient de partout, et une musique merveilleuse s'envolait majestueusement vers le dôme. Chacun se dévissait le cou pour reconnaître les autres invités, ce

1. Cowes : village de l'île de Wight, où se trouve la résidence royale d'Osborne House, et le mouillage du yacht royal *Britannia*.

qui, sans aucun doute, est le fait de n'importe quel mariage dans de grandes familles.

Le retour au Palais dans le cortège, après le service, fut aussi une aventure incroyable. De la voiture dans laquelle j'étais assis avec les membres de la Maison du Prince, j'embrassais du regard un océan de visages. De souriants et heureux visages. Les rayons de soleil avivaient par intermittence les couleurs lumineuses des drapeaux. Le vacarme des acclamations était invraisemblable. Nous étions également conscients que la foule essayait de nous identifier, sans être pour autant déçue de notre anonymat. Ce jour-là, je crois que les gens auraient acclamé n'importe quoi !

La voiture nous déposa au Palais, à l'Entrée de la Cassette Royale, et nous nous rendîmes sur le Quadrangle, d'où nous eûmes le privilège d'un exceptionnel point de vue sur le baiser au balcon, avec les handicapés que le Prince avait tenu à faire admettre dans la cour du Palais. Je venais d'assister à un événement historique...

Le repas de noces fut strictement réservé à la famille. Personne de la Maison Royale n'y fut présent. Pendant ce temps, nous avions notre propre repas spécial, servi au Palais.

Le Prince et sa nouvelle Princesse montèrent ensuite se changer, avant le départ pour Waterloo Station. Elle regagna sa petite suite où, avec l'aide de sa mère, elle changea de toilette, tandis que j'accueillai le Prince dans ses appartements de célibataire.

— Vous avez pu voir le service de façon satisfaisante ? me demanda-t-il, alors que je remettais son uniforme sur le cintre.

— Magnifiquement. C'était vraiment merveilleux, répondis-je. Kiri Te Kanawa vous a plu ?

— Je n'ai malheureusement pu que l'entendre, dit-il. Je signais le registre d'état-civil, à ce moment-là.

Je sortis son costume gris rayé, qu'il affectionne particulièrement, et une chemise propre. Il se rhabilla à toute allure, sans cesser de parler.

— Je suis tellement content que tout se soit si bien passé, fit-il. Cela s'est bien passé, n'est-ce pas ?

Quelle question ! Dehors, la foule continuait à les réclamer, lui et la Princesse.

Il passa dans son bureau pour prendre quelques dossiers qu'il voulait emporter avec lui. Même pendant son voyage de noces, il ne cesserait pas de travailler. Il glissa un regard furtif entre les rideaux :

— Il y a un homme, dehors, qui a peint sa tête aux couleurs de l'Union Jack[1], fit-il. C'est incroyable ! — Il était authentiquement étonné par la réaction populaire. — Ils ne rentrent donc jamais chez eux ? ajouta-t-il encore médusé. C'est inimaginable ! — Il quitta la fenêtre. — Vous venez assister à mon départ ?

— Oui, Monsieur. Je serai en bas dans la cour, avec tout le monde.

— Ce n'est pas cela que je voulais dire. Venez donc à la gare !

Sur cette invitation, qui trahissait tout le changement d'attitude qui se manifestait en lui à présent, il s'élança dans les couloirs, — il court tout le temps — pour rejoindre la Princesse dans ses appartements, tandis que je me précipitais en bas pour déposer sa mallette dans la Rolls.

Et nous voilà repartis, Sir John Miller, l'Ecuyer de la Couronne, et moi-même, dans le sillage des nouveaux mariés, à travers les foules électrisées, jusqu'à Waterloo Station, où un train devait les conduire à Broadlands.

L'atmosphère à la gare était dénuée de tout cérémonial. Dans l'enthousiasme de ce départ sous les ovations, la Princesse embrassa impulsivement plusieurs personnes, et, juste avant de monter dans le train, le Prince me prit à part :

— Merci pour tout, Stephen. Je vous verrai samedi à l'aéroport.

— Vous pouvez compter sur moi, Monsieur.

Ce samedi, je devais les rejoindre pour le voyage de noces : le Prince avait eu cette charmante attention d'inviter

1. Union Jack : nom donné au drapeau du Royaume-Uni.

sa vieille équipe à l'accompagner sur le *Britannia,* en cette occasion. Le groupe incluait John Maclean, son policier, John Winter, son écuyer, moi-même, la femme de chambre de la Princesse, et Graham Smith, le policier tout nouvellement affecté à celle-ci. C'était là une attention particulière en remerciement du travail supplémentaire que nous avions tous accompli durant les mois précédents.

Je rentrai au Palais tandis que les gens se dispersaient lentement dans les rues encore constellées de papiers multicolores, débris d'une fête qui avait rassemblé Londres tout entière dans l'allégresse.

Les véhicules de nettoyage étaient déjà à l'œuvre par endroits. Quand nous arrivâmes au Palais, un valet de pied vint me trouver :

— Il y a quelque chose pour vous à la cuisine.

Je n'avais pas la moindre idée de ce que cela pouvait être, mais j'allai voir sans plus tarder.

C'était une bouteille de champagne. Laissée par le Prince...

CHAPITRE II

VALET, PAR NOMINATION ROYALE

Le Prince de Galles se trouvait dans son salon, au Château de Windsor, juste au-dessus de celui de la Reine dans Queen's Tower. J'attendais qu'un laquais annonce ma présence. J'avais le trac... Nous étions en Juillet 1970. James MacDonald, le vieux serviteur du Roi George m'accompagnait et ensemble, nous entrâmes dans cette pièce, que le Prince avait encombrée de souvenirs divers, et où il semblait encore travailler à quelque dossier.

— Voici Stephen Barry, Votre Altesse Royale, annonça James.

Je saluai profondément, et le Prince me considéra de ses yeux bleus francs.

— C'est vous qui allez vous mettre sur la brèche pour me servir de valet, n'est-ce pas ?

— J'aimerais bien, Monsieur, répliquai-je.

Il hocha la tête.

— J'espère que cela vous plaira et que je ne vous ferai pas tourner en bourrique.

J'étais encore intimidé, mais je glissai :

— Je suis très honoré, et je suis sûr qu'il n'en sera rien. Merci beaucoup de la confiance que vous placez en moi.

Ce fut pratiquement la première conversation digne de ce nom que j'eus avec le Prince. Pendant les trois premières années, quand j'étais laquais au service de la Reine, je l'avais à peine vue : il avait passé son temps à l'école de Gordonstoun, et plus tard à Trinity College, à Cambridge. Cependant, il était toujours venu à Windsor pour Noël, et parfois s'était arrangé pour passer à Sandringham en février, quand il lui avait été possible de s'échapper de Trinity.

J'étais au service de la Couronne depuis septembre 1966. Fort de cette expérience, j'en étais arrivé à la conclusion qu'un changement s'imposait dans ma vie. Il me semblait en même temps que les valets personnels avaient une vie très excitante, et agréable, où la monotonie n'avait aucune place grâce aux incessants voyages de leurs maîtres.

Le valet du Duc d'Edimbourg était un ami, et je décidai de lui en toucher un mot. Je savais que James MacDonald devait prendre sa retraite, et la rumeur courait que le Prince, qui allait bientôt quitter l'Université, emploierait un valet personnel pour la première fois. James s'occupait de lui à temps partiel, et il était tenu pour certain que le vieux serviteur avant de se retirer, formerait quelqu'un pour s'occuper du Prince Charles.

Je n'étais pas le seul à briguer ce poste. De nombreux employés royaux auraient donné n'importe quoi pour travailler à son service. Tout le monde au Palais adorait le Prince, et cela depuis sa petite enfance. Personne n'avait jamais formulé de jugement négatif à son égard, fait assez unique dans un monde aussi clos que celui où nous travaillions.

Même certains employés qui avaient quitté le service depuis longtemps, ayant prévu que le Prince aurait besoin de quelqu'un, avaient envoyé leur candidature. Beaucoup de gens qui abandonnent le service royal, ont plus tard l'impression d'avoir fait une erreur. C'est un monde si protégé que cela peut sembler difficile, ensuite, d'affronter la vie normale. Et le retour à cet environnement protégé, en plus au service du Prince Charles, était une tentation bien forte pour ces nostalgiques.

Je décrochai cet emploi simplement parce qu'il s'est trouvé que j'étais au bon endroit, au bon moment, et parce que j'avais 21 ans, le même âge que le Prince. J'avais laissé entendre à MacDonald que cette idée me plaisait, et un jour, au début de 1970, il m'annonça :

— Je cherche quelqu'un pour m'aider avec le Prince Charles. Il est souvent absent, mais il y aura assez de travail pour vous.

Bien sûr, il n'avait pas le dernier mot dans la sélection mais il parla de moi au Secrétaire Privé du Prince, le Squadron Leader[1] David Checketts. Ce dernier me fit mander pour s'assurer de mon sérieux. Il sollicita ensuite auprès du Gouverneur de la Maison mon détachement temporaire pour un essai. Le Gouverneur annonça à son tour qu'il serait ravi de me donner une telle opportunité, et tout fut dit.

Cette conversation fort brève avec le Prince Charles fut ce qui se rapprocha le plus d'une entrevue d'engagement. Je ne lui étais pas totalement étranger, et il devait s'être souvenu de moi quand j'étais Laquais de la Nursery, du temps où ses jeunes frères en étaient les hôtes. Je l'avais toujours trouvé de plaisante compagnie, et il constituait une sorte de mystère pour moi, un mystère que j'étais avide d'élucider.

Le Prince m'appela tout de suite Stephen. La famille Royale appelle toujours ses policiers, pages, chauffeurs et vieux serviteurs par leur nom de famille. Les Laquais et Valets sont appelés par leur prénom. Personne, bien sûr, n'oserait même imaginer d'appeler un membre de la famille Royale par *son* prénom !

Chaque mâle royal a deux valets, l'un plus ancien que l'autre. Il ne s'agissait donc pas de me jeter à l'eau sans préparation. James MacDonald guida mes premiers pas et m'apprit tout ce qu'il me revenait de faire.

Mes conditions de vie commencèrent immédiatement à s'améliorer. J'étais monté de quelques degrés dans la hiérarchie. J'eus dorénavant mon appartement personnel à Buckingham Palace. De même, je cessai d'errer de chambre en chambre dans les autres résidences royales, comme avant. A Windsor, je n'étais pas éloigné du Prince : un escalier et un couloir nous séparaient. Quand il sonnait, je pouvais y être rapidement et commodément. Au Palais, par contre, j'étais logé à quelque distance de chez lui, mais cela n'avait

1. Squadron Leader : grade de commandant dans la Royal Air Force.

pas une grande importance, parce qu'au fond le Palais est beaucoup plus un bâtiment administratif qu'une maison d'habitation. Nous travaillions la journée et le soir, le personnel rentrait dans ses propres appartements. Si je voulais inviter des amis à prendre un verre, c'était plus pratique comme ça, plutôt que de croiser sans arrêt la famille Royale dans ses couloirs.

Beaucoup de soirées sont libres à Buckingham : on peut sortir ou inviter des amis, comme ailleurs. Quand la famille Royale s'installe à Windsor, Balmoral, ou Sandringham, le personnel est de service en permanence. C'est donc une facilité dans ce cas que d'habiter assez près de son maître.

A Buckingham Palace, les appartements du Prince se situaient sur le devant du bâtiment et dominaient le Mall.

Deux pièces m'avaient été affectées, où je partageais cuisine et salle de bains, qui se trouvaient sur l'arrière du château, avec vue imprenable sur les Jardins. Je n'aurais pas renoncé à ce deux-pièces pour une simple question de distance. En plus, je compris rapidement que nous ne passions pas beaucoup de temps au Palais, et que, dans ce cas, un déménagement ne s'imposait pas vraiment. Je devais tout au plus me trouver dans les parages quand le Prince résidait à Londres. Mais il n'y avait aucune raison d'être voisins immédiats, parce que, le plus souvent, il partait dans des soirées, ou en week-ends à l'extérieur.

Bien sûr, j'étais très fier d'avoir décroché ce travail. Je fis des envieux, et bien des gens se demandèrent pourquoi moi. La vieille garde du Palais pensa que mon succès était assuré. Le plus agréable, et le plus encourageant, pour moi, fut de devenir un visage avec un nom, et de cesser d'être ce simple numéro dans la foule.

Je n'ai pas tout de suite commencé à travailler avec le Prince : il partit sur ces entrefaites pendant deux semaines au Canada avec la Reine. Ils visitèrent les Territoires du Nord-Ouest, tandis que moi, de retour à Londres, j'appris les rudiments de mon nouvel emploi.

Avant de partir, le Prince m'avait demandé :

— Quand nous monterons à Balmoral, vous aimeriez venir à la chasse avec moi, comme chargeur ?

L'idée me plut : j'acceptai...

— Bien, je préviendrai le bureau pour qu'ils vous envoient chez Purdey's, l'armurier. Que vous sachiez ce que vous devez faire ! Nous ne voulons pas que vous tuiez quelqu'un.

Il savait que je n'avais aucune expérience des armes de chasse, ni d'une quelconque arme à feu, et il était préférable que le gars qui devait se tenir derrière lui toute la journée avec son fusil, sût comment maîtriser l'engin. Ce fut un cours très simple pour expliquer le danger d'une arme de chasse, et apprendre les rudiments du tir. Je n'ai jamais fait un aussi fameux tireur que le Prince, mais j'ai fini par me défendre honnêtement.

Pendant ces quinze jours d'absence, je reconnus mon chemin dans son appartement, et au milieu de ses effets personnels. Quand il revint du Canada, deux semaines de plus me permirent de m'habituer à sa présence, jusqu'à ce qu'il me sonnât un jour, pour annoncer :

— Nous descendons à Cowes, ce soir.

Je fus assez surpris, car je croyais que James, plutôt que moi, serait descendu avec lui. J'étais aussi content : c'était la première fois que je travaillais indépendamment pour lui.

Nous devions nous rendre à bord du Yacht Royal *Britannia* et il avait décidé de conduire lui-même. Je m'installai donc à l'arrière de son Aston Martin flambante neuve, qui reste encore et toujours sa grande fierté et lui procure beaucoup de joie, tandis qu'un de ses policiers, Paul Officer, s'installait plus confortablement devant, avec lui.

Le Prince adore conduire et il excelle dans cet art, avec une prudence et un attention soutenues. C'était un curieux sentiment néanmoins, que d'être assis là, derrière, pensant brusquement :

— Mince, c'est le Prince de Galles qui me conduit !

Il faut du temps pour s'y habituer.

Il met toujours de la musique quand il conduit, et cette nuit-là, il fit jouer le *Messie* de Haendel en dévorant le macadam de l'autoroute M3, jusqu'à Cowes. Il se tourna vers moi :

— Cela ne vous ennuie pas, cette sorte de musique ?

— Pas du tout, fis-je.

Difficile de lui taper sur l'épaule au bout de cinq minutes et de lui dire quelque chose du genre :

— J'aime pas votre truc. Y a pas les Beatles ?

J'avais préparé ses bagages pour Cowes sous la direction de James. Je n'avais pas encore toutes les lumières sur mon travail, mais une fois sur le *Britannia,* tard dans la nuit, je me sentis plus à l'aise : je connaissais tout le monde à bord, pour y être resté pendant neuf semaines, quand j'étais allé en Australie avec la Reine, en Avril de la même année. Mon installation changea. Au lieu d'être dans une cabine sous le pont principal, je fus soudainement propulsé sur le même pont que le Prince, et dans une cabine tout ce qu'il y avait de plus confortable, également.

Mon standing, de façon générale, s'améliora considérablement dès ma période de mise à l'épreuve, bien que j'étais resté sur mon salaire de laquais. Je devins au terme de ce temps d'observation un véritable Valet à 98 livres par mois[1]. J'abandonnai immédiatement l'uniforme : escarpins et redingote furent remisés à jamais dans leur placard, et des costumes payés par le Prince les remplacèrent.

Cowes fut une très bonne introduction à ma nouvelle vie. Mon travail était des plus simples : il faisait de la voile toute la journée, et le seul vêtement qui eût quelque importance pour lui, ce fut son imperméable. Je n'eus qu'à attraper cette chance d'établir un contact progressif avec lui.

Pendant qu'il faisait de la voile, ceux d'entre nous qui travaillaient pour lui, prirent un bateau à moteur et allèrent à terre. A ce stade de nos relations, je restai très attentif à revenir bien avant qu'il retournât lui-même. M'ayant annoncé qu'il serait de retour à cinq heures, j'arrivai au bord bien prudemment à quatre heures. Peu à peu, je m'habituai à

1. 98 livres par mois : 1 176 francs de 1970.

ses horaires. J'appris à être là juste avant d'être appelé, pour pouvoir aussi arranger ma vie personnelle, entre les horaires.

Cowes ne dura que trois ou quatre jours, puis le yacht appareilla pour Southampton, où la Reine devait nous rejoindre avec les plus jeunes enfants. Le Prince Philip était déjà à bord, bien sûr. Il est Commodore[1] à Cowes, et il prend sa charge très au sérieux. La Reine n'y vient jamais : elle ne s'intéresse pas du tout aux choses de la mer. Nous devions la prendre au passage avec les petits Princes, et ensuite partir en Ecosse pour les vacances, et en profiter pour croiser dans les parages des Iles Hébrides. Nous fîmes d'abord escale à Milford Haven, en Pays de Galles, où la Reine inaugura une nouvelle grande raffinerie de pétrole. Puis le *Britannia* cingla vers les Hébrides. J'eus là ma première expérience de ces interminables pique-niques royaux, qu'ils affectionnaient tout particulièrement, quelles que soient les conditions atmosphériques. Les pique-niques sont pour la famille Royale ce que sont les banquets pour les autres êtres humains ! Nous quittâmes le navire à Aberdeen, et une flottille d'automobiles nous emmena à Balmoral. Après trois années comme laquais, ce fut assez étrange de revenir en Ecosse comme valet du Prince, avec comme seule responsabilité de le servir : je fus absolument maître de mon temps, et mon seul souci était le Prince.

Mes leçons chez Purdey se révélèrent utiles. Devenu son chargeur, il m'acheta à cet effet un costume de chasse avec des culottes, et une veste dans le tartan de Balmoral. Et je me lançai à sa suite dans cette lande à grouses, peuplée de Princes et de Princesses, de chiens, de rabatteurs, de ghillies, qui sont les gardes-chasse en écossais, et d'oiseaux tombant des cieux.

Et je découvris qu'il ne s'agissait pas seulement d'échanger des fusils, et de charger des cartouches dans une chambre. Je devais rester tout le long de la journée à côté du Prince. J'en eus, des courbatures, pendant les premiers jours ! Des

1. Commodore : grade dans la Royal Navy correspondant à Capitaine de Vaisseau, Commandant une division navale.

muscles, que j'ignorais complètement posséder, me faisaient un mal de chien ! Il était toujours en haut d'une colline alors que je haletais encore à mi-pente.

— Vous pouvez continuer ? me demanda-t-il au bout du deuxième jour de la chasse, à la fois moqueur et inquiet.

Les ghillies étaient heureusement bien gentils et me conseillaient :

— Allez par là, c'est plus facile et moins difficile ! Le Prince va par monts et par vaux comme une chèvre, et ce n'est pas facile pour ceux qui n'ont pas sa forme exceptionnelle.

Le grand plaisir de Balmoral, cette première fois, était de voir mes employeurs tout à fait détendus. Nous pouvions ainsi nous retrouver, assis dans la lande, avec le Prince Charles, tandis que le Prince Philip faisait le point de la journée. La Reine, que certains imaginent toujours parée de sa tiare et d'une robe de bal, arrivait avec son imper Burberry's tout fatigué par les années, un foulard et des bottes en caoutchouc boueuses, ravie de ce temps écossais si peu clément.

Je ne restais jamais à Balmoral toute la durée des vacances. J'essayais plutôt de prendre mon congé en même temps que le Prince, pour ne pas gêner le service. J'avais droit à cinq semaines par an, mais facilement extensibles. S'il s'en allait pour plusieurs semaines sans que ma présence fût requise, il me disait :

— Je n'aurai pas besoin de vous, Stephen. Pourquoi ne prendriez-vous pas quelques jours ?

Et ainsi, je faisais un petit tour en France.

Mais mon premier séjour à Balmoral dans ces nouvelles fonctions fut si fascinant que j'eus le plus grand mal à m'arracher à ce plaisir. Etre valet était sans conteste une meilleure affaire que d'être laquais.

CHAPITRE III

TRAVAILLER A BUCKINGHAM PALACE

J'avais 18 ans en 1966, quand je commençai à travailler à Buckingham Palace. Le Prince Charles, qui avait le même âge, était encore à l'école de Gordonstoun. Ses frères, les Princes Andrew et Edward avaient respectivement six et deux ans, et la Princesse Anne, alors âgée de 16 ans, était déjà folle d'équitation.

J'avais quitté l'école deux ans plus tôt sans idée bien précise de ce que je voulais faire. J'avais fini par vendre des surfaces publicitaires pour la Rank[1]. Ce n'était pas un boulot désagréable, mais je savais déjà au plus profond de moi-même que je ne tenais pas à travailler toute ma vie durant dans un bureau.

La royauté m'avait toujours fasciné, depuis le *Trooping the Colour*[2], auquel mes parents m'avaient emmené à l'âge de 7 ans. L'apparat, la précision d'horloge et l'émotion que suscitait cette cérémonie, m'avaient procuré un extraordinaire sentiment d'exaltation. Je m'étais souvent retrouvé sur les trottoirs, à observer les défilés, et agissant sous le coup d'une impulsion soudaine, je téléphonai au Palais de

1. La Rank est la grande maison de production et de distribution de cinéma, comparable peut-être à la Gaumont.
2. Le *Trooping the Colour* est une cérémonie militaire annuelle, durant laquelle, en présence de la Reine, le drapeau est présenté à la Garde. Son origine est très ancienne.

Buckingham — le numéro était tout simplement dans l'annuaire — pour demander s'il y avait des possibilités d'emploi. Comme je voulais être associé aux grandes pompes de la Monarchie, travailler au cœur de cette institution me semblait encore la meilleure solution.

Le Bureau du Personnel au Palais me conseilla d'écrire au Sergent des Laquais. Sans beaucoup d'espoir, je postai ma lettre.

Quelques jours plus tard, je reçus un petit carton très formel, m'enjoignant de me présenter pour une entrevue. Je vivais alors à Hammersmith [1] avec ma mère, qui était veuve, et ne voulant pas exagérer mes propres espérances, je ne lui avais rien dit de ce coup d'essai. Mais cette enveloppe, frappée au verso du sceau royal, et déposée sur notre paillasson attira bien évidemment son attention.

Je ne pensais vraiment pas avoir la moindre chance d'obtenir un poste. J'avais l'impression que ces jobs était jalousement gardés et réservés à certaines familles, mais bien qu'il y eût des familles de domestiques royaux, beaucoup, comme moi, étaient de simples royalistes, qui travaillaient pour la monarchie, animés par les mêmes raisons romantiques que les miennes.

Quand je me rendis à cette entrevue, j'espérais pouvoir rentrer dans le Palais par les portes en fer forgé du Mall, mais l'entrée de service et les bureaux vers lesquels je fus aiguillé, se trouvent sur le côté, près des Ecuries Royales. Le bureau lui-même était assez ordinaire, mais en suivant le couloir du Gouverneur, je me sentis projeté dans un monde merveilleux. Je marchais sur les tapis les plus épais que j'avais jamais vu, entre des murs couverts de tableaux aux cadres dorés et scintillants et de ce noble ensemble émanait une déconcertante impression de sérénité. Dehors, tout n'était qu'embouteillages et cacophonie, alors que le Palais paraissait merveilleusement tranquille et silencieux. J'avais l'impression de pénétrer dans un club privé. Je découvris par la suite que le

1. Hammersmith est un quartier du Grand Londres, à l'Ouest du centre.

Palais, malgré son apparente quiétude, est le théâtre d'une agitation constante. Bien qu'immense, il est facile de s'y diriger, en raison de la disposition rectangulaire. Des gens s'y perdent quelque fois, mais pas aussi souvent qu'au Château de Windsor[1]. A Windsor, certaines personnes peuvent errer pendant des heures, particulièrement les jours où la famille Royale reçoit des visites officielles. Il m'est arrivé à plusieurs reprises de rencontrer quelque malheureux représentant ou dignitaire de contrées lointaines, déambulant, complètement perdu, et tentant de demander dans son meilleur anglais où diable il pouvait bien se trouver.

Dès ce premier contact, le Sergent des Laquais me présenta au Gouverneur de la Maison de la Reine, mais il me sembla qu'on me jugeait surtout sur mon allure et mon apparence extérieure. Ce qui les intéressait le plus, c'était que ma taille fût suffisamment élevée. Les valets doivent être grands, et chose plus importante encore, à cette époque, ils devaient être couplés avec un autre valet, exactement du même format.

Le Sergent des Laquais fit venir un valet vêtu en queue de pie, pantalon noir et col dur.

— Mettez-vous dos à dos ! nous commanda le Sergent.

Nous obéîmes. Il nous regarda attentivement.

— C'est bon. Ça colle !

L'autre valet, qui devait être mon « pair » les trois années suivantes fut renvoyé à ses occupations, et on m'emmena chez le Gouverneur de la Maison Royale, Sir Mark Millbank.

Celui-ci ne m'adressa pas la parole et écouta seulement ce que le Sergent avait à dire, et hocha la tête.

— Vous recevrez de nos nouvelles, conclut-il.

Deux semaines s'écoulèrent, avant que je reçûsse une lettre qui m'annonçait que j'étais embauché au salaire de 28 livres[2] par mois, net.

En Septembre 1966, ma petite valise à la main, je partis

---

1. Le Château de Windsor, à l'Ouest de Londres, sur la Tamise, est une résidence royale restaurée au siècle dernier, mais d'origine Normande.
2. 28 £ équivalaient à 350 Francs de l'époque.

vivre à Buckingham Palace. Ma première chambre donnait
sur le devant, dominant le Mall. Dès mon arrivée, on fit
prendre mes mesures par le tailleur du Palais, chargé de
tailler ma livrée. Puis je fus guidé dans les sous-sols, où sont
rangées toutes les livrées de cérémonie avec leurs parements
d'or. Ces costumes incroyablement ornés sont gardés en
réserve pendant des années, sinon les dépenses du trousseau
complet de chaque page et de chaque valet seraient astrono-
miques.

Le Sergent me trouva une tenue qui pouvait m'aller.
C'était une veste écarlate à parements dorés, des culottes de
velours rouge, et des escarpins de cuir noir vernis. Très
inconfortables au demeurant. Jadis, m'expliqua-t-il, j'aurais
eu à porter une perruque, ou à poudrer mes cheveux, pour
revêtir la livrée de cérémonie, mais heureusement, cela ne se
faisait plus. La livrée quotidienne était beaucoup moins
exotique et consistait en une redingote noire, ou, pour les
occasions spéciales, une écarlate. Nous portions cela au
Palais même, ou encore lorsque nous étions à l'arrière d'un
carrosse de la Maison Royale, pour accueillir, ou reconduire
des ambassadeurs venus présenter leur lettre de créance à la
Reine. La corvée des carrosses était finalement très amusante. Nous nous habillions d'écarlate, et nous nous rendions
aux Ecuries, là où ils nous attendaient. Une fois sur le
marchepied, nous ne devions plus dire un mot, mais dans les
rues, les gens faisaient de telles grimaces, ou nous interpel-
laient de telle façon que, bien que nous regardions droit
devant en faisant semblant de ne rien remarquer, nous ne
pouvions nous retenir de pouffer à leurs lazzis.

Après avoir accompagné l'ambassadeur au Palais, nous
attendions dans la cour le moment de le ramener à son
ambassade. A la réception généralement organisée là-bas, un
verre ou deux de champagne nous étaient offerts, apportés
sur un plateau dans la cour. Heureusement que les chevaux
connaissaient le chemin du retour... Il faut savoir garder son
équilibre, quand on se tient comme cela, sur le bord d'un
carrosse, et particulièrement pour l'Ouverture du Parlement,
lorsque nous devions porter la livrée complète, agrémentée

d'un énorme tricorne et d'une épée. C'était là une sensation merveilleuse que de participer à cette cérémonie, mais aussi une épreuve !

Dans les premiers temps, j'étais habituellement affecté au carrosse de la Princesse Anne, ou à celui de la Princesse Margaret, et je regardais droit devant moi tandis qu'elles saluaient les foules. Etre associé à cette tradition était encore le meilleur aspect de ce travail. Je me souviens encore avec émotion de cette première nuit que je passais au Palais. Avant de me coucher, je m'installai à la fenêtre et, émerveillé, je pensai en regardant le Mall :

— Je suis à l'intérieur !

Bien qu'impatient de voir la Reine, je dus attendre un certain temps avant que cela n'arrivât.

Un valet me servait de mentor, pour m'inculquer toutes les ficelles du métier, et nous étions près de l'Entrée des Jardins, par où la famille Royale entre et sort habituellement du Palais. Cette entrée conduit à Constitution Hill, et aux grandes portes noires, où les spectateurs peuvent voir les voitures royales disparaître dans le domaine. La famille Royale aime bien utiliser cet accès discret, et qui permet de traverser les jardins.

La Reine rentra ce jour-là, revenant d'un déjeuner officiel et je fus littéralement stupéfait par sa fantastique présence. Il y a quelque chose d'indéfinissable en elle qui affirme son importance et son rang. J'épiai son arrivée, essayant de ne pas en avoir l'air. Elle s'arrêta pour dire quelques mots à sa dame d'honneur. Puis son page l'entraîna vers un ascenseur et elle disparut dans ses appartements privés, au premier étage. Elle avait dû faire un saut à Londres au milieu de ses vacances pour présider à la Conférence des Premiers Ministres du Commonwealth.

Je n'ai jamais su pourquoi, mais le Sergent des Laquais décida que je retournerais en Ecosse avec elle et sa Maison personnelle. C'est pour cela que j'ai toujours considéré que mes fonctions avaient vraiment commencé à Balmoral.

Nous voyageâmes jusqu'en Ecosse par le train royal. Chaque membre de la famille Royale utilise un wagon qui lui est propre. Celui du Prince était autrefois celui de Winston Churchill. Le personnel s'installe dans un compartiment de première classe, avec lit, bien sûr. Comme la Reine n'avait son propre serviteur, mon rôle était très réduit, et je me contentai de me laisser conduire dans ce grand confort vers les contrées nordiques du Royaume, à travers la nuit.

Je n'avais jamais mis les pieds en Ecosse. Quand nous arrivâmes, il fut décidé que je m'occuperais d'un membre de la Maison de la Reine, et l'on m'adressa à Lord Plunkett, un homme délicieux, grand ami et Ecuyer de la Reine. Il est malheureusement mort depuis cette époque.

Mon rôle était plutôt celui d'un serviteur personnel que celui d'un valet de pied : en effet, je devais prendre soin de ses vêtements et objets personnels. Je l'aimais beaucoup. Il avait un grand sens de l'humour et était toujours d'une parfaite élégance. Je me souviens très bien de lui, revenant d'une partie de chasse à l'affût, un de ces jours froids et pluvieux typiques des Highlands, et s'effondrant, épuisé, sur un fauteuil :

— Stephen, dit-il. Nous appelons ça un amusement ?

Lui, comme beaucoup d'autres, était tombé dans ce piège qui consistait à faire ce qu'aimaient la famille Royale, sans savoir vraiment s'ils aimeraient eux-mêmes ça, ou non.

Cette première fois, Balmoral m'apparut comme une très vaste demeure. Venant d'un modeste logement de banlieue, marcher à travers des couloirs sans fin, traverser d'immenses pièces me donnait une splendide sensation de démesure. Pourtant, par rapport aux normes royales, ce n'était pas du tout le cas. Je le compris par la suite.

Balmoral est la résidence d'été écossaise de la famille Royale. Ils l'utilisent pendant dix semaines de l'année. Le séjour est enchanteur : il fait froid dehors, mais confortable et chaud à l'intérieur. La plupart des pièces du mobilier, et même le papier des murs, doré et blanc, imprimé du « VR », remontent à l'époque de la Reine Victoria. Je ne crois pas que la demeure ait beaucoup changé depuis ce temps-là.

Je restai en Ecosse pendant six semaines, et à mon retour au Palais de Buckingham, j'avais beaucoup plus confiance en moi. Je commençais à me reconnaître dans le Palais et de même, je sentais que j'avais maîtrisé Balmoral. Je connaissais aussi beaucoup mieux le personnel et les membres de la Maison. Je restai partiellement à la disposition de Lord Plunkett, quand il assistait la Reine, mais le reste du temps, j'étais un valet de pied tout à fait ordinaire, c'est-à-dire, ni plus ni moins qu'un saute-ruisseau de bureau ou un chasseur de grand hôtel. Le temps s'écoule à attendre une mission, assis dans un vestibule. Je livrais paquets et lettres aux différents membres de la Maison Royale, mais sortais rarement de l'enceinte du Palais. Si une lettre devait être portée quelque part dans Londres, le Sergent la remettait à des messagers spécialement prévus pour ces courses.

Les Valets de Pied de la Reine, au nombre de deux, sont exemptés de ce genre d'activité. Leur travail essentiel est de s'occuper des Welsh Corgis [1] de Sa Majesté, et de faire toutes les courses qu'elle désire.

Si la Reine voulait qu'une lettre fût postée, ils confiaient le pli à l'un de nous, humbles valets, et nous devions nous en arranger. L'ordre de préséance était bien établi.

Depuis mes débuts au Palais, de profondes modifications sont intervenues. Les bureaux ont envahi de plus en plus l'espace habitable du Palais, au fur et à mesure que le travail de la monarchie s'est compliqué. Le type de personnel employé a beaucoup changé également : aujourd'hui, il serait très difficile à quelqu'un comme moi, sans formation aucune, d'obtenir un emploi à Buckingham. Ce sont maintenant pour la plupart des produits frais émoulus des collèges et des écoles hôtelières. Parfois même, ont-ils déjà une certaine expérience des hôtels.

De mon temps, cette qualification n'était pas nécessaire ; il était possible de commencer comme garçon de service à 14 ans, et pendant les deux premières années, de ne voir que les valets et les pages, au contact desquels le gosse recevait sa formation. Après, pour progresser dans la hiérarchie, il

1. Le Welsh Corgi est un chien d'origine galloise, court sur pattes, au corps allongé, au museau de renard.

fallait être affecté à la Maison de la Reine comme jeune valet de pied.

Mais peut-être est-il nécessaire d'expliquer ce qu'est la Maison de la Reine ? A sa tête, se trouve le Lord Chambellan, Lord Maclean, mais le travail quotidien est confié au Gouverneur de la Maison Royale, qui a ainsi la responsabilité de toutes les résidences royales. C'est lui qui dirige tout le personnel, comme le ferait le directeur général d'une grosse entreprise. Il est toujours de bonne naissance. A l'heure où j'écris ses lignes, le Gouverneur est l'Amiral Sir Peter Ashmore, un ancien officier de la Royal Navy. Les autres membres de la Maison Royale sont bien souvent des amis de la Reine, de sa famille, ou des gens qu'elle a connu toute sa vie, et qui ont même commencé comme Dame d'Honneur, ou courtisan, comme son Ecuyer. Il y a aussi quatre Dames d'Honneur à plein temps, et beaucoup d'autres à temps partiel. S'y ajoutent deux écuyers, dont l'un tient lieu de Gouverneur Adjoint.

La Reine a aussi à son service un Secrétaire Privé et deux Assistants-Secrétaires Privés. De nos jours, ils sont de plus en plus issus de l'Administration.

Une autre partie de sa Maison est constituée par la Cassette Royale, un groupe d'employés, avec à leur tête le Gardien de la Cassette, qui guide la Reine pour toutes les questions financières.

Le directeur du Service de Presse est aussi membre de la Maison, comme le sont plusieurs employés du bureau du Lord Chambellan.

Un autre service, pour lequel elle manifeste toujours un grand intérêt personnel, les Ecuries Royales sont dirigées par l'Ecuyer de la Couronne, Sir John Miller.

Le Gouverneur, autrefois Surintendant, s'asseyait tous les jours à table avec les autres membres de la Maison et se faisait servir par les plus jeunes laquais, comme moi, qui, ainsi, exerçaient vraiment leurs fonctions. Mais les choses ont bien changé aujourd'hui. Peu de gens se font servir de nos jours au Palais. Depuis des années maintenant, à sa demande expresse, on apporte un repas chaud à la Reine, qui se sert elle-même sur un plateau. Quand elle a fini, elle sonne pour son café et le plateau est emporté. Chacun, maintenant, se sert tout seul, même le Prince, qui, avant son mariage, préférait manger seul en regardant les émissions de télé qu'il avait manqué au cours de la semaine. En effet, il a sa propre vidéo, et une des tâches dont j'étais investi, était d'enregistrer tout ce qu'il voulait voir, et qui était diffusé alors qu'il avait un engagement ailleurs.

A Balmoral, ou à Sandringham, l'habitude est différente ; il y a là-bas pratiquement en permanence une fête en cours, et les repas sont servis dans l'argent, sur des nappes de lin et par des maîtres d'hôtel, exactement comme on s'imagine qu'un repas doit être servi à pareille table.

Presque immédiatement après mon engagement, je fus envoyé comme laquais à la Nursery Royale. Je devais servir Nounou, la merveilleuse Mabel Anderson, et les deux petits princes. Je n'étais pas personnellement chargé des enfants, puisque Mabel avait deux jeunes filles pour l'aider dans cette tâche, mais j'avais le devoir de distraire le Prince Andrew. Ce n'était pas facile : c'était un enfant très actif et il épuisait sa Nounou, qui n'était plus très jeune, en un rien de temps. Il se mêlait de tout, voulait inlassablement nous suivre en bas, où il n'avait pas le droit de se trouver, tirait les queues de redingote des laquais, grimpait partout pour atteindre ce qu'on essayait de mettre hors de sa portée. En peu de mots, c'était une très forte personnalité, et de plus, un fort joli garçon.

— Il sera le mieux de la famille, disait un jour Mabel. Et elle savait de quoi elle parlait, pour avoir été la Nounou de tous les enfants de la Reine. Elle l'adorait et lui passait presque tout. Il avait un penchant tout particulier pour faire des pieds de nez aux adultes, et généralement quand Nounou avait le dos tourné.

Des années plus tard, le Prince Charles voyant un jour son frère Andrew me flanquer une grande claque dans le dos dans un couloir du Palais, lui adressa un regard de reproche royal :

— Andrew, enfin ! Ne frappe pas ainsi Stephen !

— Mais, Charles, répondit Andrew. J'ai toujours frappé Stephen.

Et c'était vrai.

Ce fut une chance qu'Edward fût un enfant sage : deux enfants comme Andrew auraient été trop pour une seule nursery !

A ce moment de leur vie, nous appelions les enfants royaux par leur prénom. La Reine préférait cela afin qu'ils restent le plus simple possible dans leurs attitudes. Je les ai appelés Andrew et Edward jusqu'à ce qu'ils atteignissent l'âge de quatorze ans, et qu'ils partissent pour l'Ecole de Gordonstoun. Après cela, ils devinrent Prince Andrew et Prince Edward. La situation changea de nouveau pour leurs dix-huit ans. Le Bureau du Lord Chambellan publia alors une circulaire ainsi rédigée :

« Sa Majesté la Reine souhaite que le Prince Andrew, attteignant son dix-huitième anniversaire, soit dorénavant appelé Son Altesse Royale. »

Je dus graduellement m'habituer à dire Andrew, puis Prince Andrew, puis Votre Altesse Royale. Une étrange sensation quand on les a regardés, tout petits, rampant sur le sol de la Nursery. Mais le personnel du Palais doit s'habituer à ces légers changements dans l'étiquette.

Mon service à la nursery dura deux ans. L'entourage était agréable ainsi que le cadre. La Nursery elle-même est très grande, avec de hauts plafonds, et de grandes fenêtres, mais il y avait beaucoup de jouets, et du mobilier miniature pour les enfants. La plupart de ces objets venaient du temps de Charles et Anne. Chaque enfant avait sa propre chambre.

Maintenant le quartier de la nursery est hors de service. La salle de jeu a été transformée en salon. Les pièces qui virent grandir le Prince Edward lui servent à présent d'appartement, avec du mobilier d'adulte, bien sûr.

Lorsque Mabel Anderson prenait son jour, la Reine venait passer la soirée à garder les enfants. Elle arrivait à la Nursery et s'asseyait sur la chaise de Mabel pour regarder la télévision ou lire, et attendait tranquillement le retour de la Nounou. Son page et son valet de pied s'occupaient d'elle en lui apportant son dîner, et si les enfants se réveillaient, elle allait les bercer pour qu'ils se rendorment.

J'ai toujours pensé que ces soirées lui plaisaient bien. Le Palais de Buckingham est beaucoup plus le « bureau » pour la Reine, et son travail journalier est énorme, ce qui veut dire qu'elle avait très peu l'occasion de voir ses enfants.

Leurs moments d'intimité familiale se situaient plutôt à Balmoral, à Windsor, ou à Sandringham, que les membres de la famille considèrent comme leurs vraies maisons.

Mes débuts ont été facilités par ce passage à la nursery. Ce fut une bonne base pour moi : j'appris à connaître la famille Royale, et ils apprirent à me connaître. Le Prince Charles passait toujours par la nursery quand il était là, surtout au moment des repas. Il aimait au-dessus de tout prendre son thé là, et avait beaucoup d'affection pour Mabel Anderson, une grande dame écossaise, qui avait juste un an de plus que la Reine. Elle était en fait une des rares personnes qui embrassait le Prince Charles. Et elle n'y manquait pas. Elle était très fière de lui. Elle l'avait vu grandir, et probablement le connaissait mieux que personne.

Quand le Prince Andrew et le Prince Edward étaient petits, il aimait jouer avec eux, et ils l'adoraient. Il tenait beaucoup à son rôle de grand frère, le Duc étant si souvent en voyage, à cette époque de leur enfance, qu'ils le voyaient bien rarement. De même, la Reine était tellement occupée à ses fonctions, qu'il restait le seul membre de la famille à les voir le matin.

Il essaye encore de garder son statut de grand frère, même maintenant et alors qu'Andrew est plus grand que lui. Lui et la Princesse Anne ne s'entendaient pas aussi bien. Elle était toujours trop impatiente avec lui.

— Oh, allons, Charles ! l'entendait-on crier.

Elle se plaignait toujours de sa lenteur, à l'époque.

Quand j'appris à mieux connaître le Prince, je réalisai qu'il appréciait particulièrement le confort et la tranquillité, et que la nursery était certainement l'endroit qui répondait le mieux à ses besoins dans tout le Palais. Il y a même une cheminée, alors qu'il n'y en a que deux dans tout le bâtiment qui soient utilisées. L'une est dans le salon de la Reine, et l'autre dans la nursery.

La rotation du personnel est assez rapide au Palais. La paye n'est pas très élevée, et beaucoup de jeunes se présentent uniquement parce qu'ils sont intrigués et veulent savoir ce qui se passe au cœur de l'édifice monarchique. Beaucoup perdent rapidement tout intérêt à la chose, et s'en vont. Mais c'est un bon point de départ dans la vie, si on arrive à Londres, jeune et sans travail. Le gîte, le couvert, l'eau chaude, l'électricité et les vêtements sont fournis, et il est difficile d'avoir une meilleure adresse !

La rotation rapide signifie que les ambitieux peuvent espérer une promotion accélérée. Ma chance à moi vint de ce que la Reine se rendit en visite officielle à Malte en 1967. Au cours d'un voyage outre-mer, en plus de son propre personnel, elle prend toujours quelques membres de la Maison Royale, plus un valet de pied. La Maison Royale prend aussi un valet de pied à son service. Cette fois-là, j'avais eu suffisamment d'expérience derrière moi pour être choisi.

Mon travail, au cours de ce voyage, était de servir l'Ecuyer de la Reine, le Major Howard. C'était mon premier voyage outre-mer, et comme nous étions fort peu nombreux, je pus me lier d'amitié avec le serviteur personnel du Duc. Peut-être est-ce cela qui me donna l'idée de devenir moi-même valet de chambre. Il avait l'air d'avoir une vie si plaisante ! Je n'avais jamais eu auparavant l'occasion de m'entretenir avec les valets de chambre de la famille Royale : ils étaient si hauts dans la hiérarchie. La prudence s'imposait, car je ne comprenais pas toujours bien la structure du personnel.

Bien que le voyage à Malte en lui-même s'avéra très court et pas très intéressant, l'éloignement me permit de mieux connaître ces gens et d'élargir mon horizon.

Mon amitié avec Joe Pearce, le valet du Duc d'Edimbourg me valut, en 1968, après deux ans de service au Palais, d'être choisi pour accompagner le Duc dans un voyage de six semaines en Australie. Il devait apparaître dans une conférence d'ingéniérie à Sydney, mais cette petite expédition vagabonda à travers le monde.

Nous avions pour nous transporter, un Andover de l'Escadrille de la Reine, et nous nous arrêtâmes un peu partout en chemin. Nous n'étions que six : le Duc, James Orr, son Secrétaire Privé, que j'assistais, le policier du Duc, Michael Trestrail, qui prit par la suite la tête de la Sécurité du Palais, une fille Ann McCormick, qui était une des secrétaires du Duc, Joe et moi.

J'avais toujours un peu redouté le Duc, qui avait la réputation d'être irascible, mais à l'usage, il se révéla gentil. Quand six personnes travaillent, vivent ensemble, la plupart du temps dans un petit avion, il est impossible de ne pas apprendre à se connaître. Il sembla m'apprécier, et en tout cas, il n'aurait pas pu être plus charmant.

Nous devions faire escale à Jeddah, en Arabie Saoudite, et une fois arrivés, nous nous assîmes près de l'aéroport pour boire un épais café turc, très sucré, comme ils le servent là-bas. A la suite de quoi, je commençai à me sentir plutôt mal et quand nous revînmes dans l'avion, encore moins bien. Je dus disparaître et fus tout ce qu'il y a de plus malade, pour la première fois, et j'espère la dernière, en avion.

Le Duc me jeta un regard glacé, lorsque je reparus, le visage sans aucun doute vert pâle :

— Ça va ? demanda-t-il de sa façon un peu brusque.

Je hochai la tête en tremblant légèrement.

— Vous apprendrez à ne pas boire cet infâme liquide, conclut-il.

Sur le chemin du retour, il nous offrit un repas de remerciement. C'était au Pakistan : pour la première fois, nous nous assîmes tous ensemble à table dans un hôtel de Karachi. Je n'en croyais pas mes yeux : j'avais tout juste 20 ans, et j'étais là, dînant avec le Duc d'Edimbourg. Cela me dépassait !

Mais bien sûr, quand j'y repense, il y avait beaucoup de raisons à cela. Peut-être avait-on soufflé dans l'oreille d'un membre de la famille Royale que je pourrais avantageusement faire partie de l'entourage personnel, et ce voyage était alors une sorte de test. Les gens qui ne peuvent pas se détendre naturellement avec la famille Royale, ne sont pas efficaces dans ce métier. Dans ce type de relations, il est nécessaire d'apprendre à ne pas être gênant, à rester en arrière, et à ne pas se mettre dans leurs jambes. Ou, si cela arrive, car ça arrive fatalement, à savoir s'éloigner tranquillement, sans s'affoler.

Ils ont beau être gentils et amicaux, ils sont en fin de compte, et avant tout des Princes en ce monde...

CHAPITRE IV

PLUMAGE ROYAL

A mes débuts, le Prince et moi étions un peu timides l'un vis-à-vis de l'autre. Il n'avait jamais eu de serviteur personnel auparavant et je n'avais aucune expérience en la matière.

Je n'avais pas à l'habiller, rien de la sorte. Il ne voulait pas d'une espèce d'étranger dans sa chambre, en train de l'observer mettant ses vêtements. Je laissais donc les effets sur une chaise et il se débrouillait tout seul.

— Merci, je peux m'en sortir comme ça, Stephen, disait-il.

Ce n'était que pour les occasions spéciales, quand il avait à enfiler des harnachements compliqués, ou des décorations, sur des uniformes, que j'intervenais pour lui venir en aide.

Pendant mes premières semaines pourtant, je n'eus qu'un seul objectif : m'y reconnaître dans sa garde-robe.

A l'époque de mon départ définitif, il pouvait y compter quarante-quatre uniformes différents. Nous les avions dénombrés une fois. Il venait de revêtir son manteau des Welsh Guards [1], et savait parfaitement combien ses uniformes étaient un supplice pour moi, qui devait mettre tous les bidules et les machins au bon endroit et dans l'ordre, sans quoi le Régiment mis en cause se sentait mortellement offensé. Il me demanda soudain :

1. Les Welsh Guards : régiment de la Garde, d'origine galloise. Le Prince de Galles en est le Colonel-en-chef.

— Combien ai-je d'uniformes, Stephen, me demanda-t-il soudain.

J'étais en train de le tirer de ca casaque, à ce moment. Les uniformes sont toujours taillés un peu juste.

— Je ne sais pas, Monsieur, fis-je. Nous pouvons tout aussi bien les compter.

Cet après-midi-là, nous nous y consacrâmes. Une des penderies est complètement remplie de vêtements de cérémonie. Il y a même là-dedans un mannequin qui appartenait autrefois à George V, et qui est utilisé pour aider les peintres, lorsqu'ils doivent placer les décorations sur les diverses tenues, mais aussi pour vérifier l'uniforme avant que le Prince ne l'enfile. Le seul problème, c'est que les jambes du Prince sont plus longues que celles de George V, mais les vestes vont parfaitement. Le Prince Charles, après cet inventaire, fut étonné par le nombre de ses tenues :

— Ai-je vraiment autant d'uniformes ?

— Eh oui, Monsieur, laissai-je échapper dans un soupir.

Il rit :

— Cela vous fait du travail, n'est-ce pas ?

Dans le détail, mais en restant dans les grandes lignes toutefois, il a trois différents uniformes de la Marine, deux de la Royal Air Force. Il est aussi colonel de six régiments différents, qui, chacun, ont trois tenues, de mess, kaki, et d'apparat. Il y a aussi une collection de tenues blanches pour les Tropiques, son kilt des Gordon Highlanders, et tout un bazar dans le même ordre d'idée. Il a trois jeu de robes de l'Ordre de la Jarretière, pour l'Angleterre, de l'Ordre du Chardon, pour l'Ecosse, et de l'Ordre du Bain, dont il est Grand Maître. S'ajoutent à cela, toutes les robes du Parlement, et plusieurs cartons contenant les toges et tuniques des divers degrés universitaires, ou des diplômes honoris causa reçus à l'étranger. Et le jour, quand il deviendra Roi, il sera aussi Commandant en Chef de toutes les forces armées. Il m'a fallu apprendre tout cela, et surtout quelles décorations, quelles médailles, ou quels rubans chaque tenue devait porter. C'était vraiment nécessaire quand je travaillais pour lui, mais je ne vois vraiment pas à quoi ça pourra bien me servir dans le futur !

Peu avant son mariage, il m'annonça un matin :

— J'ai pris la clef de la penderie, hier soir. Ne vous en faites pas si vous trouvez la porte ouverte. Je voulais juste montrer à Lady Diana la quantité d'uniformes que je possède.

C'était également une manière subtile de montrer à sa future femme, les responsabilités insoupçonnées qu'il avait.

Mais les uniformes peuvent rester suspendus dans la garde-robe pendant des mois sans être jamais mis, et c'est facile d'oublier que l'un d'eux a besoin d'une réparation.

L'atelier de couture du Palais, au sous-sol, se chargeait de faire les réparations urgentes, de coudre les galons, ou de renforcer des boutons pour moi.

De même je n'avais pas à cirer les chaussures : un ordonnance des Welsh Guards montait tous les matins pour polir tout ce qui réclamait un éclat particulier.

Tous les vêtements de cérémonie étaient rangés juste au coin du couloir menant à son appartement. Il y mettait les pieds à l'occasion, notamment quand il voulait voir un parement en particulier. Il s'intéressait à ses vêtements sans faire vraiment de chichis, mais il aimait aussi savoir ce qu'il possédait en fait d'habits.

Sa garde-robe de tous les jours, une douzaine de costumes, de vestes, et de tenues de soirée, était plus à portée de main, dans une penderie attenante à sa chambre.

Devant donc préparer ce qu'il avait à porter, on me communiquait son emploi du temps hebdomadaire, avec les tenues qu'il devait revêtir pour ses engagements. Ce document, préparé par le bureau du Prince, est ensuite mis en archives. Cela ne permettait d'étudier à l'avance l'ordre immuable des décorations sur un uniforme, de vérifier que tous les boutons étaient en place, ou qu'aucun accessoire n'allait choir inopinément.

J'ai toujours fait ses bagages lors de ses déplacements. Parfois, quand il s'agissait d'un long voyage, il lançait :

— Je peux vous aider ?

— Je vous en prie, Monsieur, répondais-je, en priant le Ciel de ne pas le voir intervenir.

Il ne s'occupait de ses bagages lui-même qu'une fois par an, pour ses sports d'hiver à Klosters. Mais je préférais encore vider sa valise avant lui.

Quand nous étions en voyage officiel, je tenais une liste précise des vêtements que nous devions utiliser, et de leur localisation. Chaque valise ou sac de voyage était numéroté, et ma liste me disait instantanément où se trouvait chaque vêtement. Que de temps fut gagné, que d'exaspération me fut épargnée ! Surtout quand il avait l'habitude de me dire :

— Je veux ce pantalon en velours côtelé beige.

Ses bagages ressemblaient à tous les bagages du monde, sauf qu'il avait besoin de plus d'effets que le commun des mortels. Assortir les chaussettes au pantalon, faire le point des vêtements nécessaires dans la journée, et multiplier le tout par le nombre de jours de voyage, ou de changement de tenue nous obligeait à partir avec six ou sept grandes valises, plus deux ou trois sacs de voyage.

Au cours des déplacements, je n'ai jamais défait les valises : nous avions simplement l'habitude de laisser les vêtements dans les valises ouvertes, et rien n'en ressortait chiffonné. Tout ce que possède le Prince est de très bonne qualité, et j'appris à le plier avec le plus grand soin. Si quelque chose avait l'air fripé, nous trouvions toujours de l'aide en route. Si nous restions dans une ambassade britannique, l'ambassadeur était ravi d'envoyer son major-dome pour faire donner un coup de fer, et maintenir le tout en bonne condition.

Le blanchissage et le nettoyage à sec était pratiqué en route, mais je me chargeais personnellement des mouchoirs. J'appris très rapidement à ne pas les envoyer au lavage, car ils avaient une certaine tendance à disparaître. Les gens les dérobaient au passage, comme souvenirs, pour le mono-gramme, et nous aurions dépensé des fortunes à les rem-placer.

Je faisais également toutes ses courses ; le Prince n'a plus mis les pieds dans un magasin depuis des années.

— Je crois que vous avez besoin de nouvelles cravates, disais-je.

— Bon faites-en venir ! me répondait-il.

Je rapportais alors un large choix de chez Turnbull & Asser, et il en choisissait cinq ou six, après les avoir essayées.

— Ce n'est pas trop criard ?

C'était sa grande préoccupation avec les cravates. Si c'était le cas, je n'avais qu'à faire une moue de désapprobation, et l'objet était retourné avec le reste. Il préférait les motifs plus discrets. Par la suite, la facture était expédiée à son bureau, au Palais, et réglée par le comptable.

Les seules cravates de couleur que le Prince ait jamais arborées étaient celles de ses vieux régiments, ou de ses clubs.

Quand il avait besoin de nouveaux costumes, j'appelais le tailleur. Au tout début, c'était un gars nommé Watson, de chez Hawes & Curtiss, Dover Street, qui se faisait précéder par une collection de tissus. M. Watson appelait ensuite pour déterminer un rendez-vous, et prendre les mesures. Il demandait sur un ton de grande déférence :

— Quand puis-je m'occuper du Prince ?

A l'heure dite, il débarquait d'une énorme Rolls Royce.

— Dans quoi est-il venu aujourd'hui ? s'enquérait le Prince Charles, quand j'annonçais M. Watson.

— La Rolls.

— Pas étonnant que ses costumes coûtent si chers ! marmonnait-il.

Aujourd'hui, il fait faire ses costumes par M. Johns, de Johns & Johns & Pegg, Clifford Street. Mais il utilise le même système : quand les étoffes sont choisies, M. Johns vient en personne au Palais pour décider de la coupe, et revient pour les essayages pendant la préparation du vêtement.

Ses chaussures sont de chez Lobb's, qui gardent précieusement une forme de son pied, mais le Prince achète rarement des chaussures : celles de chez Lobb's durent l'éternité. Des modèles étaient également envoyés au Palais pour qu'il fît son choix, puis M. Lobb venait vérifier la forme pour être sûr qu'aucun changement n'avait affecté le pied de son royal client. Après cette visite, les chaussures étaient confectionnées. Le Prince porte toujours des chaussures très classiques et comme il doit rester debout une grande partie de la journée, il est important qu'elles soient confortables.

Mais depuis l'arrivée dans sa vie de Lady Diana, il a pris l'habitude de porter des mocassins modernes, en prêt-à-porter, ce qui cause la plus grande détresse à M. Lobb.

Quand aux sous-vêtements et aux chaussettes, ils viennent tous d'une boutique de Bond Street, moins dans le vent qu'elle n'en a l'air.

Ses chemises étaient faites sur mesure par Turnbull & Asser, et il les choisissait également au Palais.

C'est une façon très raffinée de faire ses courses, et aussi très privilégiée : pas besoin de sortir. Les magasin « Fournisseurs Royaux » seraient ravis de le voir franchir le pas de leur porte, mais son arrivée causerait une véritable pagaille. La seule fois où il rentrait dans un magasin, c'était à Ballater, le petit village près de Balmoral. Il connaissait là-bas un certain George Smith, qui vend des articles de pêche. Même dans ce cas, il attend l'heure de fermeture. Quand George Smith voit une Range Rover s'arrêter devant chez lui à 6 heures cinq, il sait qu'arrive son royal client. Dans ce cas, je payais parfois sur l'argent de poche, mais si le Prince avait dépensé une grosse somme d'argent, la facture était envoyée à son bureau comme les autres.

Le Prince ne porte jamais d'argent sur lui, ni même un carnet de chèques. Et il n'a aucun besoin d'une carte de crédit.

Par exemple aussi, il n'a jamais mis les pieds de sa vie chez un joaillier. Il n'y alla même pas pour la bague de fiançailles de la Princesse Diana. Le choix fut présenté au Château de Windsor. En plus, il n'est pas particulièrement intéressé par les bijoux, bien qu'il possède cinq montres et quelques paires de boutons de manchettes, qui appartenaient à George V et George VI, respectivement, son arrière-grand-père et son grand-père. La plupart de ses bijoux lui viennent d'autres membres de la famille Royale. La plus belle pièce de son coffre, l'Ordre de la Jarretière, avec son diamant, n'est portée que pour les circonstances officielles, et appartenait à George V, qui l'avait reçue comme cadeau de la Reine Victoria.

A l'heure actuelle, les membres de la famille Royale ne s'offrent pas de joyaux aussi coûteux qu'à l'époque victorienne, durant laquelle a été constituée une collection d'objets de grande valeur. Il en a beaucoup dans son coffre-fort, mais ce sont des bijoux un peu démodés, qui ne sont pas souvent portés. C'était d'ailleurs une autre de mes tâches de tenir une liste de ce qui figurait dans le coffre du Prince et de vérifier périodiquement pour les assurances, que tout était en place.

J'ai eu le plaisir de revêtir la plupart de ces atours princiers à différentes occasions. Comme nous sommes de la même taille, et pareillement bâtis, j'avais le privilège de porter ses toges d'apparât pour les différents artistes chargés de faire des portraits de lui. Cela permettait de diminuer les temps de pose du Prince lui-même.

Je me souviens être allé à un de ces dîners des Corporations, et m'être trouvé nez à nez devant un portrait du Prince de Galles, où il me fixait intensément, drapé dans sa toge de l'Ordre de la Jarretière. Le visage qui me regardait était le sien, mais le corps dans l'habit était le mien.

Je l'avais porté pendant d'interminables semaines, en 1971, lorsque Leonard Bowden avait peint ce portrait.

Quand Lord Snowdon vint à Highgrove pour prendre les clichés de fiançailles du Prince et de la Princesse, lui aussi m'utilisa pour remplacer son modèle. La veille de la véritble séance, Lord Snowdon, un homme fort aimable au demeurant, prit des polaroïds de moi dans les différentes tenues et uniformes que le Prince devait porter le lendemain. Il voulait mettre au point ses éclairages à l'avance. Ensuite, il aligna tous les clichés sur la cheminée, pour se souvenir de l'ordre de passage. Toute la journée, le Prince était à la chasse. A son retour, le soir, il remarqua la série de photos, et lança, avec la voix de l'Ogre :

— Ha-ah ! Et qui a mis mes uniformes ?

— Oh, Monsieur, fis-je. J'espère que vous n'êtes pas froissé ?

— Pas du tout, répondit-il. Vous êtes même beaucoup plus élégant que moi sur ces photos.

Il y a quelques années, nous eûmes aussi une interminable séance de photos à Windsor, durant laquelle le Prince dut passer pratiquement tous les uniformes et toges qu'il possédait dans la même journée. Tout avait été mis en place pour opérer des changements rapides, et le déroulement de l'action avait été préparé la veille. C'était du théâtre, mais les scènes en costumes étaient un peu trop nombreuses, pour le goût du Prince en tout cas.

L'atmosphère du studio était celle d'une usine. Le Prince ne parlait pratiquement pas, se conformant uniquement aux requêtes du photographe. Le climat était d'une grande fébrilité. Ce ne fut que vers la fin, quand je sortis encore un nouvel attirail qu'il grogna :

— Oh, ça suffit !

Et à la fin, il se déclara épuisé. Le photographe l'était aussi. Et moi donc !

CHAPITRE V

GÎTE ET COUVERT

Une attitude que j'appris très vite à avoir, fut de ne jamais essayer de parler à un membre de la famille Royale avant 11 heures du matin, sauf en cas de nécessité absolue. Quiconque commettait cette erreur s'exposait à un regard régalien, qui signifiait à lui seul, et sans contestation possible :

— Fichez-moi le camp !

Les journées du Prince commençaient toujours paisiblement. Il aimait être réveillé par la radio, et mon devoir était d'entrer sur la pointe des pieds dans sa chambre à 8 heures moins dix, d'ouvrir les rideaux très doucement, et d'allumer la radio, qui le réveillait peu à peu. Après quoi, je me glissais dans la salle d'eau, et lui faisais couler son bain. De retour dans sa chambre, j'attendais un signe de sa part. Dès qu'il réagissait, je m'en allais en silence.

Quinze minutes plus tard, je revenais pour annoncer :

— Bonjour, Votre Altesse Royale, il est 8 heures cinq. Derrière moi, un laquais poussait le plateau du petit-déjeuner dans le boudoir.

Il s'habillait toujours pour prendre son petit déjeuner. Puis à 9 heures trente, j'entrais pour m'enquérir de ses desiderata pour les repas, afin de déterminer ce qu'il voudrait manger dans la journée.

Le Prince préfère dormir dans le noir total. Ce fut un problème dans certains hôtels, car je devais être absolument sûr de l'emplacement des commutateurs, pour ne pas tâtonner dans un cadre inconnu à la recherche du cordon des rideaux.

En voyage, le petit déjeuner relevait aussi de ma responsabilité. Je prenais tout ce dont nous avions besoin avec moi : nos propres céréales (il aimait beaucoup les *bran flakes,* sorte de flocons de son), notre propre miel, nos propres biscuits *Oliver,* pour lesquels il nourrit une grande passion, et assez de citronnade pour toute la durée du déplacement.

Il s'est mis à apprécier cette boisson à Broadlands, où Lord Mountbatten en servait toujours. Il préférait du reste la citronnade à n'importe quel alcool. Je préparais aussi une réserve d'eau de *Malvern* si nous allions dans quelque endroit peu sûr à ce point de vue là, comme en Inde, mais ce n'est plus nécessaire à présent. L'eau est tout à fait potable dans la plupart des pays du monde, et les histoires de la Reine embarquant des caisses d'eau minérale où qu'elle aille sont complètement dépassées.

Quand nous voyagions, nous logions soit à la Maison du Gouvernement, soit à l'Ambassade Britannique, soit à l'hôtel. Très rarement chez l'habitant. Dans les hôtels, les gérants devenaient fort agités. Avec un Prince sous leur toit, ils voulaient à toute force faire bonne impression, et les chariots de petit déjeuner gémissaient sous le poids des nourritures terrestres.

C'était extravagant : le Prince demandait un croissant, on lui en apportait six, comme si sa condition princière supposait un appétit d'ogre ! Des piles d'aliments couvraient le plateau roulant, et je devais absolument ramener les quantités à un niveau raisonnable, ne serait-ce que pour pouvoir poser notre paquet de céréales et notre pot de miel.

Je compris rapidement dans ce genre de situation qu'il fallait toujours demander le petit déjeuner quinze minutes à l'avance, pour me donner le temps de vérifier le plateau. Il était important d'avoir le temps de mon côté. S'il manquait un ingrédient, le garçon avait le loisir de redescendre parfois pas moins de 23 étages et de les remonter ensuite, si nous étions dans l'un de ces gratte-ciel, où il nous est arrivé de loger.

Un peu de temps permettait également de réduire le nombre de machins publicitaires, comme les allumettes au sigle de l'hôtel, à une quantité raisonnable, même si ce genre d'objets fait toute la vie des palaces.

La barrière de la langue pouvait poser de curieux problèmes. Une fois, au Ghana, où ils parlent une sorte de pidgin, je demandai du beurre, et on me délivra une énorme coupe de crème glacée. Le Prince aime beaucoup les glaces, mais pas à son petit déjeuner. Pour moi, je prélevais un toast au passage avant de faire mon entrée.

Le Prince était en train de s'habiller. Quand il sonnait, j'apportais le plateau. Sa première question était toujours :

— Avez-vous mangé ?

Il jetait ensuite un coup d'œil sur la desserte et marmonnait qu'il y avait là de quoi nourrir une famille entière.

Et pendant qu'il se restaurait, je devais faire une course contre la montre : ranger sa chambre, car nous partions toujours tôt dans la matinée ; ramasser son pyjama bleu, son rasoir, sa pâte dentifrice *Macleans ;* récupérer ses brosses à cheveux et à habits. Puis, c'était un nouveau départ pour l'aéroport dans des hululements de sirènes, des mouvements de policiers énervés, la vie habituelle pour lui. Dans la confusion, je ne manquais jamais de récupérer notre paquet de céréales, et le pot de miel, car la première question qu'il me posait infailliblement une fois dans l'avion, c'était :

— Vous avez pensé au miel ?

— Oui, Votre Altesse, répondais-je en essayant de camoufler ma lassitude.

Et j'y pensais car le miel le tracassait énormément : s'il en restait une demi-cuillerée au fond du pot, il fallait absolument la récupérer.

Un autre détail qu'il me fallut apprendre, ce fut de ne jamais entreprendre un déplacement outre-mer sans épingles de sûreté. Et même de m'en munir en quantités industrielles, parce qu'elles étaient bonnes à toute sorte d'usages.

En Papouasie-Nouvelle Guinée, elles nous sauvèrent d'un

incident gênant. Le Prince était parti là-bas donner l'indépendance à ce pays. Il se chargea également au nom de la
Reine d'une remise de décorations. Certains bénéficiaires
étaient des dames, et des dames à moitié nues, comme on
pouvait s'y attendre en Papouasie. Le Prince fut tout à fait
perturbé quand il jeta un coup d'œil par la fenêtre sur le
groupe de récipiendaires alignés sur la pelouse.

— Mais où vais-je accrocher ces décorations ? me
demanda-t-il, rouge de confusion.

Il était difficile de fixer une médaille sur l'étroite bande
d'étoffe, qui couvrait la gorge de ces dames, à fortiori sur
celle qui leur ceignait la taille, ce qui constituait en plus un
emplacement inusité pour une décoration. Après quelques
atermoiements, les épingles à nourrice permirent de résoudre ce grave problème. J'en fis des colliers, les médailles
furent accrochées dessus, et il passa solennellement ce
pendentif improvisé autour du cou de ces dames méritantes
et ravies. Ce fut un grand éclat de rire entre nous après la
cérémonie.

— Voilà probablement une expérience unique en matière
de remise de décorations ! lança-t-il avec gaieté.

Le Prince a une très bonne santé, et nous ne nous
encombrions pas de médicaments, sauf des pilules roses
spéciales pour les dérangements d'estomac, et encore ne s'en
servait-il que rarement. Il déteste avoir à avaler une quelconque drogue ou médicament violent. Dans son ensemble,
la famille Royale croit beaucoup plus à l'air pur, l'exercice, la
nourriture saine et, si cela est nécessaire, l'homéopathie.

En de rares occasions, quand il ne se sentait vraiment pas
bien et devait garder la chambre, j'étais chargé de le soigner.
Personne d'autre ne pouvait l'approcher, sauf moi. Je lui
apportais ses plateaux de repas, et m'enquérais de son état.
Cet aspect lui plaisait bien. Il devenait beaucoup plus
dépendant, notamment quand il avait une de ces grippes
carabinées, qui constituent son unique problème de santé.
Malheureux, fatigué, il ne voulait voir personne :

— Je me sens terriblement mal, Stephen, faisait-il tristement.

Mais il prenait néanmoins son bain, se rasait et arrangeait ses cheveux, tout en commandant :

— Ne laissez personne m'approcher, voulez-vous ?

Effectivement, les membres de sa famille s'évitent systématiquement dès que l'un d'entre eux souffre d'un refroidissement ou d'une infection contagieuse. Dans ces cas-là, la Reine bavardait par téléphone avec le Prince, mais elle ne serait à aucun prix venue lui rendre visite, pour ensuite se retrouver à son tour malade. Ce n'était pas par manque d'amour maternel, mais l'annulation d'un engagement royal pour raison de santé entraîne toujours un nombre apocalyptique de conséquences, la première étant la déception d'une grande quantité de gens.

Dans un sens, mon travail était alors de dresser une barrière entre lui et le monde extérieur. Cette fonction de Cerbère entraînait fatalement un certain ressentiment contre moi. Mais c'est pour cela que l'on me payait. La Maison, ou des gens de son bureau, demandaient-ils à le voir, j'allais porter la requête au Prince.

— Oh non, pas aujourd'hui, répondait-il. Dites-leur que je les verrai demain, Stephen. Arrangez ça pour moi, voulez-vous ?

Je repartais, et les personnes concernées ne manquaient pas de me considérer avec suspicion :

— Vous êtes sûr que vous lui avez demandé ? Pourquoi ne puis-je le voir ?

— Parce qu'il a un autre rendez-vous.

Il fallait être bien conscient que la seule intimité dont il pouvait disposer, il la trouvait dans sa chambre, et nulle part ailleurs.

Etant la personne la plus proche de lui à cette époque, nous nous liâmes d'amitié, une sorte d'amitié dans le travail bien sûr. J'étais la première personne qu'il voyait chaque matin, avant tout le monde et alors que son bureau n'était même pas ouvert. J'étais encore là le soir lorsqu'il restait chez lui. Après son dîner, je rentrais dans la pièce pour lui dire :

— Bonne nuit, Monsieur.

Et j'attendais son :
— Bonne nuit, Stephen.
Alors, je refermais la porte et le laissai tranquille. S'il avait besoin de moi, tout ce qu'il avait à faire était de sonner. S'il restait chez lui, c'était parce qu'il désirait être seul, et dans ces cas-là, il me dérangeait rarement. Toutefois, il lui arrivait de sonner pour me demander de lui retrouver un bouquin. Je prenais grand soin de ses livres. Je les avais catalogués et classés pour en faire une vraie bibliothèque, mettant à profit ses longues absences lorsqu'il était dans la Royal Navy.
— Voulez-vous que je vienne vous le trouver ?
— Non, surtout pas, dites-moi seulement où il est.
Il fallait constamment que je me rappelle qui il était et par exemple, je ne m'asseyais jamais en sa présence, à moins qu'il ne me l'eût expressément demandé. Il est intéressant de constater le changement subtil qui s'opéra dans nos relations, après que j'eus donné ma démission. Il me demanda alors plus souvent de s'asseoir avec lui.
Mais, si la plupart du temps il était amical et gentil, il restait toujours le Prince de Galles.
Il s'attendait toujours à recevoir ce qu'il voulait dans l'instant. Il pouvait être impatient avec moi, mais je n'ai jamais eu envie de l'étrangler pour ça ! C'était surtout les petits riens qui l'ennuyaient, et particulièrement tel ou tel manque d'efficacité de son service administratif. Il enrageait quand on lui disait qu'un rendez-vous qui devait durer une heure et demie, s'étirait jusqu'à deux heures un quart.
— Une heure et demie, c'est bien suffisant ! affirmait-il.
Un engagement qui se prolongeait trop tard, c'était autant de sa vie privée qui se réduisait, et son intimité lui a toujours été précieuse.
— Vraiment ! Vous réalisez ce qu'ils me font ! grognait-il. Me demander de recevoir Dieu seul sait combien de monde en plus, sans même m'en avertir ! Ah, parfois, j'en ai vraiment assez ! Des riens parfaitement stupides avaient le don de l'exaspérer. Il a par exemple une immense garde-robe, j'y ai déjà fait allusion. Mais soudainement, il me demandait :

— Vous vous souvenez de ce costume que je portais quand je suis allé à cet endroit ? Il est par là ?

— Non, Monsieur. Je ne l'ai pas sous la main. Et cela fait six mois que vous ne l'avez plus porté.

Ses costumes étaient généralement disponibles très rapidement à sa demande, mais après six mois, il fallait bien évidemment les repasser ou les nettoyer, et cela le faisait immanquablement grimacer d'exaspération.

Quatre choses le mettaient véritablement hors de lui : le gargouillement d'une plomberie dans la nuit ; le sifflement de l'air conditionné ; les fenêtres scellées à cause de ce dernier ; et peut-être par dessus tout, les ridicules petites serviettes des hôtels.

— J'ai besoin de six de ces satanés machins pour me sécher ! se plaignait-il. Pourquoi ne vérifie-t-on pas ces trucs avant !

Mais la plupart du temps, il soupirait comme un vieux soufflet et prenait un air de martyr, supportant avec abnégation ces petits désagréments.

Heureusement, cela ne m'impliquait que rarement. Au début de ses tournées, il me mettait en garde :

— Stephen, s'il m'arrive de m'emporter contre vous, ne faites pas attention. Vous savez que je suis un peu sous pression, parfois.

Je le comprenais très bien.

Lui, d'un autre côté, du fait de sa position privilégiée, ne comprenait pas certains usages. L'argent, notamment. Quand il parle d'argent, c'est toujours par milliers de Livres Sterling, pour des donations, des subventions, des œuvres, ou des sociétés, et pour cela, il est généreux, sans être excessif. Mais quand il voit de grosses sommes d'argent disparaître pour les frais de son bureau, il n'arrive pas à comprendre pourquoi cela doit coûter autant.

Il est prudent avec son argent et n'aime pas le dépenser. Il proteste contre le prix de tout. La chasse et ses poneys de polo sont ses deux seules extravagances financières, et ça lui coûte des fortunes. Il soupçonne toujours que quelqu'un essaye de le voler parce qu'il est le Prince de Galles.

Cela m'amusait bien, ses grognements à propos du prix des

articles, quand il se plaignait de ne pouvoir offrir un cadeau. Si par exemple, il voulait acheter un présent à quelqu'un, il se faisait envoyer un choix de cadeaux. La scène suivante était invariablement de ce style :

— Seigneur ! Que c'est cher !

— Je ne sais pas ce qu'ils coûtent, répondais-je avec impassibilité. Je sais seulement ce qui est sur l'étiquette.

— Oh, c'est bon, faisait-il à contrecœur. Je prendrais celui-ci — il en choisissait dans la moyenne des prix — je suppose que je peux me le permettre...

A ce point de vue, la confiance la plus totale régnait entre nous : je portais son argent, j'achetais ce qu'il désirait, je signais ses factures une fois parvenues au bureau, et personne n'en parlait plus.

Ses pourboires étaient toujours généreux. Partout où nous allions, ces détails me revenaient. Généralement, je laissais dans les 20 Livres Sterling (environ 230 Francs) par nuit au maître d'hôtel, ce qui faisait 10 Livres pour le Prince, et 5 Livres chacun pour les policiers et moi-même. Si nous restions trois nuits, je laissais 50 Livres (600 Francs).

Souvent, au moment du départ, après un week-end, le Prince me demandait :

— Combien avez-vous laissé ?

Nous étions alors dans la voiture. Lui ayant dit la somme, il marmonnait :

— C'est un peu excessif !

Parfois, quand il s'était vraiment amusé, et que j'étais sur le point de laisser la somme habituelle, il me lançait :

— Laissez-leur quelque chose de plus, c'était très agréable.

Son bureau me remettait son « argent de poche », et les dépenses étaient inscrites dans un petit carnet. Personnellement, j'étais payé 434 Livres par mois au moment de mon départ[1], plus les avantages en nature, la bonne chère, et la bonne adresse. Même s'il ne jette pas l'argent par les

1. 434 Livres sterling font 5 200 Francs.

fenêtres, je dois admettre qu'il s'est montré avec moi d'une parfaite générosité.

Il était très regardant à la dépense, en ce qui concernait Highgrove. Quand le Duché de Cornouailles, qui est sa principale source de revenus, acheta la maison, il était déterminé à ne faire aucune dépense somptuaire.

Un jour, en août 1980, il m'annonça :

— J'ai peut-être — il commence ses phrases très souvent ainsi — trouvé un coin où m'installer. Le Duché est en train de chercher.

Plus tard, il demanda à John Maclean et à moi-même, si nous viendrions jeter un coup d'œil sur la trouvaille.

— Dites-moi ce que vous en pensez, dit-il. Je ne l'ai visitée qu'une seule fois. Mais ça serait très pratique pour la chasse.

Nous trouvâmes la maison adorable. Maurice Macmillan, le fils d'Harold Macmillan[1] y avait vécu pendant quelques années, et l'avait laissée en bon état. C'est une assez petite construction, bien que de l'extérieur, elle ait l'air imposante. Mais cela est dû à sa longueur.

— Je crois qu'on peut en faire quelque chose, dis-je au Prince, en revenant au Palais.

— Je pense que je vais l'acheter, fit-il.

— Vous êtes-vous rendu compte qu'il n'y a pas même un lit là-dedans ?

— Eh bien, allez en acheter un.

Il devint propriétaire d'Highgrove en septembre 1980. Quand nous descendîmes pour la première fois, au milieu du mois d'octobre, à notre retour de Balmoral, des cargaisons d'objets divers emmagasinés au Palais pendant des années y avaient été transportées. Il s'agissait en gros des cadeaux reçus par le Prince au cours de ses voyages outre-mer, des pièces hétéroclites d'ameublement qu'il possédait en réserve, et quelques meubles du stock principal de Buckingham Palace.

La cuisine était vide : nous n'avions qu'un antique réchaud

1. Harold Macmillan, homme politique, Premier Ministre de Grande-Bretagne de 1957 à 1963, venant d'une dynastie d'éditeurs.

à gaz, un ridicule petit frigo, et pas grand-chose de plus. Je fis donc un tour chez Heals et chez Harvey Nichols pour me procurer les objets de première nécessité. J'étais muni d'instructions très strictes : « Ne dépensez pas trop! » J'achetai le lit, un grand deux-places chez Heals, et tout le linge de maison chez Harvey Nichols. C'était de la bonne qualité, sans exagération, mais certainement pas ce qu'il y avait de mieux, parce qu'il avait décidé que lorsqu'il se marierait, tout ce que j'avais acheté alors, irait dans les logements du personnel.

— Quand je me marierai, je me procurerai toutes ces choses.

Il avait donc déjà décidé qu'il devait se caser. Il aurait été difficile de trop dépenser, de toute façon : le Palais regorgeait de bibelots utilisables : verres, porcelaine de Chine, linge. Les décorateurs devaient en outre finir leurs travaux avant de faire venir des meubles de valeur.

Le Prince, le policier et moi fîmes tout l'aménagement et le Prince s'amusa comme un fou. C'est un costaud. Il aime les exercices physiques. Tout ce qui avait été déménagé du Palais était empilé dans les pièces, et il nous revint de déballer et arranger l'ensemble pour en faire un espace habitable. Deux femmes de ménage avaient nettoyé les armoires et lavé le matériel avant qu'il ne partît du Palais.

Cette opération n'eut rien d'extraordinaire, sauf que c'était le Prince de Galles qui était sur la brèche. Nous avions hérité de quelques paires de rideaux que les Macmillan avaient laissées, ce qui donnait un peu d'intimité à nos activités, mais à part ça, la maison ne contenait que le strict minimum.

— Comment faites-vous la cuisine ? demanda le Prince après une longue journée de travail. Vous pouvez nous faire quelque chose à manger ?

Il y avait des épinards, que le jardinier avait ramassés pour nous dans le potager, des œufs et des condiments de base dans le petit frigo. Je fis des œufs à la Florentine, et nous les mangeâmes ensemble, le plateau sur les genoux.

Il découvrit ce jour-là avec une joie immense des objets qu'il n'avait plus revus depuis des années.

— Regardez ! faisait-il, en nous montrant une pile de tapis de paille tressée. Vous vous souvenez quand on me les a donnés au cours de ce voyage dans le Pacifique ?

C'était un bric-à-brac phénoménal, des cadeaux venus du monde entier, des coins les plus inimaginables de la planète. Nous leur trouvâmes à tous une place, puis, tous les trois épuisés, nous nous écroulâmes sans plus de cérémonie dans la seule pièce habitable, pour regarder la télé en mangeant des sandwichs au bacon. Ce fut véritablement un week-end exceptionnel. Nous travaillâmes dur, mais dans la bonne humeur.

Par la suite, il descendit à Highgrove tous les week-ends du vendredi matin au lundi soir. Il allait à la chasse tous les samedis et cela nous amusait beaucoup, John Maclean et moi, de penser au peu d'intérêt qu'il avait auparavant manifesté pour ce sport. Au commencement, quand il débutait, il s'habillait d'un « jean » et d'une paire de bottes et partait ainsi dans la lande. Mais il y a quatre ans, tout changea et maintenant, il s'est fait tailler sur mesure une veste de chasse bleu Windsor, copiée sur celle du Roi George III[1].

De retour de la chasse, il se plaisait beaucoup dans l'inconfort de sa maison. Si la famille Royale apprécie les pique-niques, comme ils disent, il ne faut pas que cela dure trop longtemps, et surtout il n'est pas question de faire la vaisselle ! Comme ce n'était pas précisément mon idée de la béatitude, je préférais laisser à mon assistant la responsabilité du service au cours de ces séjours campagnards.

A Highgrove, le Prince bricolait avec une joie confondante. C'était sa première maison bien à lui, et il voulait à tout prix y accrocher ses propres tableaux, arranger ses petits trésors. Il aimait particulièrement ces week-ends de détente, tout simplement parce qu'il faisait là-bas des besognes des

1. Le Roi George III a régné de 1760 à 1820 sur le Royaume-Uni.

plus ordinaires, que n'importe qui, achetant une nouvelle maison, se plaît à faire.

Il manquait terriblement d'un compagnon. Bien que nous fussions tout le temps autour de lui, je doute qu'il ait vraiment pensé à nous comme de véritables compagnons. Par certains côtés, il menait une vie très solitaire.

Mais enfin, les princes sont habitués à cela, et quand il entra dans la Marine, il lui fut particulièrement difficile de s'acclimater au manque d'intimité. Au début de chaque année, il avait l'air très abattu et se plaignait :

— Oh mon Dieu, jamais je ne parviendrai à faire la moindre chose cette année !

Mais la Marine est accommodante, et à la fin, il bénéficiait de permissions confortables. Ce ne fut vraiment qu'en 1976, quand il fut commandant du dragueur de mines *Bronnington,* basé à Rosyth [1], que je ne le vis que très rarement. La Reine était comme d'habitude à Balmoral cet été-là, et il essayait de partir en permission le vendredi ou le samedi, et de revenir à toute allure le lundi matin à 8 heures.

Nous prenions le petit déjeuner à l'aube, des sandwichs au bacon et une pomme en chemin, et il conduisait aussi vite que le permettaient les petites routes tortueuses des Highlands. La figure du Prince s'allongeait à mesure que nous approchions de Rosyth. Et elle était certainement sinistre quand John Maclean et moi nous nous apprêtions à attraper la navette à Edimbourg pour rentrer à Londres. Son expression était sans équivoque :

— Pourquoi pas moi ? devait-il penser.

Ce qui en disait long sur son état d'esprit.

Ce fut certainement la première fois de sa vie qu'il se trouvait sans constante protection de police. Nous l'attendions toujours à l'accostage de son navire, mais la seule fois où je montais à bord d'un navire à bord duquel il servait, ce fut seulement pour préparer son installation. Je mis les vêtements et objets qu'il avait amenés en place, mais je repartis aussitôt cette tâche terminée.

1. Rosyth est une base de la Royal Navy en Ecosse.

Il y avait toujours un steward à bord, que j'avisais des choses à faire et à ne pas faire. Je devais faire passer la pilule en douceur. Il était très inquiet de n'avoir pas l'air de l'enfant gâté de la Navy, et il ne voulait pas que sa vie soit plus facile que celle de ses pairs. En fait, il n'était pas traité différemment. La seule concession qui était faite à sa qualité, était la présence d'un coffre-fort installé dans sa cabine, pour y enfermer les documents d'Etat.

A ses débuts dans la Navy, tout de cette nouvelle vie lui était étranger. C'était en 1971 : il avait été accoutumé à la présence d'un policier et d'un valet autour de lui tout le temps, et nous lui manquions pour s'occuper de lui en permanence. Je crois qu'il a finalement apprécié cette opportunité qui lui a été offerte de devenir plus autonome, et compris que l'indépendance, si restreinte fût-elle, est une bonne chose.

— Je dois admettre que l'expérience m'a fait du bien, avoua-t-il quand tout fut fini.

Mais il serait faux de dire que cette expérience lui a plu dans sa totalité !

Et moi, pour tuer le temps, je tins les fonctions de page pendant ses longues périodes en mer. Il y avait toujours de quoi s'occuper au Palais.

Un matin, je rencontrai la Reine dans l'ascenseur. Son Page l'escortait et j'escortais son Page. Elle me lança :

— Bonjour, Stephen. Vous essayez de garder la main, je vois ?

— En attendant le retour du Prince, Votre Majesté !

Il quitta la Royal Navy en 1976, et la vie redevint enfin normale pour nous deux.

CHAPITRE VI

MAISONS DE FAMILLE
A LA CROISÉE DES CHEMINS

Alors que j'étais encore un très jeune laquais au Château de Balmoral, j'étais assis une fois, perdu dans mes pensées, là où nous, les valets de pied, attendions les ordres, quand j'entendis des voix que je savais ne pas appartenir à la maison de vacances écossaise de la Reine.

Deux jeunes filles, en T-shirt et jean moulant, apparurent par une des grandes fenêtres qui donnaient dans le vestibule. Elles étaient absolument ruisselantes d'eau et offraient un aspect remarquablement débraillé.

— Puis-je vous aider ? me hâtai-je de demander, tout en essayant de comprendre d'où diable elles pouvaient sortir.

— Oui, s'il vous plaît, fit l'une d'elle avec un accent suédois. Nous sommes venues voir la Reine.

— Je vous demande pardon ?

— Nous sommes venues voir la Reine, fit l'autre avec beaucoup de patience, comme si elle croyait que je ne comprenais pas l'anglais.

Pendant un instant, je restai bouche bée.

— Voulez-vous vous asseoir ici, s'il vous plaît, je vais voir si je peux la trouver.

— Merci, fit la première en s'asseyant.

Je laissai mes deux souriantes jeunes femmes s'égoutter sur le tapis écossais et me précipitai à la recherche du policier de la Reine.

Il était à l'étage au-dessus, en train de somnoler, mais une fois mis au courant de ma trouvaille, il déboula dans le vestibule principal comme l'Express de Glasgow, et épongea avec courtoisie mais fermeté les deux filles hors du château et des jardins.

Elles étaient venues en sautant dans la rivière Dee. Une fois arrivées dans les jardins, elles s'étaient tout bonnement glissées dans la maison par une fenêtre laissée ouverte à la brise d'été. Elles avaient presque réussi dans leur tentative, et certainement à faire renforcer le dispositif de sécurité.

Ces deux jeunes filles ne lui voulaient aucun mal. Et très peu de gens parmi tous ceux qui font des efforts de titans pour approcher la famille Royale lui veulent du mal. En Grande-Bretagne, nous avons plus à protéger les personnes Royales des enthousiastes que des cas mentaux dangereux.

Il est cependant inhabituel d'avoir des intrus à Balmoral. La demeure est isolée, et n'est occupée que dix semaines dans l'année, du 14 Août au 20 Octobre à peu près. Elle est ensuite fermée le reste du temps. Cependant, les voyages officiels ont souvent écourté les séjours en Ecosse, ces dernières années.

Le calendrier de la Cour va de Balmoral à Balmoral, et nous avions l'impression que l'année commençait là-bas.

Après Balmoral, la Reine retourne au Palais de Buckingham, pour les premières cérémonies de la rentrée, comme l'Ouverture de la Session Parlementaire en Novembre, et retrouve l'ordre, établi longtemps à l'avance, de ses travaux et plaisirs.

L'Année Royale est très minutieusement organisée. Noël a lieu à Windsor, puis ils passent environ un mois et demi à Sandringham dans le Norfolk. Ils reviennent à Windsor pour Pâques, et repartent à Londres en Juin pour recevoir les visiteurs d'outre-mer, tel le Président Reagan en 1982, puis ils retournent à Windsor pour la semaine d'Ascot.

Ils retrouvent Londres à nouveau en Juillet pour les garden-parties, puis embarquent une semaine sur le *Britannia* à Cowes, au mois d'Août. Si le Yacht Royal est disponible, on croise jusqu'à Balmoral.

Les deux grands moments de ces dix semaines en Ecosse

sont les deux bals des Ghillies, que donne la Reine à tous les employés du château, et à certains habitants de la localité voisine. Ces fêtes annuelles ont lieu dans la grande salle de bal aux plafonds élevés de Balmoral. Elles commencent à 10 heures du soir après le dîner. Les musiciens de Jack Sinclair, un groupe écossais très connu, jouent sur la Galerie, et les trophées de têtes de cerf dominent la scène de leur majesté.

Quand la Cour réside à Balmoral, un détachement d'un des régiments écossais de la Garde est stationné à Ballater pour protéger la Reine, et les soldats de cette unité assistent aux deux bals.

Evidemment, à la caserne, Dieu seul sait combien d'heures ils ont dû souffrir à préparer ce qu'ils doivent probablement considérer comme une corvée, sous la férule du Sergent-Major qui leur rafraîchit la mémoire sur les pas de danses écossaises. Mais ils sont payés de retour : la Reine tient tout particulièrement à danser avec autant de soldats qu'elle le peut.

Toutes les dames de la famille Royale revêtent leur écharpe Royal Stewart et leur diadème, et les hommes portent le kilt. Le mélange des invités crée un merveilleux creuset social. Tout le monde, depuis le forestier jusqu'au Duc d'Argyll (s'il est convié) se retrouve ensemble pour danser. C'est une charmante réunion. Les danses sont très amusantes et restent pleines de civilités jusqu'après les rafraîchissements que l'on porte à minuit. Ensuite, le vacarme s'accroît et les danses deviennent beaucoup plus sauvages, tandis que la musique se ponctue des cris brutaux des Highlands.

Mais l'avantage de Balmoral est de ne pas avoir à craindre de déranger les voisins.

Il y a deux ans, le Roi et la Reine des Belges furent invités à Balmoral, et ils vinrent au bal.

L'orchestre joua comme d'habitude un Paul Jones pour que tout le monde se disperse, et quand la musique s'arrêta, la Reine Fabiola se retrouva en face du charpentier du château. Ils repartirent aussitôt pour une valse tout ce qu'il y

avait de plus majestueux, et pour établir une conversation
polie, la Reine des Belges demanda :

— Dites-moi, que faites-vous au château ?

— Je suis le charpentier, lui répondit-il.

— Oh, mais c'est intéressant, s'exclama-t-elle, visiblement
en train de s'interroger sur ce que pouvait faire un charpentier. — Brusquement sa figure s'éclaira — Ah, oui ! Mon
mari aurait tellement aimé être charpentier, s'il n'avait pas
été roi !

Et le lendemain matin, notre charpentier stupéfait fit le
tour du domaine :

— Vous vous rendez compte ! Il veut être charpentier ! Il
n'aime pas du tout être roi !

Le plupart des vacances à Balmoral sont passées à chasser
la grouse [1] dans la lande, et tout le monde est dehors plus tôt
et finit ses journées plus tard, parce qu'au nord, il y a plus de
lumière en été.

Fanatique de grand air, la famille Royale adore les
barbecues nocturnes et emporte pour ces festins des plats
tout préparés dans des cottages primitifs (invariablement
sans électricité), sur le domaine. La remorque qui transporte
les repas est tirée par une Land Rover. Elle a été spécialement conçue pour cet usage par le Prince Philip en personne.

La nourriture et les boissons sont posées dans des parties
distinctes, dont certaines sont réfrigérées. C'est une façon
très efficace de fournir un repas en campagne pour une
grande quantité d'invités, sans avoir les facilités usuelles
d'une cuisine. Et donne à la famille Royale la possibilité de
se débrouiller toute seule sans personnel.

Pendant la journée de chasse, ils sont cependant entourés
continuellement de rabatteurs, de chargeurs, de ghillies. Les
dames venant de la maison rejoignent les hommes pour un
déjeuner sur l'herbe. Ceux qui tirent et qui chargent n'ont
pas droit à l'alcool, bien qu'il y ait toutes sortes de boissons.

1. La grouse, *lagopus scoticus,* est un petit coq de bruyère familier des
tourbières écossaises, appelé aussi *tétras.*

En général, ce genre de collation est très vite expédié : quelques sandwiches et tout le monde repart dare-dare à la chasse.

Au déjeuner, le groupe royal mange dans son coin, tandis que nous nous installons à distance respectable. Ils sont très proches les uns des autres et ne sont absolument heureux qu'une fois débarrassés du personnel. Cela leur est même égal de servir eux-mêmes, et de faire la cuisine. Seule la vaisselle les fait fuir, et quand il s'agit de la faire, il n'y a plus personne !

C'était assez frappant de voir combien nous pouvions tirer toute la journée dans une ambiance amicale et sans barrières, puis à 6 heures, chacun reprenait la place que lui avait conférée sa naissance. Les princes redevenaient totalement et exclusivement princiers, et le personnel cent pour cent le personnel. C'était le retour au cadre légitime et établi. Cela n'a rien de surprenant, en réalité. Au Palais, les membres de la famille Royale se croisent dans les couloirs, sur le pas de leur porte, des réceptions, mais rarement dans l'intimité. Se rencontrer dans ces conditions est une complication plus qu'un plaisir. Il n'est pas rare qu'ils mangent seuls dans leur coin, simplement parce qu'il n'y a personne d'autre à ce moment au Palais : la Reine, qui souvent déjeune seule, fait les mots croisés du *Telegraph* pour se détendre pendant son repas. Car elle a besoin de détente. Son travail ne s'arrête jamais, où qu'elle soit. Le courrier, les dépêches sont envoyés à Balmoral, à Sandringham, à n'importe quel endroit où il lui arrive de se trouver. Tous les jours, elle s'occupe de ses « boîtes », c'est-à-dire du courrier télégraphique bleu que lui envoie le *Foreign Office*[1] pour la maintenir en permanence au courant des affaires du gouvernement. Les autres « boîtes » sont rouges et l'informent de ce qu'elle doit personnellement faire : engagements, ou suggestions pour les voyages à venir et rendez-vous divers.

Balmoral, parce que le Parlement est en vacances, est aussi

1. Foreign Office : Ministère des Affaires étrangères de Grande-Bretagne.

la période la plus calme pour les activités professionnelles de la Reine : elle n'a aucun rapport parlementaire à lire.

Bien qu'il y ait quantité de personnel pour tout faire, quand la Reine reçoit, elle se comporte comme n'importe quelle hôtesse. Dans l'après-midi, avant l'arrivée des invités, elle vérifie toutes les pièces, pour s'assurer que les fleurs et le linge sont bien en place. Ses invitations sont malgré tout très protocolaires. L'apéritif est servi à 6 heures du soir, et à leur arrivée, les hôtes sont accueillis par un écuyer, ou une dame de compagnie, qui les escorte jusqu'au salon de réception où les attend la Reine. Leurs bagages sont, entre-temps, portés dans leur chambre et une femme de chambre se charge de les déballer et de les ranger. Après l'apéritif, la Reine en personne montre à chacun sa chambre. Nous savions toujours quand elle arrivait avec ses invités, à cause de ses chiens qui la suivent partout. Ils courent devant comme des hérauts : les entendre dans le couloir signifie que la Reine ne peut être loin.

Entre six et sept, c'est « l'heure tranquille », quand chacun fait ce qui lui plaît : se reposer, se changer pour le dîner, lire ou regarder la télévision. Après quoi, tout ce petit monde se retrouve à 8 heures, et le dîner est servi une demi-heure plus tard.

Je n'ai jamais vu personne, aussi proche qu'il puisse être, embrasser la Reine. Son accueil est tout à fait formel en public, et même son amie la plus proche se contente d'un :

— Bonsoir, *Ma'am*, comment allez-vous ?

Ses invités ne sont pas très variés. En fait, ce sont les mêmes amis qui se retrouvent d'année en année. Très peu de nouvelles têtes apparaissent. Le Duc et la Duchesse de Wellington, le Colonel et Lady Zena Phillips, de Luton Hoo, Lord et Lady Porchester, feu Lord et Lady Rupert Neville, Lord et Lady Westmoreland sont ses habituels commensaux, et son cercle d'amis est très réduit.

Les parties de campagne avec la Reine ne sont pas exactement de tout repos. Ainsi, après la chasse, la marche, et l'agitation générale qui avait régné tout le long de la journée, un invité a pu dire :

— Je suis épuisé, au moins demain, c'est dimanche ! Nous pourrons faire la grasse matinée !

L'un des pièges les plus diaboliques qui puisse être tendu à un hôte, est pour lui, de rater l'instant où la Reine se retire, après dîner. Elle se lève vers minuit ou parfois même plus tôt, et donne ainsi aux autres invités une chance de se retirer en même temps qu'elle. S'ils manquent ce signal, ils sont debout jusqu'à 2 heures du matin, à écouter la Princesse Margaret chanter en s'accompagnant au piano, et quand elle tient salon, il n'y a aucun moyen de s'échapper.

Un invité qui croit qu'il va passer un week-end reposant est rapidement déçu.

Toutes ces activités se passent à la campagne, parce que du fond du cœur, la famille Royale est là dans son élément. La grande passion de la Reine est l'élevage des chevaux et des chiens. Elle entraîne ses propres équipages de chasse, et travaille très dur avec eux. Tous les chiens qu'elle élève sont nommés par elle, et elle retire un immense plaisir à les voir à l'œuvre : un chien de chasse bien entraîné peut épargner à son maître les efforts d'une errance inutile et récupérer les oiseaux abattus.

En approchant de Balmoral, on peut voir un panneau destiné aux conducteurs d'automobiles, ainsi libellé : « RALENTIR. Attention aux chevaux, aux chiens et aux enfants. »

Cela montre à peu près l'ordre de priorité que respecte la Reine...

Celle-ci a dressé et élevé le Golden Retriever Harvey, le chien d'arrêt du Prince Charles, un bon gros animal sympathique, qui, d'après le Prince, a souillé quelques-uns des plus beaux tapis d'Angleterre ! Ce n'est à aucun égard un chien d'appartement, et quand nous partions en week-end, je devais le suivre partout avec de l'eau gazeuse et du papier buvard. J'étais aussi de la promenade de Harvey à Buckingham. C'était un délice pour moi, car les jardins sont très difficiles d'accès. Les seules fois où nous y accédions, c'était à l'occasion d'une garden-party. Sinon, il fallait se contenter des photographies dans un livre.

Aujourd'hui, le personnel est autorisé à y faire un tour à certaines heures. Il peut également utiliser les courts de tennis après 6 heures du soir, mais il s'agit là d'un tout récent privilège. Les membres de la famille Royale essaient le plus possible de défendre leur intimité, et le jardin est un des rares endroits à Londres où ils peuvent la trouver. Avant de sortir Harvey, si la reine était à Londres, je sonnais toujours chez son Page, pour m'assurer qu'elle n'allait pas se trouver dans le jardin elle aussi. Les pages constituent les maillons, les courroies de transmission, entre les différents membres de la famille, et communiquent leurs messages et leurs désirs. Le Prince n'avait pas de page, j'en tenais donc lieu.

Un après-midi, comme Harvey avait besoin de sortir, je passai un coup de fil, comme d'habitude :

— Le jardin est libre ? demandai-je au Page de la Reine.

— Oui, elle est dans son boudoir. C'est bon.

Je levai donc le camp, Harvey bondissant devant moi. Mais au bout d'un moment, je vis une silhouette familière au loin : les Corgis aux talons, le foulard, et la démarche caractéristique.

— Mince ! Elle n'est pas du tout dans son boudoir : la voilà !

J'avais environ 16 hectares pour manœuvrer. Je fonçai donc dans une autre direction en entraînant Harvey. Tout se passa parfaitement bien jusqu'à ce que je repérasse de nouveau les Corgis. Je fis un demi-tour sur les talons. Vingt minutes plus tard, les Corgis furent plus rapides que moi et se précipitèrent à la rencontre de Harvey, suivis de la reine. Nous étions face à face, et je n'avais plus qu'une solution : sauter dans un buisson.

— Je suis désolé, Votre Majesté, fis-je. J'ai pourtant appelé le Page.

— Non, non, fit-elle. C'est parfait. J'essaye de vous attraper depuis une demi-heure. Je voulais savoir comment se porte Harvey. Je ne savais pas qu'il était à Londres.

Elle avait élevé Harvey, et le chien était si rarement au Palais, que lorsqu'elle l'avait soudain vu dans le jardin, en regardant par la fenêtre de son boudoir, elle était descendue à notre poursuite. Pendant que j'essayais frénétiquement de l'éviter, elle se démenait pour m'attraper.

Harvey est un chien élégant, au point que les gens ne cessent d'écrire aux chenils de Sandringham pour qu'il couvre leurs femelles Retrievers. Harvey se dévoue toujours. Il a maintenant de la progéniture partout, et aide ainsi à maintenir les chenils de Sandringham en fonction. Son grand moment de gloire fut sa prestation à Crufts, comme représentant royal du monde canin.

— Vous irez le montrer? me demanda le bureau du Prince. Le Prince ne peut le faire lui-même.

Je refusai : j'aurai été bien embarrassé de me retrouver à Crufts en culottes de golf, espérant que Harvey se tiendrait convenablement.

Il a peut-être massacré les plus belles carpettes du pays, mais les chiens de la Reine, par contre, sont particulièrement bien élevés comme animaux d'intérieur. Quand la Reine n'est pas là, ils sont surveillés par une femme très sympathique, nommée Mme Fenwick, et résident à Windsor. Mme Fenwick a plus de chiens que la Reine, qui, à mon dernier compte, en avait onze. Elle adore les dresser. Ils apprennent si vite, qu'elle ne les donne qu'à des gens en qui elle a une absolue confiance, puis elle continue à les surveiller régulièrement. Souvent elle reconnaît le chien avant la personne à qui elle l'a donné. Ses propres chiens, tous les onze, ce qui inclut un certain nombre de petits « accidents » avec les autres chiens royaux, vivent avec elle dans ses appartements et la suivent partout, sautillant à ses pieds, ou dormant autour d'elle quand elle est assise. Ils ne mordent pas autant que le laisse entendre la rumeur.

C'est à Sandringham que les chiens sont élevés et enterrés. Si un chien monte dans le train à Liverpool Street[1], l'air pas trop en forme, avec la suite royale, vous pouvez parier sans trop de risque qu'il ne reviendra pas. Quand les chiens deviennent trop vieux, ou que le vétérinaire recommande

1. Liverpool Street est une station de chemin de fer à Londres, qui dessert l'Est du pays, et la banlieue londonienne orientale.

qu'ils soient piqués, la Reine les fait toujours enterrer à Sandringham. Quand l'un de nous voit qu'un jardinier creuse un trou, que le page commande un bouquet, et que le charpentier apporte une petite caisse de bois, nous savons qu'il va y avoir un enterrement de chien.

Un matin, vers la fin du séjour à Sandringham, j'étais dans la chambre du Prince, il m'annonça :

— C'est vraiment insupportable : ils vont enterrer Heather. Heather, une favorite de longue date, trois pattes, une oreille et demie, avait l'habitude de se fourrer dans des bagarres qu'elle perdait invariablement. Elle avait mené sa dernière bataille. Elle fut enterrée dans le gazon, à un endroit que l'on peut voir des fenêtres du jardin. Il n'y a pas de véritable cimetière pour les chiens. Ils sont juste enterrés sous les arbres, et à des endroits bien situés. En marchant dans les jardins de Sandringham, on rencontre ces petites pierres avec un nom inscrit dessus. Au début, ils étaient rangés le long d'une murette, mais maintenant, la Reine les disperse dans le parc.

Ce qui fait qu'avec les chiens, le tir aux faisans, et le domaine agricole, Sandringham est le plus viable des séjours royaux. La famille Royale trouve particulièrement vivifiant de s'y installer en Janvier, quand les vents de la Mer du Nord déferlent dans ces plaines glacées du Norfolk.

La ressemblance est grande avec le séjour écossais d'été : la seule différence, c'est qu'ils chassent la grouse en Ecosse, et le faisan dans le Norfolk. Mais les chasseurs sortent aussi le matin à 9 heures trente et les dames les rejoignent également à midi trente pour le déjeuner.

L'aigreur du temps oblige cependant aux concessions : les pique-niques sont tenus dans les différentes salles communales des villages alentour. Ce sont des endroits plus appropriés à des assemblées d'Amicales ou de Clubs de bienfaisance qu'à des repas de princes. La première fois que j'assistai à un tel festin, je n'en crus pas mes yeux : dans une salle totalement nue, une énorme table avait été dressée, avec nappe blanche, serviettes immaculées, et argenterie. On aurait dit la table d'un hôtel de West End[1], avec les laquais en livrée. Les mets, apportés dans des boîtes thermiques des heures auparavant constituèrent un excellent déjeuner avant la reprise de la chasse l'après-midi, durant laquelle les dames accompagnaient cette fois les messieurs. A présent, les déjeuners de chasse sont moins formels ; les membres de la famille se servent eux-mêmes. Les valets de pied ne sont plus de rigueur, et le café, par exemple, vient dans des bouteilles Thermos. Quand j'ai commencé, le valet le servait dans une cafetière en argent, et le café était maintenu chaud au moyen d'un petit réchaud. Je me souviendrai toujours de l'embarras de ce valet qui prit la cafetière et s'avança pour remplir la tasse de la Princesse Margaret. Il n'avait pas remarqué que le réchaud s'était collé au fond du récipient, et juste au moment où il versa, l'engin tomba sur la serviette de la Princesse, et mit le feu au tissu. La famille Royale adore tout ce qui peut altérer l'ordre strict de son existence. L'incident les plongea dans un ravissement hilare, et la Reine s'exclama même :

— Oh, regardez, il essaye de faire flamber Margot !

C'était le grand risque qui planait sur Sandringham. A l'époque, le bâtiment était une véritable boîte d'allumettes car la maison n'avait pas été protégée contre le feu en ignifugeant le bois depuis des années. C'est une très grande habitation d'environ 150 pièces, et pour se conformer à la plus élémentaire sécurité, des exercices d'incendie étaient toujours programmés au mois de Janvier, provoquant un chaos indescriptible pendant les jours suivants, mais distrayant au plus haut point la famille Royale. La cloche se mettait à sonner vers 16 heures trente ou 17 heures, quand tous les chasseurs étaient de retour. L'entraînement consistait à rassembler tout le monde sur la pelouse pour y être appelé ; les maîtres comme les serviteurs. Ils gagnaient un coin de la pelouse en passant par la porte principale, pendant que nous descendions par la salle de bal, de l'autre côté. Dans la maison, quelques employés de confiance, plus hauts placés, devaient « sauver » des couvertures qui représen-

---

1. West End : quartier chic de Londres, à l'Ouest de la Cité.

taient les manteaux de fourrures, les peintures, tapisseries, et autres objets de valeur. Moi, je devais mettre la main sur les trésors du Prince Charles et m'enfuir. Des gens couraient dans tous les sens, ramassant frénétiquement des couvertures pour les porter dans les jardins, et toute la famille royale défilait depuis les chambres jusqu'à la pelouse avec leurs invités, pour y être comptés par l'Ecuyer responsable. De notre côté, cette tâche était assurée par le Sergent des Laquais. Dans la maison, le personnel du domaine qui formait l'équipe des pompiers montaient et descendaient les escaliers, coiffés de casques qui les faisaient ressembler à des gamins jouant à éteindre un incendie imaginaire.

Entre-temps, la voiture des pompiers municipaux de King's Lynn faisait son entrée triomphale dans un hurlement ininterrompu de sirène. Dans un assaut démonstratif d'efficacité, ils déroulaient leurs tuyaux autour du bâtiment par douzaines : chacun dans cette caserne locale devait avoir à cœur de faire une prestation grandiose au cours de cette représentation. Une fois que tout le monde pouvait prouver qu'il serait au bon endroit au bon moment, et que la caserne pouvait coopérer efficacement, tout était fini.

Après l'exercice, un soir, la Reine commanda au Hallebardier du Cellier (*Yeoman of the Cellar*), le sommelier, de servir de la bière aux pompiers dans la Salle de Bal.

Plus tard, elle croisa le Hallebardier et lui demanda :

— Whiting, combien en ont-ils bu ?

— Six douzaines de bouteilles, *Ma'am,* répondit-il.

— Bonté divine ! Six douzaines ! Mais combien en auraient-ils bu s'il y avait vraiment eu un incendie ?

Le dîner est toujours en retard après un exercice d'incendie, et toute l'organisation est en l'air. Comme des enfants, la famille Royale adore ça. Ils trouvent très divertissant de voir la routine battue en brèche et devoir supporter les petits désagréments ensemble les plonge dans l'allégresse.

Je me souviens d'un autre exercice d'incendie qui se produisit cette fois un matin, alors que la Reine était partie en promenade à cheval. Les cloches sonnèrent et le processus habituel se mit en branle.

La Reine Mère, escortée vers le coin de pelouse, croisa dans l'escalier la bonne écossaise de la Princesse Margaret. La pauvre femme montrait des signes évidents de détresse :

— Que se passe-t-il ? demanda la Reine Mère.

— Oh, Votre Majesté, c'est l'exercice d'incendie, et la Princesse Margaret ne veut pas sortir de son lit !

La Reine sourit alors avec tendresse :

— Eh bien, fit-elle en égrenant son long collier de perles. Il ne lui reste plus qu'à brûler, n'est-ce pas ?

Finalement, de grandes réparations furent entreprises à Sandringham et rendirent pendant deux ans la maison inhabitable. La Reine décida qu'ils « camperaient », comme elle dit, à Wood Farm, une maison beaucoup plus petite du domaine, et normalement utilisée comme rendez-vous de chasse, où il n'y a que quatre chambres et une aile du personnel.

Deux cottages supplémentaires furent annexés, au bout du chemin qui y conduit, à l'intention du personnel. Les invités peuplèrent les hôtels locaux.

La précarité de l'installation n'aurait pourtant pas découragé la famille de se retrouver : la Princesse Anne arriva avec Mark Phillips dans une caravane, qu'ils raccordèrent à l'électricité de la cuisine, et où ils s'installèrent, venant dans la maison pour le dîner. Les gens imaginent la famille Royale vivant d'une façon somptueuse. Souvent, il n'en est rien, mais néanmoins il est malaisé de se figurer la Princesse Anne habitant une caravane par un mois de Janvier glacial, dans ce plat pays du Norfolk.

Cette même année, nous passâmes la Saint-Sylvestre à Wood Farm. Peut-être la Reine Mère était-elle fatiguée ? Je ne sais, mais surtout elle habitait dans une autre maison, à Hillington, distante de cinq kilomètres. Toujours fut-il que son page entra dans la cuisine tout à fait perplexe, bien avant 22 heures :

— Ils veulent avoir leur fête tout de suite, fit-il. Il faut mettre les horloges en avance.

Toutes les horloges de la maison furent dûment avancées, et à 10 heures du soir, ils célébrèrent le Nouvel An. « Auld

Lang Syne[1] » fut joué sur un tourne-disque, et le plus brun des valets de pied, entrant par la porte de devant, distribua des morceaux de charbon, comme le voulait la tradition.

Le page qui fait toujours un bon punch chaud pour ce genre d'occasion en fut totalement déconcerté :

— Ils ne peuvent pas être servis. Ce n'est pas prêt ! déclara-t-il avec humeur.

Ils burent chacun à leur santé avec Dieu seul sait quoi, et allèrent se coucher...

Nous remîmes les horloges à l'heure et eûmes double ration de punch !

Même à Wood Farm, le travail continuait comme d'habitude pour la Reine, et elle s'accommodait assez bien des difficultés inhérentes aux dimensions restreintes de la maison. Je crois même qu'elle y prenait un certain plaisir. Le téléphone sonnait sans cesse, mais il n'y avait pas de standard efficace pour se charger des appels : c'était généralement le cuisinier qui répondait.

Un soir, celui-ci héla M. Bennett, Page de la Reine, dans l'escalier :

— M. Bennett, la Princesse Margaret pour la Reine !

— Merci Johnny, répliqua la voix toute proche de Sa Majesté. J'ai entendu !

Et comment pouvait-il en être autrement dans un lieu aussi exigu...

Le Gouverneur Général d'Australie, Sir John Kerr, arrivant en Grande-Bretagne, la Reine décida qu'elle devait absolument le recevoir dans le Norfolk, à Wood Farm.

Pour qu'il se sentît chez lui, nous nous mîmes immédiatement en quête d'objets australiens. Un valet céda sa carpette brodée représentant l'Australie, un objet relégué dans les chambres du personnel ; de mon côté, je trouvais une boîte à cigarettes que nous n'avions jamais utilisée, et dont le couvercle était lui-même orné d'une carte d'Australie, mais gravée celle-là. C'était peu ' et assez ridicule, mais nous n'avions rien d'autre sous la main.

1. « Auld Lang Syne » : chanson traditionnelle anglaise.

Malheureusement, l'entrée à Wood Farm passe par la cuisine, et le Gouverneur Général, qui vit sur un pied considérable à Canberra, dut se tenir au milieu de cette pièce, un peu abasourdi, en attendant d'être annoncé, pendant que le chef s'affairait flegmatiquement à ses casseroles. Au moment voulu, nous entraînâmes le Représentant de la Reine dans le hall, où celle-ci l'attendait pour l'accueillir. En fait, tout se passa assez bien. La Reine a l'habitude de se tirer de situations difficiles sans rien perdre de sa dignité naturelle.

Les Australiens qui venaient dans le Norfolk devaient trouver l'endroit excessivement froid. Dame Zena Holt, la veuve de D. Z. Holt, le Premier ministre d'Australie, vint chez la Reine à déjeuner alors que la Cour se tenait à Sandringham. C'était en 1969, très peu de temps après la mort de son mari. Malheureusement, elle arriva très en avance, et à l'exception de la Princesse Margaret, tous étaient à l'église. Dame Zena repartit faire une petite promenade en voiture pour tuer le temps, et quelqu'un informa la Princesse Margaret, qui était toujours dans sa chambre, de cette arrivée prématurée.

Elle descendit enfin, mais nonchalamment car la Princesse Margaret n'aime pas être bousculée, et s'assit dans le salon pour attendre le retour de Dame Zena. Le Prince Andrew, qui avait six ans à l'époque, se trouvait aussi dans la maison, plus exubérant que jamais. Il avait pu voir que sa tante attendait quelqu'un, et même deux laquais rôdaient près de la porte. Il bondit dans la pièce pour voir la Princesse Margaret, et au sens littéral du mot, car on lui avait fait cadeau d'une boule kangourou, un de ces ballons épais, qui rebondissent, avec des poignées pour s'accrocher dessus, et qui étaient si populaires à l'époque.

— Qui attendez-vous ? demanda-t-il.

— Dame Zena, fit la Princesse. Elle vient de très loin. D'Australie.

Le Prince Andrew rumina cette information, puis répliqua :

— Si elle est Australienne, peut-être voudra-t-elle jouer avec mon kangourou ?

— Je ne crois pas, mon chéri, fit la Princesse Margaret avec gravité. Elle vient de perdre son mari, et je crois pas qu'elle veuille jouer avec quiconque aujourd'hui, surtout à califourchon sur un ballon qui lui rappelle son pays !

Quand la famille Royale part en vacances, c'est quelque peu différent et plus complexe que pour nous, de se déplacer vers la Costa Brava pour un mois. Au Palais, il y a 160 employés, et en vacances, environ 80 d'entre eux suivent la Reine dans ses déplacements.

Tout le monde fait mouvement, y compris le standard, le service postal, les secrétaires, les cuisiniers, les laquais, les pages, les majordomes, les femmes de chambre, et bien sûr, les policiers, les valets et les habilleuses.

Quitter le Palais pour Balmoral ou Sandringham constituait une corvée épuisante. Pour aller en Ecosse, c'était encore le plus compliqué. Les membres de la famile Royale utilisaient le train royal, mais un train complètement séparé était affrété pour le personnel. Les chauffeurs partaient en avant avec les voitures royales et celles de la Maison ; les bagages de chacun étaient confiés à des transporteurs spécialisés. Dans le Sud, pour aller à Windsor, ou à Sandringham, le personnel se déplaçait en cars, le princes en automobiles, et l'Armée se chargeait du déménagement. Tout ce dont nous avions à nous soucier, c'était des bagages à main.

En vacances, il y a habituellement quatre serviteurs pour chaque prince ou invité. Le Cinéma de la Reine était également du voyage. Il dépendait et dépend toujours du Pipe Major[1]. Celui-ci nous accompagnait, car tous les jours à 9 heures du matin, la tradition veut qu'il joue de la cornemuse pour la Reine. Cet usage remonte au temps de la Reine Victoria qui aimait le son de cet instrument de musique.

Maintenant, chaque matin, le Pipe Major peut être vu,

1. Le Pipe Major est le souffleur de cornemuse dans la fanfare militaire écossaise.

faisant les cent pas devant les fenêtres de la Reine, soufflant comme un perdu dans son biniou. Et il faut qu'il souffle juste, car la Reine a l'oreille musicale !

A Sandringham, cette inoffensive tradition fut supprimée par mesure d'économie en même temps que les « huissiers », qui servaient le personnel supérieur.

La seule personne qui ne fut point affectée par cette restriction fut Bobo MacDonald, habilleuse de la Reine depuis cinquante ans. Bobo avait toujours été servie par un huissier et quand elle fut informée que désormais, à Sandringham, elle devrait descendre pour prendre son repas avec le reste de l'équipe, elle répondit en écossais l'équivalent de :

— Jamais de la vie, dussè-je en crever !

Sa pauvre assitante reçut la tâche ingrate de dérober de la nourriture pour elle. Cette tactique marcha le premier jour, mais ni l'une ni l'autre ne pouvait tout de même s'opposer ainsi au souhait de la Reine, et Bobo eut alors l'idée d'avoir un refroidissement, si mauvais prétendait-elle, que ses repas devaient lui être montés sur un plateau... A partir de ce moment, son rhume prit une forme chronique particulièrement violente. Et elle est encore le seul membre du personnel à avoir son repas servi dans sa chambre, quand la Cour réside à Sandringham.

CHAPITRE VII

VŒUX DE SAISON

A Noël, la famille Royale tout entière, de la Reine au plus jeune prince, se retrouve au Château de Windsor. Cela fait beaucoup de monde ! Noël était autrefois fêté à Sandringham, mais pendant les douze années que j'ai passé au Palais, il y eut le « boom » des bébés royaux. Les enfants grandirent et Sandringham devint trop exigu pour loger tout ce monde, ce qui obligea à modifier la tradition et à s'installer à Windsor, qui est assez vaste pour la famille entière. Chaque branche de la famille a sa tour individuelle. Dans celle de la Reine, toute la famille proche dispose de sa chambre, et cette partie du Château est finalement la vraie maison de la Reine. La Reine Mère a ses appartements dans la Tour de Lancastre, où le Président Reagan et sa femme furent logés en Juin 1982. Les Gloucester sont dans la Tour d'York, les Kent dans la Tour d'Edouard III, et le personnel dans la Tour de Brunswick. Les membres du personnel rapproché sont logés près de leurs maîtres respectifs. J'avais une chambre splendide près de celle du Prince.

Noël est une fête de famille, et donc, la plupart du personnel ne voit que très peu la famille Royale durant cette période. Mais néanmoins, derrière la scène, tout est organisé par eux. Les trois salons principaux du Château sont ouverts, et c'est dans le Salon Blanc, une magnifique pièce décorée en blanc et or, que la famille se tient habituellement. Le Salon Vert avec ses tentures de soie de cette couleur, est utilisé

72

comme lieu de ralliement avant le dîner. Le Salon Rouge est préparé pour la fête. Les meubles sont enlevés, et une longue table sur tréteaux est installée sur un côté. Au début de l'après-midi, la veille de Noël, cette table offre un spectacle fabuleux ; elle ploie sous les cadeaux, tous enveloppés de papiers multicolores. Elle est divisée en sections. La première est réservée aux cadeaux pour la Reine, une autre à ceux réservés au Duc d'Edimbourg, une autre encore à ceux de la Reine Mère, et ainsi de suite jusqu'au benjamin.

La pièce est tapissée de soie rouge et les tapis sont retirés pour découvrir les parquets polis. Un énorme arbre de Noël richement illuminé domine la scène éclairée par des appliques murales. La famille Royale a rempli les 24 mètres de table de ses présents ! Combien d'heures ai-je passé à envelopper les cadeaux du Prince, sachant que dans l'excitation du moment, tout mon travail allait être réduit à néant en quelques secondes ! Car ils sont exactement comme tout le monde. Ils ne peuvent pas différer la joie de découvrir ce qu'il y a dans un papier-cadeau. Pendant des semaines avant Noël, je passais le plus clair de mon temps à courir à travers Londres et à parcourir les catalogues de Noël avec le Prince, à la recherche d'idées de présents pour cette famille qui a déjà tout.

Avec la Reine, tout est beaucoup plus simple. Environ quatre semaines avant la date fatidique, un des salons se transforme en un Harrods[1] miniature. M. Knight, chargé des courses de Noël pour la Reine depuis des années, apporte une vaste sélection de cadeaux coûteux, qui sont étalés pour l'inspection royale et Sa Majesté va faire ses courses tous les soirs après dîner dans un de ses salons...

Tous les membres de la famille agissent de même mais sans les facilités qu'a la Reine. En revanche, ils jouent de la complicité naturelle qui s'est créée entre eux et leurs serviteurs.

— Si quelqu'un vous demande ce que je veux comme

1. Harrods est un grand magasin londonien, équivalent du Printemps à Paris.

cadeau, me disait le Prince, suggérez quelque chose qui a à voir avec la pêche.

Le message était dûment transmis téléphoniquement. En retour, j'appelais les pages et parfois, je recevais des demandes étranges. La dernière année de mon service, j'abordais le Page de la Princesse Anne :

— Le Prince essaye de deviner ce dont elle a envie.

— Facile, répliqua-t-il. Elle veut un paillasson.

Sur cette information de source indiscutable, nous achetâmes le paillasson désiré, et il est toujours, pour autant que je sache, à Gatecombe Park.

A la fin de cette période d'emplettes frénétiques, avec environ trente personnes dans la famille, il y a assez de cadeaux pour ouvrir un bazar de taille respectable...

Curieusement, la cérémonie d'ouverture des paquets de Noël se fait la veille, à l'heure du thé. La famille entière se réunit dans le Salon Rouge, la porte est refermée hermétiquement et aucun employé n'est autorisé à entrer. Par contre, les cris de délices en sortent...

— Oh, regarde ce que j'ai eu !

Ensuite, les enfants arpentent le Château pour essayer leurs nouveaux jouets et en faire étalage.

En réalité, ils ne s'achètent ni des cadeaux très exotiques, ni de choses précieuses, comme on pourrait le croire. Ce sont plutôt des trucs pratiques, un paillasson, des lampes, une carpette de voiture, des livres ou des cravates, ou bien encore un nouvel instrument pour leurs pique-niques. En d'autres mots, le genre d'objets utiles qu'ils n'auront pas à porter au cours de leurs engagements officiels.

Depuis le temps de la Reine Alexandra, la femme du Roi Edouard VII, la distribution des cadeaux se fait la veille de Noël, comme je l'ai dit plus haut. C'est là une tradition héritée des origines danoises de la Reine Alexandra.

Après la cérémonie, les cadeaux sont laissés en évidence sur la table du Salon Rouge pour la nuit. Le personnel fait le ménage, enlève les bouts de papier d'emballage, et laisse la pièce impeccable.

De leur côté, la famille Royale garde en réserve quelques

cadeaux supplémentaires pour la matinée, de petites choses amusantes qu'ils vont cacher subrepticement dans de vieilles chaussettes de chasse.

— Je me charge des bas de la Reine ! disait le Prince. Moi, je me précipitais pour acheter les menus objets en question, comme des savons, des bougies parfumées, des oranges et toute sorte de petits riens de ce style, avec lesquels nous remplissions les chaussettes de chacun.

Le Prince préparait également une chaussette pour son père, et je ne doute point qu'il y en aura une pour la Princesse de Galles à chaque Noël.

La matinée du 25 Décembre, chaque branche de la famille reste dans sa tour personnelle, et fait sa propre petite réunion privée avant de retrouver les autres pour un grand déjeuner dans la Salle d'Apparat. Ce déjeuner est tout à fait intime, et seul le Chef pénètre dans la salle pour découper la dinde. La famille Royale sort les langues de belle-mère, se coiffe de chapeaux de cotillon, mange du *plum pudding* et mène grand tapage. Pendant ce temps, le personnel fait également une fête à tout casser dans ses quartiers, autour d'une table qui ploie sous l'abondance de nourritures.

Comme j'habitais très près de Windsor, je n'y participais pas et rentrais chez moi pour le déjeuner familial, mais j'étais toujours de retour à 4 heures de l'après-midi.

Traditionnellement, à cette heure, la Reine reçoit son personnel privé pour lui souhaiter un joyeux Noël et distribuer un cadeau à chacun. C'est considéré comme un grand honneur, et ça l'est assurément. Dans son salon privé, est installée une table couverte de présents, et pendant qu'un feu crépite dans la cheminée, les portraits d'ancêtres glorieux observent leur héritière attendant debout l'arrivée de ses serviteurs.

Je suppose que le Prince lui avait dit que j'aimais les beaux verres, car chaque année, je recevais une pièce de cristal, lui serrais la main, lui souhaitant un joyeux Noël aussi et concluais par un digne :

— Merci, *Ma'am.*

La famille Royale adore Noël, et naturellement, ils

reçoivent des centaines de cartes venant des quatre coins du monde, Le Prince passe des heures à épingler celles qu'il reçoit sur une claie, dans son salon privé à Windsor. La Reine accroche les siennes à un antique séchoir à linge en bois dans son salon personnel. Ils trouvent les cartes de Noël très « cosy », douillet et confortable, un mot que l'on retrouve à tous les détours de leur conversation.

Puis, le tout, séchoir à linge, claie, cartes sont expédiées à Sandringham où ils restent exposées jusqu'à la fin janvier. Quiconque envoie une carte à la famille Royale peut donc être sûr que cela sera vraiment apprécié.

La préparation de Noël au Palais est amusante, elle aussi. Le Premier Concierge va acheter les cadeaux demandés par chaque membre du personnel des semaines auparavant, et selon l'ancienneté, le prix des cadeaux s'échelonne entre 12 et 16 Livres sterling[1]. Le 19 Décembre, le déjeuner de Noël du personnel a lieu au Palais de Buckingham. Tout le monde, toute la hiérarchie du service est convié, et se range à l'extérieur de la Salle des Audiences Royales, avant d'être introduit pour recevoir le cadeau des mains de la Reine. Comme il y a une foule d'employés au Palais, la cérémonie dure très longtemps : comme elle tient à serrer la main de chacun et dire un petit mot aimable, elle doit être épuisée à la fin.

Mais ni sa journée, ni celle de son personnel, ne sont finies pour autant : le soir, elle donne le Bal du Personnel, auquel elle prend une part très active.

Et le lendemain matin, la Cour déménage à Windsor...

La Reine considère Windsor comme son véritable foyer. Elle s'y installe le week-end, à moins qu'elle ne soit en voyage ou invitée par des amis. De ce fait, avant Highgrove, le Prince avait le même sentiment pour le château ancestral.

La conséquence majeure pour moi fut que, dès ma prise de poste à son service, j'eus une chambre en permanence là-bas, et que je ne fus plus déplacé au gré du hasard, comme le reste du personnel.

1. 12 à 16 £ font de 125 à 170 Francs français.

Le confort de Windsor est pour l'entourage de la Reine un facteur très important, et qui va de pair avec la taille de la construction. Si le Château est en lui-même imposant, la famille Royale n'y vit pas dans la splendeur. La Reine y garde une vieille voiture, dans laquelle elle se balade avec plaisir. Elle a également une vieille Rover, qui n'est plus toute jeune, elle non plus, avec ses douze ans d'âge. Si une voiture continue d'aller d'un point A à un point B sans causer de problèmes, la Reine n'est absolument pas troublée par son ancienneté. Elle adore conduire elle-même, mais seulement sur ses domaines. Si elle avait un accident sur une route publique, cela créerait une foule de complications. Mais il y aurait en fait peu de chance que cela se produise : c'est une conductrice très habile.

La Princesse Anne est beaucoup plus intéressée par les belles voitures et la vitesse. Quant au Prince, il adore sa vieille Aston Martin bleue, qui va maintenant sur ses 13 ans, et dont il prend grand soin, la traitant comme une pierre précieuse. Tous les autres membres plus ou moins éloignés de la famille conduisent des Fords et s'octroient un nouveau modèle chaque année. A la campagne, les Range Rovers sont leur moyen de transport favori.

Il y a en somme fort peu d'extravagances. La note pour le personnel est bien entendu énorme et il y a toujours des grincements de dents quand la Liste Civile est présentée, et que la famille demande plus d'argent. Ce n'est pas le problème du Prince dont les revenus proviennent principalement des rentes du Duché de Cornouailles.

Mais une des plaisanteries royales préférées est l'anecdote du député Willie Hamilton, faisant une interpellation au Parlement sur le contenu du Livre Vert, répertoriant la liste de tous les membres du personnel des différentes Maisons de la Cour. Debout devant les Honorables Représentants, il lut solennellement les noms des Dames de Compagnie, des Dames de la Chambre, des Dames de la Chambre supplémentaires, sans réaliser que ce sont en fait des titres purement honorifiques. Au bout de cette énumération, il s'exclama :

— Mais quelle est donc la taille de cette sacrée chambre ?

Il donna aux Communes l'impression que la Reine avait des douzaines de Dames de Compagnie, alors qu'elle n'en a finalement que quatre, qui sont connues sous le nom de Dames de la Chambre, et qui sont toutes les ladies et des amies personnelles de la souveraine. Ces dames abattent un travail considérable en écrivant au nom de la Reine, des lettres de remerciements aux organisations de femmes, aux écoles, aux enfants, sans parler de toutes les autres besognes du même acabit, et cela sans la moindre rétribution, sinon le remboursement de leurs frais, ce qui doit leur donner tout juste de quoi s'offrir une toilette de temps à autre pour accompagner la Reine dans ses obligations officielles. Aussi beaucoup d'entre elles tirent-elles le diable par la queue et ne s'en offusquent pas.

Si Willie Hamilton avait voulu un argument plus percutant, il aurait dû tourner son regard vers les cuisines. Il y a 20 employés aux cuisines du Palais, notamment des chefs professionnels et leurs assistants. Le gaspillage de nourriture était autrefois consternant. La Reine était souvent blâmée pour ce gâchis, mais elle n'y pouvait rien. Les employés annonçaient leur présence au déjeuner, puis ne venaient pas au moment du repas. Les cuisines préparaient constamment trop. Aujourd'hui, un système de réservations a été mis en place. Si vous ne retenez pas votre déjeuner, il n'est pas préparé, et vous vous en passez !

Car la famille Royale a toujours été très frugale dans ses habitudes culinaires. Si un convive se présente à l'improviste au déjeuner du dimanche, il est difficile de lui trouver une portion. Si la Reine mange seule, un seul quart de poulet ou une côte de porc seront accomodés et pas plus. Il n'est pas question de préparer un rôti entier et de laisser les restes dans le réfrigérateur.

La Reine a, bien sûr, une habilleuse, une bonne, et deux assistantes habilleuses. Bobo MacDonald qui résiste toujours obstinément au self-service établi à Sandringham, est encore à ses côtés, mais elle n'en fait plus beaucoup en raison de son âge. Les autres font à peu près tout le travail, et elles ont l'air de vivre constamment avec des valises : il y a toujours du papier d'emballage qui traîne dans les couloirs près des Appartements de la Reine, quand l'une d'entre elles passent par là.

— Elle est repartie, disions-nous à la vue de ce signe.

Une des plus importantes dépenses du Palais est le chauffage. La Reine éternue-t-elle qu'aussitôt quelqu'un se rue au téléphone pour qu'on pousse les chaudières centrales, jusqu'à ce que tout le Palais ressemble à une étuve. Le fonctionnement général participe d'une série de contradictions dès lors que l'argent entre en jeu. D'un côté, des économies rigoureuses comme la suppression du service à table, et de l'autre aucune réduction sur les effectifs actuels. On est toutefois obligé de dire que les membres de la famille Royale ne font absolument rien pour eux-mêmes.

Chaque employé du Palais a une fonction bien précise, dont l'aboutissement est de dorloter la Famille. Les Chefs sont là pour cuisiner, les laquais et les pages pour s'occuper des invités, des dignitaires en visite, et pour courir ça et là, les bonnes pour nettoyer.

A un plus haut niveau, la Maison Royale s'occupe de toutes les questions financières, paie les factures et je doute que la Reine ait jamais signé un chèque de sa vie.

Mais d'un autre côté, ils travaillent eux-mêmes énormément. Une autre des corvées royales est de devoir constamment poser pour des peintres. Le Salon Jaune, à l'angle droit du Palais, côté façade, est utilisé comme atelier par les portraitistes, les fenêtres offrant une excellente lumière sur deux côtés. Parfois quatre ou cinq toiles à divers degrés de finition sont en chantier, toutes peintes par des artistes différents, ayant pour modèles différents membres de la famille. Je me souviens avoir souvent vu la Reine passant dans les couloirs à des heures bizarres, en robe de soirée, parée de tous les attributs de sa fonction, diadème, et autres, faisant voile vers le Salon Jaune, les chiens galopant autour d'elle, pour une séance de pose. Un certain charme entourait ces rencontres inopinées : on pouvait ainsi croiser le Prince en uniforme des Welsh Guards, ou la Princesse Anne en robe de bal. Le résultat est que la famille Royale, une fois en peinture, ressemble exactement à l'image d'Epinal de la Royauté. Néanmoins, pour un adulte normalement constitué, diadèmes et diamants étincelants sont totalement insolites juste à l'heure du petit déjeuner. Une fois habillés, en revanche, quelle superbe ! Ils revêtent leur royauté en même temps que les accessoires qui la symbolisent.

Et pourtant, leur fortune personnelle n'est absolument pas fantastique, comme on pourrait le croire. Si par exemple, la famille Royale était ruinée, beaucoup de ces trésors inestimables ne seraient pas négociables : une partie des joyaux et la plupart des tableaux qui se trouvent dans les différents domaines de la Couronne sont propriétés de l'Etat, et la Reine n'en est que la dépositaire. Le Prince et la Princesse de Galles ont reçu des cadeaux de mariage qui leur appartiennent, mais tous les bijoux, qui sont les attributs de la fonction de Princesse de Galles, resteront à jamais dans la famille Royale. Ils ne vendent donc jamais de bijoux. Tout est gardé avec le plus grand soin dans les coffres-forts du Palais, et sera transmis aux générations suivantes. Bien qu'il y en ait des quantités considérables, les observateurs attentifs ont dû remarquer qu'ils portent habituellement les mêmes pierres favorites.

Une grande question demeure à l'heure actuelle : que va-t-il advenir de tous les bijoux que la Duchesse de Windsor a acquis de par son mariage avec Edouard VIII ? Car ces objets appartiennent à la famille Royale britannique, et la plus grande partie venait de la Reine Alexandra. La grande crainte des cercles royaux serait que la Duchesse, maintenant complètement sénile, ne laisse tout cela et d'autres objets de valeur, à la France, pour la remercier du logement qui lui a été prêté par le Gouvernement français après son veuvage. Or, depuis que Lord Mountbatten a été assassiné, personne ne sait vraiment ce qui arrive à la Duchesse. Autrefois, il allait la voir chez elle, à Paris, près du Bois de Boulogne, et ramenait des informations sur elle. Mais après une querelle qui l'opposa à Me Blumm, l'avocate et protectrice de la Duchesse, qui était convaincue que Lord Mountbatten faisait pression sur la Duchesse pour qu'elle renvoie les joyaux et autres trésors de famille à la Grande-Bretagne, l'accès de l'appartement lui fut refusé. Donc, même cette source d'information s'est maintenant tarie. Ceux de la jeune génération ne sont pas aussi hostiles à la Duchesse. Pour eux, le scandale est sans doute trop ancien. Je me souviens qu'une fois, alors que nous étions à Paris, le Prince appela la Duchesse pour prendre le thé. Nous revenions de Reims, d'un gala de charité pour l'United World College, un dada de Lord Mountbatten. Sur le chemin de l'aéroport, il s'arrêta chez la Duchesse, et, à mon grand chagrin, ne m'emmena pas avec lui. J'aurais aimé voir cette légende vivante. Il ne fut cependant pas très loquace à son retour :

— Elle est frêle et semble malade, fit-il seulement remarquer.

Au moment de ses fiançailles, l'un des trois mille télégrammes qui arrivèrent venait d'elle. On y lisait seulement : « Meilleurs vœux. Grande-Tante Wallis. » Et le Prince se demanda si elle l'avait envoyé elle-même, ou si Me Blumm l'avait rédigé en son nom.

Je travaillais au Palais, quand la Duchesse vint aux funérailles de son mari, le Duc de Windsor, en Juin 1972. Une grande curiosité régnait à son égard, dans tout le Palais. Chacun, même les principaux intéressés, voulait la voir, cette dame qui avait, après tout, changé le cours de notre histoire. La Reine l'avait rencontrée deux fois auparavant. Elle avait pris le thé avec elle au cours de ses visites en France. Quand la famille Royale ne peut pas officiellement rencontrer quelqu'un, elle prend le thé avec la personne en question, ce qui lui permet de partir très vite et d'avoir été polie. Mais quand la Duchesse vint au Palais, ce fut une tout autre affaire : tout le monde s'était interrogé à son sujet pendant des années. Les serviteurs les plus anciens s'en souvenaient bien, et ceux qui avaient bonne mémoire savaient également combien elle était susceptible et autocratique. L'un d'eux me dit un jour :

— Elle avait l'habitude de dire au Roi, avec son lourd

accent américain : « David, je ne veux plus voir cet homme ici, si cela ne vous fait rien. »

Et la voilà, qui pénétrait dans cette demeure où elle aurait pu être Reine, et que seule la mort de son mari lui ouvrait. Il était assez normal que tout le monde cherchât à la voir. Le personnel reçut l'instruction de préparer une des suites d'invité au premier étage, et quand la Duchesse arriva, elle était si menue, si fragile, qu'elle suscita beaucoup de sympathie parmi les plus jeunes membres de la famille Royale. Le Prince fut particulièrement attentionné envers elle, car, en fait, il l'aime beaucoup :

— Après tout, fit-il un jour avec un petit soupir, elle fait partie de la famille.

Lord Mountbatten lui aussi l'aimait bien. Il avait été témoin à leur mariage, et pendant des années, avait tenté de la faire admettre en Angleterre, mais les autres membres de la famille restèrent intraitables, et la seule concession qui lui avait été accordée était de pouvoir être enterrée à Frognal, aux côtés du Duc.

Aujourd'hui, plus personne ne parle d'elle. Mais on dit que la Reine Mère ne lui a jamais pardonné d'avoir épousé le Roi Edouard VIII, et d'avoir ainsi précipité son mari, George VI, à un poste auquel, en tant que cadet, il n'avait pas été préparé, et que c'est l'effort que lui a demandée la tâche d'être Roi durant la guerre, qui fut à l'origine de sa mort prématurée en Février 1952.

Je suppose que toutes ces rumeurs ont une part de vérité, mais avec la famille Royale, c'est très difficile de vérifier. Ils ne parlent jamais en public de quoi que ce soit qui pourrait les embarrasser d'une manière ou d'une autre.

Si, par exemple, la Princesse Anne est arrêtée et reçoit une amende pour excès de vitesse, personne n'en parle. L'amitié de la Princesse Margaret avec Roddy Llewellyn était un sujet tabou. De même, personne n'aurait eu loisir de discuter des difficultés financières d'Angus Olgilvy, le mari de la Princesse Alexandra, qui causèrent pourtant un petit scandale. De toute façon, certainement pas devant les serviteurs, et encore moins devant leurs amis. Certains parents proches ont pu recueillir des confidences sur les écarts de conduite des uns et des autres, mais encore... La famille Royale applique strictement le principe qu'il vaut mieux ignorer ce qu'on ne peut éviter. Etant très solidaires les uns des autres, ils ne tiennent pas à compromettre leur cercle privilégié, fermé et sécurisant, ou à se démarquer de lui. Il n'y a en principe aucun canard boiteux dans la famille, encore qu'ils soient sur leurs gardes avec la femme du Prince Michael de Kent[1], qui fait partie du cercle familial depuis trop peu de temps pour ne pas inspirer une certaine défiance.

Au milieu de tout cela, la Reine Mère exerce encore une grande influence sur son petit monde, et particulièrement sur le Prince Charles, qui est probablement son petit-fils favori. Il a passé une grande partie de son enfance avec elle quand la Reine fit ses grands voyages autour du monde. Jusqu'à son mariage, il allait toujours à Birkhall, la maison écossaise de la Reine Mère, quand la Reine devait s'absenter. Quand la Reine n'était pas à Windsor, il passait les week-ends chez sa « Grannie », comme il l'appelle, à Royal Lodge, près de Windsor. Il détestait rester seul au Château, et Royal Lodge est de toute façon plus accueillant. Le Prince d'ailleurs décrit les porcelaines de Chine, ou les verres qu'il aime particulièrement comme étant « très Royal Lodge » ou « très Birkhall ». Les deux demeures de la Reine Mère sont pour lui un idéal, et la présence de sa grand-mère dans les lieux ajoute à ce sentiment. Les pièces y sont plus petites. Il y a moins d'employés, et comme la Reine Mère adore regarder la télévision, le Prince avait l'habitude de faire avec elle des « dîners-télé », tous deux mangeant sur leurs genoux devant la boîte à images.

Elle adore recevoir et peut épuiser dans ses soirées des gens beaucoup plus jeunes qu'elle. Beaucoup plus tard au cours des vacances à Balmoral, elle donne sa propre version du Bal des Ghillies qu'organise la Reine. Il y règne une ambiance plus familiale et plus détendue qu'apprécient les employés et les ouvriers de son domaine. Comme il n'y a pas

1. En 1978, le Prince Michael de Kent épousa M.-C. von Reibniz.

de salle de bal à Birkhall, une petite tente est montée hors de la salle du personnel pour l'orchestre. La Reine Mère accueille tout le monde en personne et danse avec chacun. Un repas est servi, et le bar reste ouvert jusqu'à 11 heures trente. La soirée se finit fort joyeusement.

C'est du reste aussi bien que Birkhall soit aussi profondément enfoncée dans les Highlands : rentrant du bal de la Reine Mère, j'ai souvent vu des voitures garées ou abandonnées sur les bas-côtés, ou dans des endroits des plus extravagants ! C'est le genre de soirée dont on dit qu'elle fut mémorable...

Il y a une coutume que partage la famille Royale, et que peu de gens connaissent : chaque année, quand nous croisions sur le yacht royal jusqu'en Ecosse, nous mouillions pour la journée près de la côte, à proximité du tout petit château de May qui appartient à la Reine Mère. C'est une habitation très confortable, malgré son aspect médiéval et rébarbatif. Les jardins y sont préparés par les jardiniers de la Reine Mère pour sa visite du mois d'Août, et nous arrivions juste à temps pour profiter d'un excellent repas. Chacun était invité à se promener le long des parterres avant le thé, et puis, nous retournions à bord en chaloupe, avant de faire route pour Aberdeen.

Au moment du départ, la Reine Mère faisait tirer de grosses fusées depuis les tours de son château, une sorte d'adieu spectaculaire, tandis que son personnel agitait de grands draps depuis les créneaux. En réponse, le *Britannia* lançait des fusées éclairantes de secours, d'éblouissantes raies de lumière dans le ciel. Malheureusement, étant en Ecosse, certains étés pluvieux et brumeux interdisaient de voir les feux d'artifice de la Reine Mère, ni nos fusées depuis le château. Mais nous pouvions toujours entendre les détonations dans les cieux.

Le château est trop loin de tout pour qu'un témoin ait pu remarquer notre petit feu d'artifice. Cette cérémonie devint donc un secret intime, qui marquait la fin d'une année de travail et le début de vacances d'été tout à fait anticipées.

Dès le début du mois de Juillet, le Prince se plaignait souvent, ayant coutume de dire :

— Je suis à bout. Vivement Balmoral !

Après le château de May, c'était là le terminus de la croisière.

CHAPITRE VIII

MÈRE ET FILS

Pendant toute la période durant laquelle j'ai servi le Prince Charles, je ne puis me souvenir d'un repas que la Reine et son fils n'aient pas pris ensemble, s'ils pouvaient prévoir qu'ils se trouveraient sous le même toit.

Au Palais, chaque matin entre 9 heures et 9 heures trente, le Page de la Reine, quand elle était là, m'appelait pour me demander si le Prince descendrait pour dîner ce soir-là. Chaque jour je recevais une circulaire qui rapportait les déplacements de chaque membre de la famille pendant la journée. Le Prince se donnait rarement la peine de la regarder lui-même. Il préférait demander :

— Que fait la Reine pour le déjeuner ?

Ou encore, je l'informais que la Reine allait à une première dans la soirée. Tous comptent sur leurs employés personnels pour ce genre d'informations.

Le Prince est excessivement attaché à sa mère. Il l'appelle encore « maman » quand ils sont ensemble, mais devient hautain si quelqu'un fait allusion à elle comme « votre mère ». C'est la Reine, et il parle toujours d'elle à un tiers en l'appelant « la Reine ». S'il sort le soir, il commande presque toujours :

— Dites au chauffeur de m'attendre au Portail du Roi. Je vais souhaiter la bonne nuit à la Reine.

Les appartements des mâles, au Palais, sont traditionnellement à la droite du bâtiment, donc le Portail du Roi est de ce côté du terre-plein intérieur. La seule fois où la Reine utilise cette porte, c'est en se rendant à cheval au *Trooping the Colour*. Il rend toujours visite à la Reine dans ses appartements mais elle ne vient jamais dans les siens. Je n'ai plus vu la Reine dans le couloir du second étage depuis que la Princesse Anne s'est mariée, en 1973. Les appartements de la Princesse sont disposés le long de ceux de son frère, mais côté gauche du couloir. La Reine lui rendit visite en tant que mère de la mariée.

Le Prince compte beaucoup sur la Reine pour le conseiller.

— La Reine a beaucoup de jugement, disait-il souvent.

Il la voit comme étant à la tête d'une énorme affaire familiale. Elle reçoit les courriers de l'Etat, les télégrammes, les « boîtes », les documents secrets, et c'est un fardeau qu'elle partage avec lui pour la plus grande part. Ils ont les mêmes sources d'informations, et toutes les connaissances qu'il acquiert, lui servent à se préparer à son futur règne.

Il pense que plus longtemps la Reine fera ce travail, plus elle sera efficace dans sa tâche. Il la dit brillante, au sommet de sa compétence, et respecte énormément ses conseils. Elle fut une bonne éducatrice pour lui, dès sa naissance. Mais imaginer qu'elle puisse abdiquer, et que le Prince, préparé par elle, s'installe sur le trône, est une absurdité : quand ce genre d'éventualité était suggéré par les journaux, il grognait en lisant l'article, pour conclure par un :

— Quelle bêtise !

Il y pense, bien sûr, et il y a trois ans, il avait l'habitude de dire de temps en temps :

— Attendez un peu que je mène la galère, et on verra de quel bois je me chauffe !

Mais cette remarque ne se référait pas aux questions d'ordre gouvernemental. C'était généralement une façon de se plaindre du repas exécrable servi par le cuisinier en chef, et à travers cela, de l'organisation du Palais.

L'abdication, disent les membres de la famille Royale, ne fait pas partie des traditions monarchiques de la Grande-Bretagne. Rien n'est plus simple pour la monarchie néerlandaise que de se passer le trône : le couronnement n'est pas un sacrement aux Pays-Bas. Leur cérémonie est plus une affaire laïque. Les Rois et les Reines d'Angleterre reçoivent l'onction et sont sacrés par l'Eglise. C'est un mariage avec la nation.

Il est possible que dans les années à venir, la Reine vieillissant et voulant se reposer plus souvent, associe son fils à sa charge, et qu'il prenne le titre de Prince Régent, mais lui-même ne croit pas que cela puisse se produire. Son sort de « Roi en attente » lui convient tout à fait.

— Pourquoi se précipiter ?

Il n'y trouverait aucun intérêt, parce qu'il connaît bien les limites de la fonction. Quand j'étais avec lui, nous pouvions aller chasser, pêcher, prendre l'avion, juste lui, son policier et moi. Une fois qu'il sera Roi, même cette liberté lui sera refusée. Le trône lui rognera les ailes, et il en est conscient.

En même temps, la Reine fait un travail merveilleux. Elle est totalement dévouée à l'héritage reçu de son père, pour elle, pour sa famille, pour la Grande-Bretagne. Elle ne voudrait pas voir tout ce qu'elle et son père ont reconstruit après l'abdication du Duc de Windsor en 1936, s'écrouler.

C'est pourquoi elle porte la plus grande attention au bébé de la Princesse de Galles, et pourquoi elle insista autant pour qu'un docteur examinât immédiatement la Princesse quand celle-ci glissa dans les escaliers de Sandringham, en Janvier 1982, juste avant la naissance. Elle était inquiète autant comme grand-mère, que comme Reine responsable du deuxième en ligne pour l'accession au trône.

Quand viendra son heure, le Prince Charles sera un monarque quelque peu différent de sa mère. Ayant grandi dans le changement des années soixante, il sait que la monarchie doit suivre la voie choisie par le pays.

— Nous devons nous adapter tout le temps, dit-il.

Mais il n'est absolument pas question que la famille Royale se promène comme aux Pays-Bas, à bicyclette dans la rue !

— Tout est une question d'équilibre, dit-il encore. Il faut être moderne, mais sauvegarder la mystique.

Pour l'instant, la royauté britannique a réussi, là où a échoué la famille Royale hollandaise.

Le Prince et moi étions à Amsterdam pour le couronnement de 1980, quand la Reine Juliana passa le flambeau à sa fille, la Princesse Béatrix. Quelle ne fut pas notre stupéfaction de voir que les foules durent être contenues par la Garde Nationale, armée de gaz lacrymogène. A l'époque, le Prince s'exclama :

— Vous imaginez une pareille chose en Grande-Bretagne ?

Des gaz lacrymogènes sur le Mall, c'est impensable. Mais le Prince a réfléchi à la possibilité que la monarchie devienne impopulaire :

— Si, un jour, ils veulent que je m'en aille, je m'en irai.

Et pour l'instant, sa formation se poursuit. Quand la Reine fait un voyage à l'étranger, toutes les informations qu'elle glâne sont communiquées au Prince.

Le Duc d'Edimbourg, bien qu'excellent consort, ne conçoit pas le même intérêt pour une fonction qu'il n'aura jamais entre les mains. Le trône est vraiment une comédie à deux acteurs, la Reine et le futur Roi.

Le Duc a cependant, lui aussi, des conseils avisés.

— Le Duc est la personne la mieux informée que je connaisse, avait l'habitude de me dire le Prince.

Il peut être paternel, mais il est surtout maître en sa demeure. Cela, les gens ne le comprennent que rarement quand ils le voient, deux pas derrière la Reine, avec les mains derrière le dos.

Mais c'est le Duc qui descendra, tel la foudre, aux cuisines pour dire au chef que le dîner était une dégoûtation. Et c'est lui qui prend les décisions en vacances.

Il a élevé les enfants avec discipline, et il a toujours tendance à s'irriter du comportement un peu placide du Prince. Il le grondait souvent pour sa lenteur. Quand nous étions à la chasse, le Prince allait de son train de majesté, discutant avec l'un ou avec l'autre. Il est facilement distrait si quelque chose se passe ailleurs qui pourrait l'intéresser. Dans ce cas, vous pouviez entendre son père le rappeler à l'ordre pour le presser un peu :

— Allons, Charles !

— J'arrive, p'pâ !

Mais ils ne se querellent pas, et restent très proches, bien que le Prince ait toujours été plus proche de la Reine : ils ont une plus grande similitude de tempéraments, et les mêmes intérêts.

Le Duc a une énergie folle. Il est rapide, impatient, bien qu'il s'assagît considérablement, maintenant qu'il a passé le cap des soixante ans. Il abat cependant une grande quantité de travail, mais les gens ne le remarquent pas autant qu'auparavant. Il s'est également adouci.

Il est certainement beaucoup moins impatient avec son fils depuis l'annonce des fiançailles. Nous pensions qu'il devenait irritable parce que le Prince ne se décidait toujours pas.

Le Duc a fait toute sorte d'accrocs à sa réputation, au cours des années avec la presse et le public, à cause de son habitude de faire des remarques intempestives. Il lança un jour que les ouvriers britanniques devraient se décarcasser un peu plus que ça. Les conséquences furent terribles pour la poste du Palais, qui dut beaucoup se « décarcasser » devant le déluge de lettres furieuses.

De nos jours, la célèbre irascibilité du Duc ne semble plus avoir une aussi grande importance. Les gens sont plus intéressés par le Prince et la Princesse de Galles, que par les autres membres de la famille. Le Duc et la Reine se rapprochent de plus en plus en vieillissant. Il y a entre eux une extraordinaire unité : même après 33 ans de mariage, ce n'est certainement en aucune manière un mariage de raison. Quand ils s'appellent mon chéri, ce n'est pas par convention sociale. Ils vivent ensemble comme mari et femme dans leurs appartements privés, comme d'ailleurs des millions d'autres couples. La Reine aurait le plus grand chagrin s'il venait à disparaître. Et ça, c'est quand même merveilleux !

Malgré le chic qu'a le Duc pour mettre les pieds dans le plat avec des déclarations fâcheuses, je n'ai jamais entendu un membre de la famille Royale exprimer une opinion concernant la politique, sauf Lord Mountbatten, qui avoua un jour qu'il avait de meilleures relations avec le Gouvernement Travailliste qu'avec les Conservateurs. Quand le Parti

Travailliste était au pouvoir, nous savions tous qu'un grand respect mutuel s'était établi entre la Reine et Sir Harold Wilson, le Premier Ministre d'alors. La vieille garde, qui forme une partie de la Maison Royale, était très réticente à ce propos...

C'est une tradition que les Premiers Ministres rencontrent toujours la Reine les mardis à 6 heures trente de l'après-midi. Quand le Parlement était en session, Harold Wilson passait une grande partie de son mardi soir à mettre la Reine au courant de tous les débats.

Le personnel avait l'habitude de dire qu'il avait habilement saisi le caractère de sa Reine : la famille Royale aime, je l'ai dit, au plus haut point les distractions à leur routine. Ils adorent les petits drames, les suspenses, qui rompent la monotonie. Sir Harold avait élevé cette tactique au niveau d'un art. D'ordinaire, la Reine quitte le Palais pour Windsor le vendredi, mais il nous semblait que le vendredi, le Premier Ministre avait bien souvent une communication importante à faire à la Reine, un fait dont elle devait absolument être informée.

Normalement, nous pouvions nous mettre à l'heure de la Reine : à 3 heures tous les vendredis, elle quittait le Palais. Et quand la Reine s'en va, le Palais ferme. Comme un théâtre, on éteint les feux de la rampe, on tire le rideau, le spectacle est terminé, c'est relâche. Puis, soudain, un vendredi, pas de départ ! Tout le Palais resta illuminé et dans l'attente. La Reine devait recevoir Harold Wilson. Sans aucun doute, y avait-il quelque chose de grave dans l'air... En fait, c'était la Livre Sterling qui mordait la poussière. Il arriva fort tard dans la soirée pour annoncer que le Trésor avait décidé de dévaluer...

Le Prince Charles appréciait tout particulièrement James Callaghan, quand il était au pouvoir, mais trouvait Edward Heath d'abord difficile.

Margaret Thatcher ? Personne ne semble en parler.

Même au Palais, on ne peut que rarement voir la Reine dans sa vie de tous les jours, ou même dans des situations inattendues. Le personnel comme les cuisiniers, les bonnes, les huissiers, les laquais, tous ces gens qui travaillent aux étages inférieurs ou dans les sous-sols ne la voient jamais, et peuvent travailler toute leur vie sans jamais l'apercevoir dans l'exercice de leurs fonctions.

Cependant le jour du Jubilé, le personnel dans sa totalité fut autorisé, par une rare faveur, à s'aligner dans le couloir de l'Entrée Principale, par où devait passer la Reine en se rendant à Saint Paul pour le service d'Actions de Grâces. Quand elle s'engagea dans ce couloir, qui est comme un entonnoir et permettait à cette occasion à chacun de bien la voir, le personnel entier partit d'une grande ovation. Elle s'arrêta brusquement pendant une seconde, l'air complète-ment ébahi, presque comme si elle allait crier. Puis elle se reprit, sourit et salua tous ces gens qui travaillent pour elle à longueur d'année, et, dans son merveilleux ensemble rose, le plumet de son chapeau en bataille, elle se dirigea vers son carrosse devant lequel le Prince l'attendait, à cheval. Car ce fut comme Aide de Camp de la souveraine, qu'il chevaucha à ses côtés jusqu'à la Cathédrale.

Les acclamations qui avaient commencé devant sa propre porte s'enflèrent sans interruption tout le long du Mall, sur le Strand, Fleet Street[1], et jusqu'au pied de Saint Paul, tandis que nous buvions le champagne à sa santé, et que l'émotion faisait pleurer les jeunes filles du personnel. Dans les milieux du Palais, nous fûmes en général étonnés par la joie du public. La Reine aussi.

Le Jubilé fut entièrement son année. Le Prince n'y joua aucun rôle. Tous les projecteurs furent braqués sur elle. Des fenêtres du Palais, nous dominions cette foule, émerveillés par son enthousiasme. Les orchestres et fanfares semblaient jouer tout le temps, et le Prince, qui a toujours aimé les orphéons depuis sa plus tendre enfance, s'arrêtait fréquem-ment devant la fenêtre pour les regarder jouer.

— Un des avantages de ce job, c'est qu'on a son orchestre personnel presque tous les matins.

---

1. Le Strand et Fleet Street sont deux avenues qui traversent la Cité de Londres. Fleet Street est le siège des grands journaux londoniens.

Et certes, nous en avions pendant cette année du Jubilé !
Même en temps normal, à Londres, à 11 heures trente, au
changement de la Garde, une des fanfares régimentaires joue
dans la cour, et la musique s'entend, pour le plaisir du
Prince, dans ses appartements.

L'année du Jubilé, la Reine n'ayant pas le temps de se
trouver partout à la fois, le Prince Charles la remplaça une ou
deux fois dans ses déplacements : il fit ainsi un voyage en
hélicoptère dans les Iles Hébrides pour la représenter dans
ces marches lointaines du Royaume-Uni. Ce fut une folle
cavalcade de trois jours, avec des soirées trop longues et des
levers trop matinaux. Il s'habilla en kilt la plupart du temps.

Ce 23 Juin 1977, observant les foules amassées devant les
grilles du Palais, qui acclamèrent la Reine sans interruption
depuis le petit matin jusque tard dans la nuit, le Prince se
tourna vers moi :

— J'ai de la peine à le croire !

Mais il ne savait pas qu'une vague d'affection plus grande
encore toucherait la famille Royale quatre ans plus tard, en
Juillet 1981, lorsqu'il épouserait Lady Diana Spencer.

CHAPITRE IX

TRAGÉDIE ROYALE, SÉCURITÉ ROYALE

Le 11 Juin 1981, le *Trooping the Colour* eut lieu par une journée magnifique et ensoleillée. Ce fut un jour historique mais je ne le sus qu'au retour du Prince, sanglé dans sa tenue des Welsh Guards. Il était en nage, et profondément alarmé. Il me tendit son épée et commença à s'acharner sur les boutons dorés de sa tunique.

— Vous savez ce qu'il s'est passé ? me demanda-t-il. Je n'en avais pas la moindre idée. Après son départ, ce matin-là, je m'étais posté à la fenêtre de sa chambre, et déplaçant les rideaux, j'avais assisté au départ des régiments pour le Horseguard Parade, puis j'avais commencé à courir en tout sens pour faire les valises : le Prince partait immédiatement après le *Trooping* pour Windsor, où il devait jouer au polo dans l'après-midi. Présumant qu'un Garde s'était évanoui, un fait assez courant, je dis seulement :

— Non, que s'est-il passé ?

— Un sombre idiot a tiré sur la Reine.

— Oh, mon Dieu ! Mais... Tout va bien ?

— Parfaitement : Les coups étaient à blanc. — Il luttait furieusement contre sa veste trop ajustée. — Le bruit a surpris les chevaux, mais la Reine a pu maîtriser sa monture. — Il hocha la tête, soucieux. — C'est le genre d'histoire qui vous fait réaliser votre propre vulnérabilité !

Et c'est certain : la famille royale est vulnérable. Comme je l'ai dit plus haut, ce sont surtout contre les enthousiastes plus que contre les déséquilibrés ou les terroristes, que la protection est nécessaire. Néanmoins, comme le fait remarquer souvent le Prince, la possibilité d'être assassiné est un des risques de son métier.

Dans ce cas particulier, les coups de feu ne présentaient pas de danger. Le tireur, âgé de 17 ans, fut immédiatement ceinturé par un sous-officier des Scots Guards, Alec Galloway, et tout finit bien.

Mais, le 27 Août 1979, en une toute autre occasion, la vulnérabilité de la famille royale devint une horrible évidence. Ce fut la plus triste matinée de ma carrière au service du Prince Charles. J'étais assis à l'Aéroport d'Heathrow[1], attendant le retour du Prince de sa partie de pêche en Islande. Son grand-oncle venait d'être assassiné par l'I.R.A.[2]. Le Prince revenait d'urgence pour voir s'il pouvait se rendre utile.

Lord Mountbatten avait 79 ans. Lui et une grande partie de sa famille étaient montés à bord de leur bateau, le *Shadow V,* dans le petit port de Mullaghmore, près de son domaine d'Irlande, le château de Classiebawn.

Partis pour pêcher en mer, ils avaient à peine quitté le port, qu'une mortelle déflagration les emporta : 23 kilos d'explosifs avaient été posés à bord. Lord Mountbatten fut tué instantanément, comme le filleul du Prince, le jeune Nicholas, 14 ans, et un jeune marin de 17 ans. La Douairière Lady Brabourne, qui avait 80 ans, était morte plus tard à l'Hôpital de Sligo, et la fille de Lord Mountbatten, Lady Brabourne et son fils Timothy étaient dans un état critique. Le mari de Lady Brabourne, John, était aussi blessé.

Immédiatement après réception de la nouvelle, le bureau du Prince avait entrepris de faire rapatrier celui-ci d'Islande. Un Andover de l'Escadrille de la Reine, le même qui l'avait déposé là-bas trois jours plus tôt, avait été envoyé.

Quand l'avion atterrit dans la partie Sud d'Heathrow, où

1. L'Aéroport d'Heathrow dessert Londres.
2. L'I.R.A., Armée Républicaine Irlandaise, organisation paramilitaire catholique.

se font tous les atterrissages de V.I.P., je montai sans attendre à bord. Il vint du fond de l'avion, abattu, le teint pâle, portant déjà une cravate noire. J'en mettais toujours une dans ses bagages où qu'il allât, sans penser qu'elle pourrait servir un jour. Alors qu'il approchait, je bégayai :

— Votre Altesse Royale... Je ne sais que dire... Il me regarda et dit très calmement :

— A quoi bon tout cela ?

Les discours sont bien inutiles dans ces circonstances. Il avait déjà refermé sa mallette, et rangé les papiers qu'il emporte toujours et partout avec lui. Je la lui pris des mains et sortis devant lui de l'avion. Il en descendit à son tour quand la voiture fut en position au pied de l'escalier mobile.

Pas un mot ne fut échangé entre l'aéroport et Windsor, tandis que le chauffeur filait à travers la circulation dense. Quand nous arrivâmes au château, je déballai le sac-déjeuner que j'avais apporté de Buckingham Palace, et comme le soleil était éclatant dans le ciel, il proposa :

— Nous pourrions tout aussi bien manger dehors...

Il a son coin favori dans les jardins, et j'installai le déjeuner à cet endroit. Une fois assis, il se décrispa, lentement, en observant le vol des hirondelles autour des murs du château.

— J'espère que cela n'a pas gâché vos vacances ? fit-il alors que j'étalais le déjeuner.

— Non, Monsieur. Je devais partir plus tard cette semaine. Il resta silencieux un instant, puis déclara :

— C'était très gentil de votre part, de venir.

Son repas était disposé sur la table, et je me tins debout, attendant de me servir après lui.

— Comment avez-vous appris la nouvelle, Monsieur ? demandai-je.

— Quand l'ambassadeur a téléphoné. Au début, il m'a seulement parlé de mauvaises nouvelles. — Il marqua une pause. — Ma première réaction fut qu'il s'agissait de la Reine Mère. Mais il me répondit qu'il n'en était rien. Ils venaient d'entendre et attendaient confirmation qu'il y aurait eu un attentat contre Lord Mountbatten, et qu'il aurait été blessé.

— Je restai là à écouter pendant qu'il chipotait sa nourriture.

— Je me suis senti si démuni, fit-il. Si loin.

Ce ne fut que plus tard dans la journée que l'atroce vérité lui fut communiquée.

— J'ai senti monter un immense désespoir. — La mort de son filleul, Nicky, le frappa presque aussi durement que celle de Lord Mountbatten. — Un tel gaspillage de vies humaines, un enfant, en plus.

Quand le déjeuner fut terminé et desservi, je lui apportai un téléphone dans le jardin et le laissai parler à la Reine qui était à Balmoral avec le reste de la famille. Il appela également Norton Knatchbull, qui est maintenant Lord Romsey, l'héritier direct de Lord Mountbatten. Il était allé en Irlande et le Prince lui demanda les derniers bulletins de santé de Lord et Lady Brabourne. Ils étaient tous les deux sévèrement atteints, et Lady Brabourne se trouvait en réanimation. Entre les coups de téléphone, je sortis pour lui demander s'il voulait quelque chose.

— Il faut que j'aille en Irlande pour les aider, fit-il.

Mais, comme son bureau le lui rappela fermement, c'était impossible. Du point de vue politique, son apparition en Irlande aurait provoqué d'énormes complications.

Ce fut un moment vraiment terrible pour lui. Tranquille, presque muet, il venait de subir un choc très profond. Durant les trois jours que je passai avec lui avant de partir pour mes vacances, je retournais à Londres deux fois par jour pour amener le déjeuner et le dîner préparés par les cuisines du Palais. Il ne mangeait pas beaucoup, de toute façon. Il était tellement bouleversé qu'il valait mieux le laisser seul. Il n'était pas d'humeur à voir quelqu'un. Tout ce qu'il désirait, était d'être tenu au courant de la situation en Irlande, et il passait des heures au téléphone.

— Je ne comprends pas, fit-il un jour. Pourquoi attaquer quelqu'un comme Lord Mountbatten, qui n'a fait que du bien à l'Irlande ? Et Lady Brabourne ? Elle a 80 ans !

Il était désespéré.

Ce temps superbe se maintenait, accentuant, si on peut dire, l'horreur de l'événement.

N'ayant jamais connu le sien, il avait toujours considéré Lord Mountbatten comme son grand-père. Effectivement, sa couronne mortuaire portait une carte ainsi libellée : « Du P.F.H. au G.P.H. »[1]. En hommage à son grand-père honoraire, il m'annonça au moment où l'on arrangeait les funérailles :

— Je porterai toutes les décorations qui me sont autorisées. Lord Mountbatten aurait certainement aimé ça.

Oui, Lord Mountbatten aurait certainement aimé cet hommage. C'était un homme qui adorait s'habiller, et je me souvins avec un serrement de cœur d'une phrase de lui, quand nous étions tous au Népal pour le couronnement de leur Roi. Lord Mountbatten m'avait dit avec allégresse, alors que j'épinglais toutes ses décorations, les unes après les autres :

— Je vais ressembler à un Arbre de Noël !

Avant les funérailles, le 5 Septembre, le Duc d'Edimbourg, qui, lui, considérait Lord Mountbatten comme son père honoraire, revint d'Ecosse en avion et se rendit avec le Prince à l'aéroport d'Eastleigh, près de Broadlands, pour le retour des corps. Puis, un peu plus tard, la Reine et le reste de la famille revinrent pour l'enterrement. Après quoi, le Prince raccompagna en Ecosse sa famille réunie dans le malheur.

Lord Mountbatten avait une sincère affection pour le Prince. Ils avaient passé beaucoup de temps ensemble à Broadlands, la demeure du vieil homme, quand le Prince était stationné à terre à Portsmouth, au cours de sa carrière navale, en 1973. Ils parlaient ensemble des heures durant et Lord Mountbatten adorait ces conversations. Il aimait bien revivre par les souvenirs sa propre carrière navale, et encourager le Prince à parler de la sienne.

Il voulait toujours savoir ce que le Prince avait fait ce jour-là, et il était très fort pour affirmer avec une légère note de désapprobation :

1. Abréviations pour « Petit-fils Honoraire » et « Grand-Père Honoraire ».

— De mon temps, cela se passait différemment.

Je n'assistai pas à l'enterrement. J'aurais aimé y aller mais mes vacances avaient été arrangées, les billets achetés, et le Prince insista pour que je parte. Ce que je fis à contrecœur. Avant de me quitter, il me dit encore :

— Merci pour toute votre gentillesse.

J'ai toujours vivement regretté d'être parti. Mais qu'aurais-je pu faire de plus ? Son uniforme était prêt, chargé de toutes ces décorations, qui auraient tant plu à son grand-oncle. Mon assistant était là en cas de nécessité. Mais j'aurais aimé y aller en mon nom. J'aimais beaucoup Lord Mountbatten.

Le Prince a bien sûr considéré la possibilité d'être enlevé. Il y a quelques années, avant l'assassinat de Lord Mountbatten, l'I.R.A. avait mis le Prince sur sa liste noire, et il le savait. Ce fut un sujet qui ne donna lieu à aucune discussion, mais les services de sécurité l'avaient simplement prévenu de redoubler de prudence, et son propre détachement de protection fut renforcé. A l'époque, il déclara :

— Si je suis enlevé, tant pis. Si je meurs, tant pis. Je serais ravi que quelqu'un me tire de là, mais personne ne doit payer de rançon.

Par la suite, il nous fut communiqué que l'I.R.A. avait abandonné ses plans contre le Prince. Elle n'arrivait pas à l'approcher. Espérons que cette décision sera définitive !

Agresseurs éventuels et services de protection connaissent bien leurs forces et leurs faiblesses. Le public ne voit que ces policiers qui protègent la famille Royale, en jaquette, déambulant à Ascot, faisant des efforts désespérés pour passer inaperçus. Pourtant, s'ils sont en évidence, ils ne sont pas seuls, et leur soutien, par derrière, est très efficace.

Une fois, à Ascot, à l'époque où le Prince était dans la Marine, il faillit presque se faire expulser par la police. Il était stationné à Portsmouth, et comme il était parvenu, ce week-end-là, à s'en échapper plus tôt, il décida de monter à Ascot pour retrouver sa famille et leurs invités. N'ayant pas le temps de passer par le château de Windsor, il alla directement aux Courses et s'approcha des Portes d'Or pour faire signe à la Reine à son passage en carrosse. Alors qu'il attendait patiemment, un officiel le repéra à distance, et le héla :

— Eh ! Vous là ! Vous ne pouvez pas rester à cet endroit !

Le Prince répliqua avec la même intensité vocale :

— Mais c'est moi !

— Je m'en fiche qui vous êtes ! fit le policier têtu en se rapprochant à grandes enjambées. Vous ne pouvez pas rester là !

Brusquement l'évidence se fit jour dans l'esprit du pauvre homme, qui comprit enfin à qui il refusait l'accès. Il se retira à grand renfort de courbettes...

— Je n'aurais pas dû attendre, de toute façon, conclut le Prince. Quand le carrosse est passé, ils regardaient tous dans l'autre sens !

Dans l'équipe des trois policiers du Prince, John Maclean et Paul Officer étaient les deux plus anciens.

Paul, qui ne s'est pas toujours bien entendu avec la Princesse, quitta le service le jour du mariage, et John Maclean doit prendre sa retraite en 1983. John, qui a la quarantaine, a toujours été avec le Prince. C'est un bon type loyal, une de ces rares personnes qui a su toujours garder un bon contact avec son patron. Ils partagent les mêmes centres d'intérêt et adorent tous les deux les sports, la planche à voile, la plongée sous-marine, la pêche, tous les trucs énergiques. Paul est plus réservé, plus à l'aise dans les réceptions et à Ascot. John, même en queue-de-pie et nœud pap', ressemble à ce qu'il est. Jouez à « tennis-flic » au cours d'une soirée, et il est bon à tous les coups. Mais en soi, c'est probablement une protection supplémentaire.

— Un type utile dans un combat, disait le Prince, bien que je crois qu'aucun d'eux n'eut jamais à se battre..

Le bon vieux temps est révolu, quand les policiers au service de la Royauté, n'avaient qu'à porter un imper ou se charger des paquets. Aujourd'hui, la sécurité, c'est absolument primordial. Le Prince lui-même a un instinct extraordinaire, et sa prudence le met à l'abri des situations dangereuses. Quand il conduit lui-même, ce qu'il adore faire, il-

repère quiconque a l'air de le suivre. Sa première réaction, c'est qu'il s'agit de la presse, mais, juste pour être certain, le policier dans sa voiture procède à un contrôle radio du numéro du poursuivant.

A deux occasions seulement, nous fûmes vraiment inquiets à cause d'une voiture qui ne voulait pas disparaître du rétroviseur, mais dans les deux cas, nous étions sur une longue route nationale. A la fin, le Prince décida que notre fileur était juste un type qui allait exactement dans la même direction, mais qui ne tenait pas à nous dépasser.

Balmoral est un des rares endroits où il peut vraiment marcher. La probabilité que quelqu'un surgisse d'un buisson et lui saute dessus est très réduite. Mais dans ce cas, le Prince aurait probablement déjà senti sa présence. Il a un véritable instinct animal, sans aucun doute développé au cours des années de chasse, à traquer les cerfs tout seul. Il sait comment se déplacer silencieusement et sent immédiatement la présence humaine ou animale autour de lui.

Un jour, à Balmoral, voulant me faire partager cette passion pour la chasse, il m'emmena poursuivre les daims avec lui :

— Pas besoin de voiture...

Nous marchâmes ; et marchâmes ; et marchâmes... A la fin de la journée, je pouvais le distinguer, loin en avant, fonçant à grandes enjambées dans le crépuscule naissant. Il devait avoir pris un kilomètre et demi d'avance, et je commençais à me sentir assez nerveux. Nous étions au beau milieu de la lande, et je le voyais s'enfoncer encore plus profondément dans ce paysage de bruyères, tandis que je désespérais de revoir un jour le monde civilisé. A la fin, il attendit que je le rattrape. Mais, je vous assure, même un terroriste au mieux de sa forme aurait eu du mal à le traquer dans cette nature si bien connue de lui.

La sécurité royale reste en partie invisible. Dans les appartements royaux, ils ont partout des boutons d'appel, qui déclenchent des sonneries lointaines, et font venir de l'aide en cas d'urgence. Il est nécessaire de savoir où sont placés ces boutons et comment les utiliser.

Les sonneries sont, en effet, une grande composante de la vie royale. La plupart du personnel au Palais est appelé par ce moyen, et prétend que la première leçon qu'enseigne Nounou à ses jeunes élèves royaux, s'intitule : « comment sonner pour être servi ».

Ainsi, dans le bureau du Prince, il y avait un bouton spécial posé sous sa table de travail, qui n'était pas du tout fait pour être pressé en cas d'attaque, mais pour me sonner.

Une personne amenée à présenter un projet au Prince, comme par exemple la direction d'une œuvre de charité, ou un financement quelconque, s'exposait, si l'entrevue s'éternisait, à être reconduit avec force démonstration d'enthousiasme. En effet, dans ce cas, le Prince effleurait ce bouton sous le tiroir de son bureau, et quelques instants plus tard, je me glissais dans la pièce pour lui rappeler l'heure. Tout surpris, il levait alors les yeux :

— Oh, Stephen, est-ce vraiment si tard ? — Il se tournait ensuite vers son interlocuteur avec une sincère expression de regret dans le regard. — Je suis désolé, mais le temps est impitoyable...

C'était une merveilleuse manière d'écourter avec tact les rendez-vous trop longs.

En revanche, son bon cœur pouvait lui apporter quelques déconvenues. Une année, ce devait être en 1978, il conduisait à travers la lande déserte, retournant tranquillement à Balmoral, quand il vit une jeune fille éplorée sur le bord de la route, le pouce levé... Il s'arrêta pour l'entendre pleurnicher qu'elle s'était perdue.

— C'était une sorte d'étudiante, fit-il en s'habillant pour le dîner. Je l'ai donc ramenée jusqu'à la route principale.

L'année d'après, il emprunta la même route pour se rendre au même endroit...

— Vous pouvez croire ça ? s'écria-t-il au retour. J'ai vu une fille faire du stop. Je me suis arrêté : c'était la même que l'an dernier !

— On dirait qu'elle vous a eu, Monsieur, répliquai-je. La dame vous a habilement repéré !

La sécurité est différente à présent, et la garde est encore plus serrée autour des personnes royales, surtout depuis cette terrible défaillance de l'année dernière, quand cet homme a réussi à se glisser dans la chambre de la Reine.

Il n'y a pas si longtemps, la famille Royale se déplaçait avec moins de contraintes, et d'une façon plus détendue, la police n'étant guère qu'une formalité, et non une protection nécessaire.

Il y a cette charmante histoire de la Reine Mère et de son policier, par exemple. La Reine Mère passe ses week-ends à Royal Lodge, sa maison de campagne près du château de Windsor. Un vendredi, comme d'habitude, elle se mit en route, son policier sur le siège de devant, à côté du chauffeur.

C'était un de ces après-midi étouffants, et l'homme s'assoupit. A la sortie de Londres, la voiture freina soudain dans un embouteillage. Le policier se réveillant en sursaut, sauta immédiatement de la voiture pour ouvrir la portière arrière.

— Où sommes-nous ? s'informa la Reine Mère.

Le policier regarda autour de lui, et réalisa avec horreur qu'ils n'étaient pas du tout arrivés à Royal Lodge.

— Hammersmith Broadway, Votre Majesté, bégaya-t-il.

— Eh bien, fit-elle en souriant. Peut-être irons-nous un petit peu plus loin, aujourd'hui.

Et ils repartirent...

Maintenant, le Palais de Buckingham en lui-même est très protégé. Il y a toute sorte d'yeux électroniques dans les jardins qui, s'ils sont franchis par des intrus, alertent tous les policiers à des kilomètres alentour, les faisant rappliquer dans des hurlements de sirènes. Les sentinelles en armes ne sont pas là uniquement pour faire joli, et depuis que trois auto-stoppeurs allemands se débrouillèrent pour sauter le mur et passer la nuit dans les jardins de Buckingham, croyant être à Hyde Park, six jours seulement après l'incident du *Trooping the Colour,* les murs du Palais furent surélevés.

La protection du Prince est une position très recherchée dans les forces de police. La raison en est simple : c'est celui des personnes royales qui est de commerce le plus agréable dans le travail. Il est en effet facile à vivre. Il se préoccupe de son personnel et il aime bien les gens en général. C'est pourquoi on reste longtemps à son service. Par contre la rotation du personnel de la Princesse Anne est effrénée. Elle s'énerve, elle crie. Nul ne veut rester avec elle bien longtemps. Le Prince Andrew a les mêmes tendances.

Les membres de la famille Royale ne sont, je le crains, que de beaux oiseaux dans des cages dorées.

CHAPITRE X

UN PRINCE PLEIN D'ESPRIT
ET DE CHALEUR HUMAINE

« Foutu » fut le mot le plus grossier que j'aie entendu de la bouche du Prince. Je ne l'ai jamais entendu dire un mot de cinq lettres en douze ans à son service, ni jamais vu donner des coups de pied dans le mobilier, ou jeter des objets à travers la pièce. Ce genre de comportement n'est simplement pas dans son style.

Quand il est contrarié, il grogne, courbe la tête légèrement et fait des grimaces de clown, tout cela plus par découragement que par colère.

Il lui est arrivé de crier, surtout contre le répondeur téléphonique. C'est une méthode originale pour se calmer les nerfs : le responsable de son courroux ne peut l'entendre.

Une chose qui le met dans une rage sourde, c'est le tabagisme. Il ne peut absolument pas supporter cette habitude. Sa voiture est dépourvue de cendriers, donc si des passagers demandent l'autorisation de fumer, il répond :

— Bien sûr, mais je suis désolé : il n'y a pas de cendriers.

Personne ne voulant se risquer de répandre de la cendre sur les carpettes de voiture du Prince de Galles, l'affaire s'arrête là.

Il n'y a de cendriers dans aucun de ses appartements privés, sauf pour un dîner ou un cocktail privés.

Nous eûmes un écuyer qui avait la terrible habitude de fumer ce que le Prince appelait « ces affreuses cigarettes françaises ». Le pauvre homme devait toujours s'installer à l'autre bout de l'avion, ou de la salle, ou de n'importe quel endroit où nous nous trouvions pour pratiquer son vice sans que l'odeur ne se répandît dans la direction du Prince.

Il y eut ce grand dîner politique à Yellowknife, dans le Nord-Ouest du Canada, durant lequel quatre cents personnes furent maintenues dans une salle de banquet surchauffée alors que la température extérieure était largement au-dessous de zéro. Le Prince avait particulièrement insisté auprès de notre hôte, le Commissaire pour les Territoires du Nord-Ouest, pour que personne ne fumât jusqu'au toast à la Reine. Il y avait eu un grondement de mécontentement, quand ce fut annoncé.

Quand, enfin, l'animateur du banquet claironna son « A Sa Majesté la Reine », il y eut un audible soupir de soulagement, les sacs à main s'ouvrirent, les paquets de cigarettes crissèrent, les allumettes craquèrent, et les briquets cliquetèrent partout dans la salle, qui ressembla brusquement à une retraite aux flambeaux. Le Prince se glaça d'horreur, mais ne manifesta aucun repentir de les avoir fait attendre jusque-là. Il est absolument convaincu que fumer est mauvais pour la santé.

Si la fumée le gêne, le manque de ponctualité le met réellement en rage. Il déteste devoir attendre. S'il est prêt à partir, il part. Pas de temps à perdre. Il change de vêtements en un clin d'œil. Combien de fois l'ai-je entendu revenir d'un rendez-vous, passer dans la salle de bains, sauter dans ses vêtements propres, et repasser le seuil de sa porte le tout en l'espace de dix minutes !

Comme je ne voulais pas entrer quand il était en train de s'habiller, je lui donnais quelques minutes de plus et le manquais. Si je voulais l'attraper pour lui demander ses projets pour le lendemain, son heure de lever, lui transmettre des messages téléphoniques, ou lui rappeler un engagement, il me fallait faire vite pendant les quelques précieuses minutes, avant le bain, ou avant qu'il ne franchît la porte. Si je le ratais, il était déjà au fond du couloir, criant :

— Bonne nuit, Stephen !

Puis, il dévalait les escaliers quatre à quatre et s'engouffrait dans sa voiture. Lui et son père sont pour ça du même bois. Des coups de vent !

Il y eut cette histoire si drôle une fois, alors que le Prince revenait au pas de course de la piscine pendant une visite officielle du Président du Zaïre. Le Prince Charles avait passé un costume et une cravate en vitesse après s'être baigné et filait à toute vapeur dans les couloirs. D'une chambre jaillit soudain un monsieur africain, membre de l'entourage du Président, qui l'arrêta :

— Vous, linge à repasser ! demanda-t-il impérieusement, en fourrant un paquet de chemises dans les mains du Prince.

— Mais certainement, Monsieur ! fit le Prince de Galles, qui, sans piper, les emporta pour les remettre au premier laquais qu'il rencontra. Un laquais bouche bée, il faut le dire, qui ne comprenait pas pourquoi le Prince Charles lui refilait le linge d'une autre personne.

— Devinez ce qui s'est passé ! fit-il en revenant dans son salon. J'ai failli décrocher votre boulot !

Mais ce rythme endiablé le rend impatient avec les gens un peu lents, exactement comme l'était son père avec lui, autrefois. Il a toute une collection de phrases contre les gens qui le font attendre :

— Je ne vois vraiment pas pourquoi je me casse ainsi les pieds à attendre !

Ou bien, surtout quand il est appelé à manger quelque chose de répugnant que le protocole exige qu'il avale :

— Ce qu'il me faut faire pour l'Angleterre !

Il faut dire qu'il lui est arrivé de manger et de boire d'étranges mixtures dans différents endroits du monde : du foie cru et du blanc de baleine dans les régions arctiques, du serpent à Hong Kong, et plus d'un cocktail douteux en Afrique. Il était pourtant assez tolérant vis-à-vis de certains plats particulièrement ratés qui lui sont présentés au Palais. Il soulevait la cloche, considérait ce qu'on lui offrait :

— Ils ne sont pas bien fatigués, ce soir, n'est-ce pas ?

Si on compte qu'il y a environ vingt personnes employées dans les cuisines du Palais, il avait tous les droits d'être furieux, mais une autre de ses phrases favorites lorsqu'il rouspète contre le repas, c'était :

— Qu'est-ce que je ne donnerais pas pour une petite vie bien tranquille...

La seule chose qui provoquait un début de rébellion chez lui, c'était l'obligation de porter un plastron à certaines réceptions officielles.

— Il le faut absolument ? grognait-il furieux, lorsque je produisais l'objet détesté.

— Je crains que oui, Monsieur.

— J'abhorre ces engins ! répondait-il en regardant l'instrument comme un condamné le garrot.

— Je le sais bien, Monsieur, continuais-je apaisant.

— Oh bon ! Allons-y !

Que de contorsions ensuite, pour le glisser dedans !

Fondamentalement, c'est un homme satisfait, heureux de son sort et de sa position. Compte tenu des restrictions imposées sur ses mouvements, le futur Roi est vraiment charmant de tempérament. C'est un homme bien dans sa peau. Il aime sa famille et son travail. La plupart du temps, il fait son travail dans la bonne humeur. La fatigue seule a un effet sur son naturel égal.

Bien entendu, à restrictions royales, compensations royales ! Souvent, dans la conversation, il me demandait si j'avais vu tel ou tel film.

— Oui, Monsieur.

— Me plairait-il ?

— Oui, Monsieur, je le crois.

Le film était alors expédié à Balmoral pour qu'il puisse le voir pendant l'été.

J'adore le théâtre et y vais assez souvent. Aussi se servait-il de moi comme critique, et me demandait-il conseil pour ses rares soirées libres.

Pour lui, aller au théâtre demandait des arrangements spéciaux, mais croyez-moi, même quand une salle affiche complet, elle a toujours miraculeusement une bonne place à proposer au Prince de Galles.

— Vous n'allez jamais dans des night-clubs ? me demanda-t-il une fois.

— Non, Monsieur, jamais, fis-je. Je ne puis me le permettre.

Il resta pensif un court instant :

— Oui, je suppose que ce genre de sortie doit être très onéreux.

Le policier et moi, qui l'accompagnions dans les grandes soirées officielles, passions d'excellents moments. Le Prince, par contre, était toujours assiégé par l'hôtesse, soit pour lui présenter sa fille la plus laide, soit sa tante vieille fille, ou encore sa lointaine parente d'Amérique.

John Maclean et moi nous esclaffions dans un coin avec les jolies filles, sous les regards de martyr du genre « si je pouvais m'échapper ! », du Prince, qui répondait toujours à la même question-scie d'une façon tout aussi ennuyeuse et conventionnelle. De temps en temps, il arrivait à s'échapper et venait nous rejoindre dans le coin pour récupérer :

— A qui parliez-vous tout à l'heure ?

Il est très fort pour cacher son ennui, mais il s'endort facilement. Et spécialement durant les dîners privés. Les gens qui le connaissent bien savent ce penchant à s'assoupir, et la dame assise à côté de lui — d'habitude l'hôtesse — continuait à parler comme si elle le fascinait par sa conversation. Parfois même, elle ne réalisait pas que le marchand de sable était passé... Mais il se réveille ensuite, frais comme une rose, rayonnant de bonne humeur, et reprenait la conversation comme si de rien n'était. Il s'endormait dans les avions, dans les voitures. Ces petits sommes étaient un véritable don chez lui, et il en tirait le plus grand bien.

Avec tous les voyages que nous faisions, il était heureux qu'il ne souffrît point du décalage horaire. Parce qu'il buvait si peu, un martini sec par jour, que fréquemment il oubliait, il se rétablissait très bien, même après un très long vol. Quand nous rentrions en Angleterre, après des heures en avion, il se dirigeait simplement vers sa chambre en disant :

— Ouf, je suis épuisé...

Mais après une brève sieste, il était à nouveau en forme.

Au Palais, il dormait dans un énorme lit à baldaquin, avec des rideaux tout autour reproduisant le même motif que sur les rideaux et les murs. Lors de son installation à Kensington Palace, le lit a déménagé avec lui.

Il y avait, de chaque côté de ce lit, une assez belle paire de tables de nuit du XVIIIe siècle, et deux larges commodes placées contre deux des murs de sa grande et confortable chambre. De lourds rideaux blancs avec des impressions de plantes grimpantes et d'oiseaux verts masquaient les fenêtres démesurées.

Il avait une cheminée, mais on n'allumait jamais de feu dedans. Il ne peut supporter la chaleur. Un vent vraiment glacial devait souffler à travers le Mall jusque droit dans sa chambre, pour le forcer à allumer une résistance électrique qui se trouvait dans l'âtre.

— Si vous avez froid, mettez un pull-over !

Un pull-over, voilà l'idée que se faisait le Prince du chauffage central !

Les coupures de courant ne dérangeaient pas la famille Royale le moins du monde. Le Prince mettait un tricot de laine supplémentaire, et la Reine s'asseyait tranquillement à son bureau, emmitouflée dans son manteau de vison. Les coupures de courant sont de ces petites gênes dont il vaut mieux rire.

Ironiquement, la présence du Prince et de sa suite dans une maison de campagne en hiver faisait la joie des autres invités. En effet, l'hôte, désireux de satisfaire le Prince et surtout de ne pas le rendre malade, faisait toujours pousser à blanc son chauffage central pour son arrivée.

— Voilà des semaines que nous n'avons pas été chauffés ! me confiait, aux cuisines, l'un ou l'autre des serviteurs de la maison.

Pourtant, la seule personne qui en était incommodée, était le Prince lui-même...

Quand je travaillais pour lui, il avait quatre pièces dans son appartement. Deux d'entre elles, la chambre et le salon, avaient été aménagées par le décorateur d'intérieurs David Hicks, qui a épousé Pamela, la fille de Lord Mountbatten.

Son bureau, il l'a décoré lui-même avec du papier peint Hessois brun sombre et des tableaux éclairés. C'était une pièce assez grande pour y inviter à dîner quatorze personnes, et au début, il y donnait ses soirées. Il n'en avait plus fait depuis des années, après sa carrière navale. Le dernier grand déjeuner qu'il donna chez lui fut offert à l'occasion de son 28e anniversaire aux officiers du H.M.S. *Bronnington* et leurs femmes, quand le bateau était en rade à Londres. Ce fut un merveilleux cadeau pour tous ces gens.

— Il y a vraiment des avantages quand on a un commandant qui est aussi un prince, me dit un officier comme nous lui faisions faire le tour du Palais après le repas.

Dans son bureau, se trouvait la table de travail qu'il eut à Cambridge, et c'était là qu'il passait la plupart de son temps à ce qu'il appelle « faire des sacs ».

Les « sacs » sont des poches de plastique bleues munies de fermeture Eclair, scellées, car le contenu en est confidentiel. Une grande variété de documents lui parviennent dans ces poches bleues. La liste de ses engagements, les demandes d'audiences, les détails de ses futurs déplacements. Ces sacs sont remplis et envoyés par son bureau où qu'il puisse être, et chaque jour.

Il regarde lui-même la plupart des documents qui émanent du Gouvernement, mais l'essentiel du courrier qu'il reçoit est d'abord traité par ses secrétaires. Il ne lit que les lettres personnelles.

Les enfants des écoles lui écrivent et lui envoient des dessins. Il y a des années, un enfant lui envoya un merveilleux dessin de lui en baleine couronnée. Il en fut absolument enchanté et le fit encadrer pour l'accrocher dans sa salle de bains. Les lettres d'enfants sont d'abord vues par le bureau, mais il est étonnant de voir l'efficacité du service quand quelqu'un lui écrit. La lettre fait l'objet d'une enquête pour être ensuite transmise à un député qui, d'habitude, saute dessus avec empressement. Le Prince attend des réponses promptes. Trois secrétaires privés et un assistant s'occupent de la majeure partie de sa correspondance, et toutes les lettres reçoivent une réponse, sauf s'il s'agit de déséquilibrés.

Nous en avions un qui lui écrivait trois fois par jour. Il y a toujours une lettre d'injures par courrier. Mais, il est intéressant de voir aussi combien les gens se tournent toujours vers la famille Royale en dernier recours. Et parfois, ça marche.

La plus grande partie de sa journée se passe à voir des gens. Il s'occupe également des affaires du Duché de Cornouailles et il est loin de négliger ses tenanciers. De mon temps, il écoutait Radio Quatre quand il le pouvait : il emmenait la radio dans sa salle de bains, ou la portait avec lui. Le seul journal qu'il lisait, était le *Times*. La Princesse de Galles, par contre, dévorait tout ce qui lui tombait sous la main.

Même à Windsor, pendant les week-ends, le travail ne cessait pas. Simplement, il essayait là-bas de travailler dehors. Il adore s'asseoir au grand air, sous le soleil et son endroit favori se trouve le long du mur du jardin, près de la Tour de la Reine, *Queen's Tower*. Nous sortions une table de jeu, que nous mettions en place pour lui, avec une chaise confortable et un téléphone. Et il était là pour qui le demandait. Faisant face au Sud, il était protégé par la Terrasse Est, où se trouvait une cage pleine de perruches. Elles constituaient un parfait système d'alarme, piaillant frénétiquement à l'approche de quelqu'un sur le chemin.

Il allait fréquemment passer la nuit à Windsor, surtout s'il devait monter à cheval le lendemain matin. Cela n'occasionnait aucune complication, car il y a toujours un personnel réduit qui y réside. Je n'avais qu'à téléphoner :

— Nous venons ce soir.

Et les chambres étaient prêtes à notre arrivée. Les cuisines du Palais nous préparaient un panier-repas avant de partir.

Ses appartements à Windsor n'ont rien de majestueux. Ils sont encombrés d'objets hétéroclites, collectionnés au cours des années. Quelqu'un lui donne une coupe ou une pièce de verrerie d'art, pour Noël, elle est envoyée à Windsor. C'est un cauchemar pour les femmes de chambre ! Il y garde aussi tous ses trophées de polo, et il en a, et le tout donne à l'atmosphère une touche de confort. Le mobilier est simple, moderne, mais de bonne qualité. Il y a des aquarelles aux murs, mais aucune des siennes, même s'il peint énormément. Il a même réussi à finir deux tableaux pendant son voyage de noces. Il fait encadrer ses œuvres, mais il n'est pas assez vaniteux pour les suspendre aux murs.

— Vous reconnaissez cet endroit? me demandait-il parfois timidement en me tendant son dernier chef-d'œuvre.

Si je pouvais répondre :

— Bien sûr, c'est une vue de Craigowan.

Il était aux anges.

Les week-ends, d'habitude, il répond aux lettres d'amis qui lui ont fait des offres d'invitation à la chasse ou à la pêche, des mois à l'avance. Quiconque désirait compter le Prince de Galles parmi ses invités devait s'y prendre tôt. Il voit maintenant beaucoup moins d'amis qu'autrefois. Avant l'entrée en scène de la Princesse, il me disait souvent :

— Stephen, nous avons six personnes pour l'apéritif, après nous irons dîner.

Ou bien, il demandait d'arranger un souper vers dix heures trente après le théâtre. Au milieu des années soixante-dix, il avait une véritable vie sociale, puis ses amis se marièrent, s'installèrent, eurent des enfants, et il fut gagné par l'isolement. De surcroît, les gens n'osaient pas trop lui demander de sortir avec eux, convaincus qu'il était trop occupé. Cela m'amusait fort de voir comment même ses amis les plus intimes abordaient le sujet avec d'incroyables précautions de langage :

— Vous devez être certainement bien trop occupé pour venir dîner, mais nous aimerions beaucoup vous inviter, si vous le pouvez...

— Quand?

Il adorait qu'on lui demandât de sortir, mais les gens se retenaient pour des raisons évidentes. Comme il pouvait difficilement s'inviter sur un coup de téléphone, bien souvent il se mettait à table seul ou avec la Reine.

Il peut aussi être très désorganisé dans ses projets. Il adorait l'opéra, et retenait la Loge Royale à l'Opera House, tout en oubliant de prévoir quelqu'un pour l'accompagner. Il fallait alors lui rappeler sa soirée...

— Oh Ciel! s'écriait-il. C'est vrai! Avec qui?

Le problème était toujours délicat. Il évitait de demander à des gens qu'il savait s'ennuyer à mourir dans ce genre de circonstances, mais qui se croiraient obligés d'accepter. Nous recherchions à la dernière minute des fanatiques de l'opéra qui seraient aussi libres. J'étais toujours de l'expédition car il connaissait ma passion pour ce spectacle. L'écrivain et explorateur Lawrence Van der Post et sa femme étaient fréquemment ses invités, tout comme Sir Isaac Berlin, le philosophe d'Oxford, Hugh et Emily Van Cutsem, de vieux amis à lui qui se sont débrouillés pour devenir également ceux de la Princesse. Plus souvent, Lady Susan Hussey, la Dame de Compagnie de la Reine, était la personne chargée de remplir la Loge. Non qu'elle était contre, elle aussi adore l'opéra. Mais sa disponibilité était souvent bien pratique. Tous les amis du Prince n'ont pas ce goût pour l'opéra!

Le Prince est le Protecteur du Royal Opera House, et une soirée à l'opéra comme invité du Prince de Galles est déjà un spectacle en soi. La représentation se déroule autant dans la Loge Royale que sur les planches! Nous emportions toujours le dîner avec nous. Derrière la loge, se trouvait une petite salle à manger et peu de spectateurs s'apercevaient de ce qui se passait derrière la porte. Deux heures auparavant, des laquais étaient venus au théâtre mettre en place l'argenterie, les verres et le linge de table. Quand ils avaient fini, la table ressemblait à celles du Palais, ce qui n'avait rien de surprenant puisque tout en venait.

Au premier entracte, le Prince emmenait ses invités derrière la loge et ils s'asseyaient pour déguster le hors-d'œuvre et le plat principal.

Mon rôle se bornait à le prévenir avec discrétion à la cloche des cinq minutes.

— Cinq minutes, Monsieur.

Puis je lui rappelais encore une fois l'imminence de la reprise deux minutes avant le lever du rideau, et chacun de lâcher fourchettes, verres et couteaux, et d'éteindre les lumières. Dans l'obscurité, lui et ses invités pouvaient alors se glisser tranquillement dans la loge sans remue-ménage. Il était très attentif à ne créer aucune gêne à ceux qui avaient payé parfois de grosses sommes d'argent pour assister à la représentation.

Au second entracte, le pudding et le café étaient servis. Les chanteurs principaux venaient alors prendre une tasse de café avec lui. Comme celles de Placido Domingo, il manquait rarement les apparitions de Joan Sutherland. Elle faisait toujours un saut dans sa loge, dans ses magnifiques habits de scène.

Le Prince, bien sûr, ne paye pas ses places. La loge appartient à la famille Royale, et ils partagent les frais entre eux. Ainsi le Duc et la Duchesse de Kent y vont souvent, tout en s'assurant qu'ils ne vont pas tomber sur le parti du Prince. Comme ils sont aussi amateurs que lui, il leur propose également de s'y rendre ensemble.

C'est assez triste que la Princesse Diana n'aime pas l'opéra, car c'est l'un des grands plaisirs de son mari. Le raffinement un peu suranné de servir le dîner dans la loge en faisait des soirées merveilleuses. Comme tout ce qu'il entreprend, ses soirées à l'opéra sont prévues de longue date.

Deux fois par an, en juin et en décembre, il convoque en assemblée générale tous ses services pour la planification de ses engagements. Des demandes arrivent de partout dans le monde. A partir des décisions prises au cours de cette réunion, il essaye d'avoir un peu de temps libre le matin jusqu'à 9 heures trente, et se ménager une interruption dans l'après-midi. Dans la mesure du possible, il essaye aussi de protéger ses longs week-ends. Ce qui lui laisse une semaine de travail fort chargée de quatre jours, mais il préfère travailler ou se détendre en longues périodes. S'il s'en va pour le week-end, il lui arrive de caser des rendez-vous d'affaires sur le trajet. Où qu'il aille, les pasteurs locaux téléphonent immanquablement pour demander s'il viendra à l'église. D'ordinaire, la réponse est négative.

— Je peux prier en pêchant. Mais je ne peux pas pêcher à l'église.

J'allais de temps en temps pêcher avec lui, mais à mon avis, ce n'est pas du gâteau, de rester là, à observer ce stupide bouchon, debout toute la journée, ou de jeter la ligne et parfois de ne rien ramener. Ce n'était pas cela qui le gênait. C'est un bon pêcheur, et il n'en fait pas une maladie s'il revient les mains vides. Je l'ai vu rester deux jours sans une prise mais toujours allègre. Je crois qu'une grande partie de son attirance pour la pêche réside dans le fait qu'avec une canne à la main et les pieds dans l'eau, il n'a pas de conversation à entretenir.

Anne est l'un de ses endroits favoris pour ce sport. Cette demeure de la Duchesse de Westminster se trouve sur le Loch Moore, dans les Highlands de l'Ouest de l'Ecosse, et il arrive, d'habitude, à récupérer un saumon dans le loch ou dans la rivière qui se jette dedans. Lequel saumon il offre sur-le-champ à la Duchesse, qui, dans le même élan d'affection, lui en offre un en retour. C'est une duchesse très amusante : elle m'a même offert un saumon, une fois.

Nous allions pêcher dans les meilleurs endroits : en été, sur la Wye, où le Duc de Beaufort possède un tronçon de rivière ; à Broadlands, chez Lord Mountbatten, qui fut un fanatique de la pêche à la ligne.

Le Prince Edward est en train de développer le même goût que le Prince Charles pour la canne à pêche. Par contre, le Prince Andrew n'y trouve absolument aucun intérêt. Si Andrew et Edward sont vraiment comme le jour et la nuit, le second se rapproche plus du Prince Charles pour ce qui est du caractère. Ils ont beaucoup de choses en commun, le même tempérament fondamentalement accommodant. Ils sont tous les deux très calmes, et tous les deux ont un attachement exclusif à leur famille, et à leur maison.

Souvent, le Prince me confiait combien il avait été heureux pendant les vacances scolaires à Balmoral, et combien il avait craint le retour à Gordonstoun.

— J'avais ce rêve d'écolier que j'allais m'enfuir et me cacher dans la forêt, à un endroit où personne ne pourrait me trouver, pour ne pas avoir à retourner à l'école. Je détestais cette institution, comme de quitter ma maison.

Et ce n'était pas par mollesse d'esprit : simplement, il adorait sa famille.

— Quand vous avez une vie agréable jusqu'à la perfection, dit-il une autre fois, vous ne voulez pas retourner sous la douche froide à 7 heures du matin et au cross-country avant le petit-déjeuner..

Mais je crois qu'il enverra ses propres enfants dans le même genre d'école. Avec le recul, il s'est rendu compte de la valeur de cette éducation.

A notre première rencontre, nous avions tous les deux 21 ans. Profitant de sa timidité, les gens essayaient de prendre avantage sur lui et de le manipuler. Maintenant, la situation s'est retournée : il est totalement maître de lui et de ce qu'il fait. S'il s'empare du téléphone pour ordonner quelque chose, il est immédiatement obéi au doigt et à l'œil. Quand il était plus jeune, son bureau avait pris l'habitude d'étirer les week-ends au vendredi, et je le trouvais alors écumant de rage au téléphone, impuissant devant le fait : le téléphone de ses services ne répondait pas. Cette assurance, ce fut la Marine qui la lui donna. Pendant ces cinq années de service, il a beaucoup mûri. La magnifique barbe pleine qu'il laissa pousser et cultiva un moment en fut le reflet physique.

Cette barbe fit sa première apparition publique au *Badmington Horse Trials* et devint très populaire dans la famille, sauf auprès de la Princesse Margaret qui ne cacha pas son horreur :

— Je ne peux supporter la vue de cette chose ! lui lança-t-elle ce jour-là. Pour l'amour de Dieu, rasez-la !

Au contraire, la Reine trouvait que ça lui allait bien :

— Tu ressembles absolument à ton arrière-grand-père.

Et effectivement, il avait vraiment le même air que George V.

Mais cela ne pouvait durer. Devant être inauguré Grand Maître de l'Ordre du Bain, il avait décidé à cette occasion de revêtir son uniforme des Welsh Guards. Or la Marine est la seule arme autorisée à porter le « plein appareil » ; la barbe, donc, fut réduite à une élégante moustache, autorisée chez les officiers de la Garde. L'été suivant, il rasa le tout.

— Je la laisserai repousser un jour ! déclara-t-il alors. Mais il n'en fut rien. Inévitablement, la barbe aurait été un handicap avec tous les uniformes, sauf celui de la Marine. C'est l'ennui d'appartenir à l'Armée, la Navy et la R.A.F. en même temps...

Devenir adulte lui fut aussi long et pénible que pour n'importe qui. Autrefois, il avait un penchant immodéré pour les plaisanteries de mauvais goût. Il n'en fait plus et tout le monde s'en félicite.

Dans la R.A.F., quand il était Cadet à l'Ecole de Cranwell, il fit publier un ordre annonçant que, la distribution des bottes ayant été mal faite, chacun devait sans délai rapporter les siennes devant la loge du Portier. Chaque Cadet exécuta avec discipline ce qui était commandé, et à la fin de la journée, il y avait une montagne de bottes toutes indiscernables les unes des autres et couvertes de boue devant la loge de l'infortuné Portier. Je ne crois pas que sa popularité s'accrût quand on découvrit l'identité de l'aimable farceur.

Une autre de ses puériles habitudes était de jeter des bouts de mie de pain autour de lui, lors des barbecues. Je me souviens d'un jour où il enveloppa élégamment la figure de Lady Tryon d'un « bap », sorte de rouleau de pain écossais, qu'il avait préalablement déroulé avec une grande dextérité. Elle ne parut pas s'en offusquer, étant des dames de son entourage qui n'était pas, et de loin, pleine de son importance. Mais ce jour-là, quelques personnes émirent des critiques sur le comportement quelque peu juvénile du Prince de Galles.

Il taquinait également ses jeunes frères. Avant que le Prince Andrew n'eût une voiture, il devait toujours mendier la Range Rover de son grand frère.

— Certainement pas ! répondait le Prince.

Mais il finissait par céder.

Il faisait grande impression, même à 21 ans. Je me souviens de l'avoir accompagné à l'Albert Hall où il devait s'adresser à l'Institut National des Chefs d'entreprises. Il avait sué sang et eau pendant des jours sur son discours, et le résultat fut vraiment remarquable. J'étais assis au fond de la salle, l'écoutant, malgré sa jeunesse, parler avec conviction et raison à ces capitaines d'industrie, et je ne pouvais m'empêcher d'éprouver une certaine fierté.

De retour au Palais pour le thé, je lui dis :

— C'était un discours splendide, Monsieur.

— Cela a bien passé auprès de l'auditoire ?

— J'ai cru le comprendre, Monsieur.

— Eh bien, c'est un poids de moins, je peux le reconnaître devant vous.

Jamais son apparence princière ne s'évanouit. Il eut la chance de n'avoir point d'acné juvénile. Toute la famille a une excellente santé. L'air frais et l'eau de pluie jouent certainement pour beaucoup dans ce teint rose, mais plus que ça, il n'eut jamais l'air chiffonné. Ses cheveux tiennent toujours la forme. Pourtant, il les lave lui-même, les brosse lui-même, tout cela avec le minimum d'attention. Il n'aime pas perdre son temps sur ses cheveux.

Quand il avait besoin d'une coupe fraîche, je téléphonais à M. Willison de Trufit & Hill, Jermyn Street, et lui demandais de passer, ou bien le matin avant de s'habiller, ou bien le soir avant le dîner : le Prince avait décidé une bonne fois pour toutes que, puisqu'il devait gâcher une chemise avec des touffes de cheveux, autant être coiffé quand il devait se changer. M. Willison me donna quelques leçons de base afin de pouvoir parer au plus pressé au cours des voyages de longue durée, ou en Ecosse. A la fin, je tenais presque lieu de barbier-coiffeur pour gagner du temps. Je suppose que l'on peut me tenir pour responsable du style horrible que lui trouvait le monde des coiffeurs !

Maintenant, le coiffeur de la Princesse a aussi la charge du Prince, ce qui leur fait deux têtes pour le prix d'une et a développé un « new look » dans le style du Prince.

S'il se donnait un coup au polo, son kinésithérapeute se présentait également au Palais. En fait, il n'y a que deux personnes qu'il va voir, son dentiste à Wigmore Street, et s'il prend une bûche à cheval, il passe au King Edward Hospital, près de Windsor, pour faire des radios.

Les pédicures, ce n'est pas du tout son genre : il est parfaitement capable de se couper les ongles des pieds tout seul.

Comme je l'ai déjà dit, il est plein de santé. C'est un adepte fervent de l'exercice, et s'il est coincé à Londres, il fait du jogging dans les jardins de Buckingham.

Et il mange aussi peu que bien. Son obstination à ne pas manger et boire trop pouvait nous poser des problèmes. Par nous, je veux dire son policier et moi. Nous préparions en effet des mensonges énormes pour expliquer son comportement. Par exemple, les gens étaient terriblement généreux quand il restait chez eux, et ils mettaient parfois des bouteilles de champagne ou un plateau de boisson dans sa chambre.

— Oh, Ciel ! s'exclamait-il en voyant la bouteille dans son seau. Du champagne !

Tout ça sur un ton que suggérerait plutôt la présence d'arsenic. Il détestait faire de la peine aux gens ; nous avions donc droit à un verre (ma préférence personnelle allait plutôt au vin rouge), pour que le maître d'hôtel, ayant repris le plateau, pût rapporter à la maîtresse de maison que le Prince s'était servi. Tout le monde était satisfait de ce subterfuge.

Ses plats favoris sont les poissons froids : les saumons à la mayonnaise, ou les grosses crevettes sont toujours les bienvenus. Il aime aussi les fromages et les puddings. Ce n'est pas non plus un fanatique des repas avec viande et légumes. Et ce qu'il déteste au-dessus de tout, ce sont les gâteaux au chocolat... Le chocolat pur, avec un biscuit, oui, mais jamais dans un gâteau !

Je me souviens, il y a des années de ça, nous étions en Tasmanie, invités chez des gens. L'hôtesse avait loué les services d'une cuisinière émérite pour préparer le dîner.

Le Prince monta dans sa chambre, pendant que j'essayai de prévenir nos hôtes de ses goûts. Je descendis avec John Maclean à la cuisine. La Tante Marie australienne était déjà à l'œuvre, montrant une évidente satisfaction. John et moi nous regardâmes l'un l'autre : elle achevait la confection d'une magnifique mousse au chocolat ! Je n'avais pas le cœur de la prévenir. Elle s'empara soudain d'une grande poignée de noix et en saupoudra le gâteau. C'est une autre chose que le Prince ne peut pas supporter : les noix. Pauvre femme, son cœur en aurait été brisé si nous lui avions dit. Nous nous retirâmes en silence. A l'étage, le Prince nouait sa cravate, sur le point de descendre pour le dîner.

— Tout va bien, en bas ? demanda-t-il.

— Oui, fis-je. Vous allez adorer le gâteau.

Il me considéra avec inquiétude :

— Qu'est-ce que c'est ?

— Eh bien...

— Il n'est pas au chocolat, j'espère ?

— Eh bien, si, au chocolat... avec des noix.

— Oh, mon Dieu...

Il valait mieux qu'il fût prévenu, pour qu'il ne fît pas la moue sur l'instant. Quand la mousse au chocolat apparut, il afficha un sourire éclatant :

— Oh, merveilleux ! s'exclama-t-il. De la mousse au chocolat ! Mais juste un tout petit peu, je vous prie. Votre plat était si bon ! Je crains de n'avoir plus de place pour ce délice !

Les goûts de la Princesse de Galles en matière culinaire sont nettement plus sophistiqués que ceux de son mari. Elle adore les soufflés et la grande cuisine. Les choses ont donc changé aux cuisines. Au moins, ça donne plus de travail aux chefs !

Le Prince se plaisait beaucoup à faire la cuisine lui-même, enfin, pour être franc, à jouer avec la nourriture et généralement à tout saboter. Il y a de cela quelques années, il s'installa à Wood Farm, près de Sandringham, pour s'y retirer en week-end. Il se servait de ce pied-à-terre quand il était à Cambridge, et pouvait s'échapper un après-midi de temps en temps. Sur place, nous avions une certaine Mme Hazel qui cuisinait pour lui. Ensuite, en 1970, quand son policier et moi-même commençâmes à l'accompagner là-bas, il adorait venir aux cuisines pour donner un coup de main.

Son idée de la cuisine, c'était de griller des steaks et de

122

faire des gâteaux au beurre, qu'il adore au-delà de toute
expression. Nous devions toujours en manger des quantités
énormes sinon il nous les resservait à nouveau jusqu'à
épuisement de stocks.

Nous passions aussi des week-ends de ce genre à Craigowan, où il aimait bien pêcher. Mais où que nous allions, nous
devions tout manger. Rien n'était jeté.

— C'est mon tempérament écossais qui ressort, disait-il.

A la fin de ces voyages, nous étions réduits à ce qu'il
appelait des « repas d'arlequins » c'est-à-dire des débris de
tout ce qui restait dans le frigo. Je me rappelle très bien de
toute première visite de Lady Diana à Highgrove, et de la
tête qu'elle fit quand on lui servit un de ces déjeuners de
rogatons... Son principe était que si c'était assez bon pour
lui, ça serait assez bon pour n'importe qui d'autre !

Son tempérament écossais ressortait aussi quand il venait
tous les matins vérifier aux cuisines combien de lait avait été
commandé pour son usage, et combien de poulets se
trouvaient dans le congélateur. Un jour, il demanda avec un
air méfiant à son chef :

— Pourquoi y a-t-il seize poulets dans le congélateur,
alors que nous ne restons que trois jours ?

— Eh bien, Votre Altesse, vous aimez bien le vol-au-vent,
répliqua le cuisinier.

Je ne crois pas qu'il convainquit le Prince...

Au fond, la nourriture n'était pas bien haute dans la liste
de ses priorités. Jusqu'à ce qu'il se mariât, il prenait son
petit déjeuner à la nursery, surtout du temps où ses petits
frères s'y trouvaient encore. La nursery était alors dans une
cellule familiale à l'intérieur même du Palais, et il avait
besoin d'une famille.

Il ne boit jamais de café et ne prend du thé qu'à 5 heures.
Son petit déjeuner se composait donc de lait froid, de
céréales, de toasts, mais pas de saucisses, pas d'œufs, ni de
kedgeree[1].

Ce sens de la cellule familiale explique cette royale

1. Kedgeree : pilaf de poisson.

fascination pour les barbecues et les pique-niques. Il est impossible d'être protocolaire, et a fortiori royal, quand on mange dans la nature, et souvent de façon inconfortable. Leur cercle, dans ces occasions, n'est pas non plus fermé aux autres, et ils invitent de temps en temps.

Il passait une grande partie de sa vie en sorties dans des dîners officiels, avec des gens qui lui étaient totalement inconnus. Aussi n'avait-il aucun restaurant favori, car il n'y allait que bien rarement, et dans ce cas, à l'écart, dans un salon privé, ou, exceptionnellement, pour l'anniversaire d'un ami. On le voyait plus souvent dans des lieux publics comme le Savoy ou le Dorchester[1], en tête à tête avec 100 ou 150 personnes. Son comportement au cours de ces banquets était réglé comme du papier à musique : pendant les deux premiers plats, il parlait avec qui se trouvait à sa droite ; pour le dessert et le café, il se tournait vers sa gauche. Il était constamment coincé entre un maire souvent ennuyeux et sa femme, ou bien un dirigeant de syndicat vaguement agressif et sa femme terrifiée par l'audace de son mari. Une exception toutefois : il trouvait Joe Gormley passionnant. De toute façon, parler à une grande variété de gens lui plaît fondamentalement. Il est toujours intrigué par ce qui fait le succès des gens et adore poser des quantités de questions.

Oui, il aime vraiment les gens et se plaît à sortir et à les rencontrer — du moment qu'il n'y en a pas trop à la fois. Il aime particulièrement les gens âgés et fait toujours beaucoup d'efforts pour aller vers eux. Dans une foule, n'importe qui avec un bras cassé, ou dans un fauteuil roulant, ou un problème visible, aura son attention.

— Les gens aiment parler de leur jambe cassée, disait-il

Il va vers eux, leur pose des questions, fait une petite plaisanterie, ou adresse un petit mot de sympathie et repart. Je pouvais toujours deviner quel visage dans la foule serait choisi. Aller vers quelqu'un un peu différent fait que les rencontres avec les foules sont plus simples, et que ceux qui n'ont pu attirer son attention repartent moins déçus. Ceci

1. Le Savoy et le Dorchester sont de grands hôtels de Londres.

combiné avec un humour alerte et une aisance à faire rire les gens lui donnent un grand avantage dans de nombreuses situations. La qualité de son français impressionne aussi, et il peut même faire des plaisanteries dans cette langue.

En voyage, il repérait toujours une scène ridicule qui nous faisait tous nous tordre de rire.

Un jour que nous étions à la Barbade, il aperçut une grosse dame noire qui sautait sur place à pieds joints en criant :

— Alléluia ! Maintenant que j'ai vu le Prince de ce monde, je peux affronter le Prince des Cieux[1] !

Il resservit cette histoire tous les soirs pendant des semaines et son imitation s'améliora à chaque fois.

Il collecte les petites perles de ce genre. Une autre de ses histoires favorites qui ressort mieux quand il la raconte, se passa juste avant que la Princesse Anne n'épousât le Lieutenant (à l'époque) Phillips. Le Prince parcourait à cheval ce qu'on appelle « La Longue Promenade », un parcours d'équitation de cinq kilomètres sur le domaine de Windsor. Il s'était arrêté et assis pour admirer le paysage quand un petit garçon apparut à côté de lui. Se postant près de la tête du cheval, le gamin lui demanda :

— Oh, vous êtes le Lieutenant Phillips ?

Le Prince se tourna vers son jeune interlocuteur :

— Désolé, non.

L'enfant, avec un grognement désappointé, mit fin à la conversation en ces termes :

— Bon, ben tant pis...

Et il s'en retourna en bas de la colline par où il était venu.

Son remarquable sens de l'humour nous crispait un peu de temps à autre. Ainsi, nous voulions tous nous accrocher à son service, parce que nous aimions l'ambiance qui régnait entre lui et nous. Embarquant dans la voiture, il lui arrivait de lancer à brûle-pourpoint, en regardant droit devant lui :

— Je vais faire quelques changements, bientôt. Je suis sûr que vous êtes tous prêts à faire quelque chose de différent, n'est-ce pas ?

1. Allusion à la Bible.

Ne sachant pas trop s'il plaisantait ou pas, la réponse était difficile.

Une fois, quand les policiers reçurent une augmentation de salaire, il demanda à John Maclean :

— Eh bien, combien gagnez-vous maintenant ?

Le Prince, en effet, ne paye pas ses policiers : ils sont employés par le Ministère de l'Intérieur.

— Je ne vous le dirai pas, Monsieur, répliqua John.

— Oh, allez ! Dites-le-moi ! Est-ce autant qu'un capitaine ou un commandant dans l'Armée ?

John, dont le rang dans la Police était Inspecteur-Chef, faillit s'étrangler. Il avait toujours présumé, sans être tout à fait sûr pourtant, que les commandants de bataillon dans l'Armée gagnaient infiniment plus que lui.

— Je ne suis pas sûr, Monsieur, fit-il. Je ne sais pas combien ils sont payés dans l'Armée.

Je me joignis à la conversation en déclarant pensivement :

— Peut-être devrais-je aussi demander une augmentation...

Le tout, c'est d'être synchro dans ces histoires de salaires...

— Il vaudrait mieux que tu t'adresses à ton délégué syndical pour ça, maugréa John, pressé de changer de sujet.

— Je suis son délégué syndical, fit le Prince. Et il n'en est pas question.

Mais par la suite, il jeta un coup d'œil sur le montant de mes gages et j'obtins une petite augmentation. Son tempérament écossais est toujours en conflit avec sa générosité naturelle.

CHAPITRE XI

COURTISER LE DANGER

Le Prince prend des risques. Beaucoup trop pour la tranquillité d'esprit de la Reine, et maintenant de la Princesse de Galles. Depuis des années, il se bat sans relâche pour faire exactement ce qu'il veut, et la plupart du temps, il gagne. C'est connu au Palais que la Reine tremble chaque fois qu'il part à la chasse. Les gens de son bureau font de constants efforts pour le persuader d'être un peu « raisonnable », comme ils disent, mais il est souvent, en dernier ressort, seul juge de ses décisions.

Maintenant, il est improbable qu'il parviendra à réaliser sa plus grande ambition sportive : courir le *Grand National*. Le poids de l'opposition à ce projet est beaucoup trop lourd. Quand il tomba de son cheval, *Good Prospect,* en 1981, au Steeplechase de Sandown, il mit probablement fin à ses dernières chances de participer au *Grand National,* d'autant plus qu'il retomba du même cheval quatre jours plus tard à Cheltenham.

Ces chutes étaient assez dangereuses, bien qu'il ne se blessât que le dos et l'égo. Néanmoins, il ne fut pas du tout content. Le cheval, insista-t-il, n'avait pas d'épaules. Depuis, il fut assez agaçant pour lui de le voir se placer plusieurs fois. Mais c'est haut, un cheval, et la famille Royale en a déjà fait l'expérience avec le Duc de Buccleugh.

En 1971, alors qu'il était encore le Comte de Dalkeith, celui-ci fit une chute, à la chasse, et circule en fauteuil roulant depuis lors. Sa passion pour ce sport est si grande, que le Duc suit toujours la chasse, tristement, dans un véhicule spécialement conçu à cet effet.

Ce fut dans les Territoires du Nord-Ouest, au Canada, que le Prince fit l'expérience sportive la plus dangereuse de sa vie. Nous faisions là-bas une visite aux populations Esquimaux, organisée par le Commissaire de la région, le merveilleux Stuart Hodgeson. Le Prince voulut monter le plus au Nord possible, et nous échouâmes dans un endroit nommé Resolute Bay, un tout petit village de huttes, principalement habité par des Esquimaux et des chercheurs scientifiques. Il n'y avait rien là-bas, sinon de la neige partout. Sur place, le Prince se mit à pratiquer avec enthousiasme des activités que l'on n'exerce guère sous des climats plus souriants. Il fit du traîneau à chiens, de la marche en raquettes, et il mangea même de la baleine. Et pendant tout ce temps, le Prince s'amusait comme un enfant. Moi aussi. C'était vraiment une aventure excitante pour nous tous, John Maclean, Sir David Checketts, le secrétaire privé du Prince, et moi.

A Resolute Bay, les scientifiques avaient creusé un grand trou dans la banquise et l'un d'eux projetait de prendre des photographies de la vie marine sous la glace. Avant de quitter l'Angleterre, le Prince avait eu vent du projet de Joseph MacIniss :

— J'aimerais bien descendre avec lui, avait-il dit.

A contrecœur, son bureau avait veillé avec le concours de Stuart Hodgeson, à le satifaire. Le Prince était évidemment un très bon plongeur sous-marin et le projet n'était pas tout à fait déraisonnable. Ils durent le mettre dans un vêtement de plongée assez bizarre, doublement isolé, rouge vif avec des raies bleues, et une fois dedans, les chercheurs le gonflèrent comme un bonhomme Michelin, pour le protéger de l'eau froide par une couche d'air comprise entre les deux protections. La tenue aurait éclaté, nous aurions eu intantanément un Prince congelé entre les mains.

Une tente avait été installée au-dessus du trou creusé dans la glace, et postés tout autour, nous devions observer la descente. Le trou lui-même avait la taille suffisante pour faire passer quatre hommes, et la glace était épaisse de 50 centimètres, s'amincissant vers le bord. L'eau au-dessous était d'un noir d'encre : aucune lumière ne pouvait passer à travers la glace.

Une fois qu'il fut harnaché comme je l'ai décrit, quelqu'un lui apporta un casque rouge et un masque, et, juste avant qu'ils ne soient placés sur sa tête, le réduisant au silence, le Prince lança :

— Dans quel guêpier me suis-je fourré !

C'était bien là le reflet de ma pensée ! Il disparut dans le trou comme un gros ballon rouge et bleu sous les yeux de neuf d'entre nous, installés sur le bord. Des lampes avaient été immergées dans l'eau pour le guider, et le Prince ainsi que Joseph MacIniss qui l'accompagnait, s'étaient munis d'une torche sous-marine. Avec John Maclean, je me demandais si nous le reverrions jamais.

— Nous allons peut-être devoir chercher un autre patron, dis-je.

— Ne parlez pas de malheur, répliqua John.

Ce calme était horrible. L'eau était si noire, et nous ne pouvions ni voir ni entendre. Les autres semblaient très confiants. Rien de fâcheux ne pouvait arriver. Pour moi, tant que ces petites expériences ne sont pas finies, on ne sait jamais. Il était au fond de ce trou depuis dix minutes mais nous avions l'impression que cela faisait dix heures...

Quand, dans un gargouillement d'air, il revint à la surface et fut soulevé de l'eau, pour être dégagé de son masque et de son casque, il avait l'air terriblement fier de lui :

— C'était fascinant ! fit-il. Cela m'a beaucoup plu !

A quoi bon tout ça ? Je n'ai toujours pas compris : il ne semblait pas y avoir grand-chose à observer à part des grottes de glace et des glaçons. Je ne serais pas descendu dans ce trou pour toute la glace du Groënland.

Une autre chose qu'il aurait bien aimé essayer, c'était le dirigeable, mais cela ne lui fut jamais autorisé. En 1980, il reçut une invitation du célèbre aéronaute britannique, Don Cameron, à une balade au-dessus du Wiltshire. Tout le monde, depuis l'équipe de l'escadrille de la Reine, qui donne les conseils sur toutes les questions aériennes (il ne peut même pas monter dans un avion sans leur approbation) jusqu'à son bureau, désapprouva avec tant de véhémence qu'il renonça finalement à cette ascension.

Sa journée en fut irrémédiablement gâchée. Il put seulement admirer tous ces magnifiques ballons flottant dans les airs par une de ces merveilleuses journées d'Octobre, quand l'air est bien vif mais le soleil encore vigoureux. Il vint avec les Tryon chez qui il passait le week-end, et observa avec eux les évolutions depuis le plancher des vaches.

— Je ne vois vraiment pas pourquoi je n'aurais pas pu le faire, marmotta-t-il. Cela n'a pas l'air si dangereux que ça !

Il est qualifié pour piloter des hélicoptères et des avions turbopropulsés, mais pas les jets. Il n'a pas suffisamment de temps pour se perfectionner dans l'art de piloter les avions à réaction, ce qui est apparemment tout à fait différent comme entraînement.

Il ne se prive pas de piloter les Andover de l'Escadrille de la Reine, qui lui sont autorisés. Quand nous partîmes en voyage officiel au Ghana en 1975, il resta aux commandes pratiquemment sur tout le trajet. Mais maintenant, il se contente seulement des décollages et des atterrissages. Il laisse tout ce qui est ennuyeux, quand l'avion est en navigation automatique, au copilote.

John Maclean et moi avions pris l'habitude de noter ses atterrissages, comme pour les championnats de danse ou de patinage artistique. Nous avions des cartes avec des chiffres dessus, que nous brandissions quand l'avion était à terre. Un atterrissage secoué ne méritait même pas un cinq. Une descente bien moelleuse pouvait monter jusqu'à dix.

— Essayez de faire mieux, la prochaine fois ! s'écria-t-il en riant, lorsque nous mimions des symptômes de malaise.

Quand nous transportions du monde, cela étonnait beaucoup les gens de nous voir nous comporter avec autant de liberté à son égard. Mais John et moi pouvions nous permettre beaucoup plus que n'importe qui avec lui.

Le polo, bien sûr, bien qu'il s'agisse d'un sport noble, — quoiqu'on puisse s'interroger parfois, en entendant les propos qui se tiennent sur le terrain — n'est pas une activité de douillets : c'est un jeu très rapide. Le Prince n'a pas froid aux yeux, et il a survécu à de sévères collisions. Il s'est sérieusement coupé le menton une fois, et une cicatrice le prouve. Le choc survenu à Windsor en Juin 1982, quand il est sorti du terrain avec la bouche en sang lui en a sans aucun doute laissé une autre. Mais il se moque de ses cicatrices :

— Je ne suis pas un chanteur de charme, dit-il un jour à ce propos.

Même sur le terrain de polo, il ne m'a jamais semblé débraillé ou chiffonné. Je ne sais vraiment pas comment il fait.

Le polo est son sport de relaxation complète, et il est personnellement responsable de la popularité constante que rencontre ce jeu. Quand le Duc d'Edimbourg l'abandonna au début des années soixante-dix, l'intérêt du public pour ce jeu violent déclina. Dès que le Prince fit ses débuts au maillet, le goût du public en fut immédiatement relancé.

C'est un sport très cher : il faut être à même d'entretenir quatre ou cinq poneys de polo, qui, chacun, mange comme un goinfre. Les garçons d'écurie, les locaux coûtent également des fortunes, auxquelles s'ajoutent les honoraires de vétérinaire...

Les poneys du Prince sont à Windsor, où la Reine les dresse. Il joue également à Smith's Lawn, près du château, mais doit emprunter les poneys d'autres gens s'il veut jouer outre-mer, ou loin de chez lui. Les dépenses qu'occasionnerait le transport des quatre poneys nécessaires pour une partie seraient trop grandes.

Le polo est probablement sa plus grande extravagance financière. Après, il y a la chasse, qui, heureusement, ne se pratique que pendant une courte saison. Il croyait toujours me faire une faveur en me disant :

— Voulez-vous suivre la chasse, aujourd'hui ?

— Avec plaisir, répondais-je plein de courage.

Je me retrouvais ensuite pendant des heures à observer une horde de gens tirés à quatre épingles juchés sur des chevaux, passant et repassant à la charge sous mes yeux, pour finalement disparaître dans des fourrés lointains.

C'était ennuyeux ! J'aimais beaucoup mieux regarder les parties de polo.

Quand j'accompagnai le Prince pour la première fois, il me demanda :

— Vous savez ce que c'est, le polo ?

La réponse était négative.

— La seule façon de comprendre, c'est de regarder le jeu, dit-il. Autant que vous veniez.

J'adorais l'ambiance du terrain, parler aux gens, mais je me rendais également utile. Quand nous étions en voyage, nous prenions avec nous un énorme sac plein de maillets, ressemblant un peu à celui qu'on utilise pour les clubs de golf. Chaque maillet a une taille différente, qui correspond à la taille d'un poney. Ils varient d'un mètre vingt-cinq à un mètre quarante, et mesurent la hauteur de la main au sol, en fonction de la taille du cheval.

C'était mon travail de « faire les maillets » en me souvenant de l'ordre d'entrée en jeu des poneys ; en d'autres mots, de les mesurer contre l'animal pour être sûr que chaque maillet irait avec la monture. Un maillet trop court n'aurait pas permis au Prince d'assurer son coup dans la partie ; même chose s'il avait été trop long.

Il nous causa la frayeur de notre carrière avec Paul Officer, à la suite d'une partie de polo aux Etats-Unis. Nous avions voyagé dans un jet privé luxueux, avec tous les arrangements les plus modernes, depuis Vancouver, où il avait fait une visite officielle, à travers le continent nord-américain jusqu'au Wellington Polo Club, un nouvel ensemble en Floride près de Palm Beach.

Il devait ensuite faire un séjour à Eleuthra, une île des Bahamas où ses cousins Brabourne ont une maison. L'occasion éait donc idéale de s'arrêter en route pour une petite partie de polo. En Floride, il faisait une de ces chaleurs tropicales à couper le souffle. Il s'était entraîné toute la matinée pour disputer une partie endiablée dans l'après-midi. Quand il sortit du terrain, au bout de celle-ci, il alla s'asseoir dans son véhicule électrique, très pâle, et assez secoué par l'effort. Il devait normalement distribuer un trophée quelques minutes après, mais il ne semblait pas du tout en forme.

— Vous sentez-vous bien, Monsieur ? demandai-je.

Il respirait de façon très irrégulière.

— Ça ira mieux dans une minute, répondit-il.

Il n'en fut rien. Notre anxiété croissait, mais Paul et moi hésitâmes encore. Quand il déclara brusquement :

— Je ne me sens pas bien. Je ne crois pas que je serai capable de donner ce prix.

Paul entra en action.

Il alerta une voiture des Services Secrets américains, qui étaient présents en force partout autour de nous, et nous ramenâmes immédiatement le Prince dans la villa où nous avions été installés. Une fois là-bas, le Prince déclara qu'il désirait s'allonger pendant une minute ou deux.

Nous étions vraiment inquiets : ce n'était pas du tout dans ses habitudes et Paul, qui avait quelques vagues lumières en médecine, me dit :

— Je crois qu'il s'est deshydraté. Nous ferions mieux d'aller chercher le docteur du terrain de polo.

Paul décrocha le téléphone pendant que je débottais le Prince étendu sur le lit. Le docteur fut là en quelques minutes. Après un seul coup d'œil sur son royal patient, il laissa tomber son verdict.

— Hôpital.

La camionnette dont nous avions la jouissance fut amenée devant la porte par un type de la sécurité. J'enveloppai le Prince avec le dessus de lit sur lequel il s'était couché, et Paul le transporta à bras-le-corps dans le véhicule. Nous l'étendîmes à l'arrière où il y avait beaucoup de place.

A ce moment, les Américains jetèrent tout leur appui dans la balance. Deux voitures de police arrivèrent pour nous escorter jusqu'à l'hôpital, une devant, l'autre derrière. Nous étions en plein drame, et c'était diantrement inquiétant de penser que le prochain Roi d'Angleterre était étendu au fond de cette camionnette, enveloppé dans un dessus de lit, et l'air plutôt mal en point. Le trajet dura dix ou quinze interminables minutes. Quand nous arrivâmes à l'hôpital, le Prince était plus blanc que jamais. Il fut accueillit avec une rare célérité, car le personnel avait été prévenu de l'arrivée d'un V.I.P. Devant ce déploiement de force, ils croyaient qu'il s'agissait du Gouverneur de la Floride ou d'une star de cinéma. Quand ils découvrirent que c'était le Prince de Galles, les gens semblaient sortir des murs pour essayer de jeter un coup d'œil sur lui. Peu d'entre eux y arrivèrent. A toute vitesse, le Prince fut expédié en salle d'urgence. Je demeurai tout le temps avec lui, pendant qu'une équipe de médecins se livraient à toutes sortes de tests. On le mit sous perfusion de glucose, et il resta très calme pendant toutes ces opérations.

— Vous vous sentez bien ? demandai-je.

— Oui, fit-il, mais sa voix était très faible.

Oliver Everett, l'Assistant Secrétaire Privé du Prince, qui était avec nous, appela Londres. Il craignait que la Reine n'apprît la nouvelle à la radio.

L'hôpital mit à notre disposition une chambre à côté de celle du Prince, et je retournait à la villa pour récupérer pyjamas, robes de chambre, et brosses à dents. Nous avions complètement oublié ces menus détails au moment du départ. Il était totalement endormi quand je revins. Son malaise, et il s'agissait bien d'une deshydratation, jeta une ombre sur le week-end. Il y avait une soirée, cette nuit-là, mais l'Invité d'Honneur était à l'hôpital, et personne de son équipe ne voulut y aller sans lui. Oliver Everett et moi restâmes au cottage du Polo Club. La soirée eut bien lieu, mais l'esprit n'y fut pas.

J'appelai Paul le lendemain matin, et il m'annonça que le Prince sortirait après le déjeuner. Il fallait que j'envoie un costume car il avait pour seul vêtement son équipement de polo. Je préparai et expédiai des habits pour eux deux, lui et Paul, puis attendis leur retour.

— Vous êtes sûr que vous allez bien, Monsieur ? demandai-je, en voyant un Prince tout tremblant sortir d'une énorme Mercedes.

On a peut-être l'impression que mon temps se passait à lui poser cette question. Mais c'était pourtant bien là une de mes tâches.

— Je crois, fit-il. Mais je me suis vraiment senti bizarre, hier. Je n'ai pas eu l'impression de mourir, mais je me suis senti tout chose. — Il secoua la tête. — Je ne me suis jamais évanoui de ma vie, donc je ne sais pas quel effet ça fait, mais je me suis senti comme si j'allais peut-être m'évanouir.

Il fut suffisamment en forme pour le déjeuner du lendemain, et il alla ensuite au polo, mais en tant que spectateur, un peu comme un enfant qui a la rougeole et qui regarde ses copains s'amuser. Cette petite escapade en Floride fut complètement gâchée.

La semaine suivante, il partit pour Eleuthra, et je descendis vers les Keys pour prendre quelques vacances bien méritées.

— Quand revenez-vous ? me demanda-t-il avant d'embarquer sur son avion.

— Un jour avant vous.

— Pourquoi ne revenez-vous pas avec moi, suggéra-t-il. C'est un vol commercial.

Cela me faisait plaisir qu'il me le demandât, et je fus ravi d'accepter. Ainsi, il m'appréciait suffisamment pour désirer ma compagnie. J'étais aussi un visage familier pour lui. Et c'était plus facile de me demander à moi de faire quelque chose pour lui, qu'à n'importe qui d'autre : il se sentait confortable avec moi. J'acceptai donc de changer mes réservations.

CHAPITRE XII

VOYAGES AVEC MON PRINCE

Ce furent les funérailles du Président Sadate qui confirmè-rent en fin de compte ma décision de quitter son service. Autrefois, j'avais été tout à fait excité à l'idée de voyager à travers le vaste monde. J'en avais maintenant assez. Quand nous retournâmes de ce court voyage extrêmement tendu en Egypte, je sentis qu'il me serait complètement égal de ne jamais plus m'éloigner de plus de 10 bornes de King's Road. Si je ne me sens plus à présent de cette humeur casanière, je reste catégorique sur un point : cet enterrement ne fut en aucun cas ce que j'appelle une expérience agréable.

La nouvelle de l'assassinat du Président Sadate survint alors que nous étions à Craigowan, où le Prince et la Princesse achevaient leur voyage de noces. Je l'avais enten-due aux informations radiodiffusées de 4 heures de l'après-midi. Le Prince était à la chasse, et la Princesse se reposait. L'un des policiers me demanda :

— Devons-nous prévenir la Princesse ?

Je réfléchis un instant et répondis par la négative. La nouvelle devait venir du Prince. Je savais quelle impression considérable le Président égyptien et sa femme avait fait sur le couple Royal, quand ils étaient venus dîner sur le *Britannia,* pendant la lune de miel, et je présumais qu'elle serait bouleversée par la triste nouvelle. Une ou deux minutes plus tard, le Secrétaire Privé du Prince téléphona pour demander que le Prince rappelât dès son retour.

— Un autre enterrement, pensais-je en reposant le combiné. A son retour, j'allai au-devant du Prince dans le vestibule :

— M. Adeane a appelé Votre Altesse, fis-je. Il demande que vous le rappeliez. Ce ne sont malheureusement pas de très bonnes nouvelles.

Il enlevait ses bottes en caoutchouc.

— Qui est-ce, cette fois ? fit-il d'une voix résignée.

— Le Président Sadate, Monsieur. Il a été assassiné.

— Oh, mon Dieu. C'est horrible. Comment l'avez-vous appris ?

— D'abord par la radio, et ensuite par M. Adeane, Monsieur.

Il hocha la tête :

— Où est la Princesse ?

— Elle se repose. Nous ne lui avons pas dit, Monsieur.

— Parfait.

Et, en secouant pensivement la tête, il monta le lui annoncer en personne.

Il avait été immédiatement décidé qu'il représenterait le Royaume-Uni à l'enterrement, car la Reine et le Prince Philip se trouvaient à ce moment en Australie. Il voulait y aller : il avait réellement beaucoup d'estime pour le Président. La Princesse demanda à l'accompagner, mais il ne voulut point en entendre parler. L'incertitude était telle à propos de la situation en Egypte, qu'il ne pouvait en être question pour des raisons d'élémentaire sécurité. Comme il ne voulait en aucune manière la mettre en danger, le Prince qui a énormément de courage personnel, pensa qu'il serait plus sage de s'y rendre seul. Il prétexta devant la Princesse que les femmes vont rarement aux funérailles musulmanes et que sa présence poserait des problèmes diplomatiques inutiles.

La Princesse toute fraîchement mariée ne voulait pas être séparée de son mari, et se mit à déambuler dans la maison en marmonnant qu'elle aimerait bien pouvoir y aller aussi. Elle était inquiète pour la sécurité de son mari et aurait été plus heureuse s'il était resté tout simplement à la maison.

Nous n'avions que deux jours pour tout préparer, avant le départ pour le Caire.

— Quelles sont les conditions météorologiques, là-bas? me demanda-t-il.

Une question très normale avant chaque voyage.

— Très chaud, Monsieur.

— Alors, demandez si l'attirail naval type « tropical » conviendrait pour la cérémonie.

Il voulait revêtir son uniforme d'apparat de la Royal Navy. C'est celui qu'il est le plus autorisé à porter après cinq années de service. La Navy est bien sûr l'Arme d'élite par excellence, en Grande-Bretagne. Notre seule crainte était que le tissu blanc tropical ne fût pas correct pour des funérailles nationales. Son bureau vérifia avec le Foreign Office, qui se renseigna auprès de l'Ambassade d'Egypte. La tenue immaculée fut déclarée O.K. J'indiquai à son ordonnance à Londres où trouver l'uniforme, et à notre atterrissage à Heathrow, venant de Craigowan en Andover, l'uniforme attendait dans le V.C. 10 qui devait nous conduire au Caire.

L'équipe fut assez réduite : le Prince, le Secrétaire au Foreign Office, Lord Carrington, avec deux membres de son cabinet, M. Adeane, deux policiers et moi-même.

Nous restâmes à la résidence de l'Ambassadeur de Grande-Bretagne au Caire la nuit suivant notre arrivée. Notre avion devait nous ramener le lendemain, immédiatement après l'enterrement vers le Royaume-Uni. L'atmosphère au Caire était assez désagréable. Les gens s'attroupaient de loin en loin et des bandes excitées déambulaient sur les boulevards. Devant cette ébullition manifeste, nous craignions une irruption imminente. Le matin des obsèques, la tension s'accrut encore plus. Les Egyptiens devaient assurer la sécurité du Prince, de trois anciens présidents des Etats-Unis, et de Henry Kissinger, comme d'un grand choix de têtes couronnées et de chefs d'Etat, tous agglutinés dans la même ville. A l'Ambassade, l'inquiétude régnait parmi le personnel. Ils étaient bien conscients que la plupart des assassins n'ayant pas été attrapés, ils devaient encore rôder dans les rues.

Avant le départ, l'Ambassadeur s'entretint avec M. Adeane :

— Nous avons décidé qu'il serait plus sensé que le personnel de Lord Carrington et M. Barry attendent à l'aéroport pendant le déroulement de la cérémonie. S'il y avait des complications, nous n'aurions que le Prince, Lord Carrington et vous-même à sauver et expédier au V.C. 10 prêt à décoller.

Cette décision nous permit, à moi et aux secrétaires de Lord Carrington, de passer cinq heures d'angoisse sur le tarmac de l'aéroport, dans une chaleur étouffante, à faire les cent pas devant l'avion. La tension était presque insoutenable. Nous aurions préféré cent fois assister aux obsèques plutôt qu'endurer cette attente cauchemardesque, sur cet aéroport et sans la moindre nouvelle.

Je commençai également à douter de la sagesse du Prince de s'être ainsi vêtu de blanc. Il devait se détacher magnifiquement dans la foule et constituer une cible de choix. Les ex-présidents Carter, Ford et Nixon, et Henry Kissinger étaient tous protégés par des gilets pare-balles, et à 2 heures, leur avion avait décollé. Bien avant celui du Prince. Ce dernier s'était attardé en route pour présenter lui-même ses condoléances à la veuve, et pour lui remettre une lettre personnelle de la Princesse. Toujours dans son uniforme éclatant, il ne se pointa à l'aéroport que vers 5 heures du soir, et fut pratiquement le dernier dignitaire étranger à quitter le Caire.

Néanmoins, en remontant dans l'avion, le Prince et Lord Carrington avouèrent qu'ils avaient eu des émotions fortes.

— Il y eut un instant un peu difficile, fit le Prince. Une sorte de flottement étrange quand un groupe de gardes qui semblait être chargé de contenir la foule devant nous, se retourna brusquement pour nous faire face, leurs armes pointées droit sur nous. John et Jim (ses deux policiers) faillirent en avoir une crise d'apoplexie ! Je suppose que c'était juste une question de mauvaise organisation, mais quel frisson ! Nous ne savions pas trop ce qu'ils allaient faire. Et puis, ils sont juste repartis.

Début de carrière en tant que jeune page en compagnie du Marshall of the Diplomatic Corps lors de la réception d'un ambassadeur étranger.

Vacances en Australie.
Equitation en compagnie de deux gardes du corps.

1977 en Australie (Tasmanie) lors de la visite d'une exploitation forestière.

Obligations du service : Stephen Barry accompagne le Prince Charles lors d'une fête campagnarde.
Un des sports favoris du Prince : le tir aux pigeons.

1981 : Durant la croisière de lune de miel du Prince et de Lady Di, au large de l'Egypte.

1982 Détente : Stephen Barry savoure sa liberté toute neuve.

— Vous auriez dû mettre un gilet pare-balles, Monsieur, fis-je, tout en sachant très bien que ce n'était pas son genre.

— Oh, je n'allais pas m'embarrasser d'un pareil engin! répondit-il. Et puis, si ça doit arriver, ça arrivera, voilà tout!

Les enterrements furent toujours très fatigants. J'ai assisté à quatre d'entre eux : ceux du Président Sadate, de Kirk, le Premier Ministre de Nouvelle-Zélande, de Robert Menzies, son homologue Australien, et de Jomo Kenyatta, Président du Kenya.

Idi Amin était présent à ces obsèques, assis dans la même rangée que le Prince, qui me confia que c'était, pensait-il, le coquin le plus malfaisant qu'il avait jamais vu. Il refusa de lui parler ou de le rencontrer.

Pour ajouter, s'il était besoin, à la complication, nous étions généralement à Balmoral à l'annonce d'un décès. Je devais donc récupérer à Buckingham la garde-robe du Prince dans cette atmosphère de voyage-éclair qu'ont toutes ces tristes occasions. Monter dans l'avion, faire le voyage, assister à la cérémonie, repartir. La Nouvelle-Zélande fut encore la pire expérience dans ce domaine : trente heures d'avion à l'improviste entre deux séjours à Balmoral, et en passant par Londres, nous laissèrent peu de temps pour retrouver notre souffle. Le plus difficile lors de ces obsèques « longue distance » était de rester éveillé. Il n'y avait que deux lits dans le V.C. 10 que nous utilisions en ces occasions. Naturellement, le Prince en prenait un. Le Premier Ministre, ou le représentant officiel du Gouvernement au pouvoir prenait le second. Le Chef de l'Opposition avait donc le choix entre un fauteuil ou ce que nous autres choisissions : s'étendre sur le plancher.

Pour les funérailles du Premier Ministre Kirk, James Callaghan était *Premier* : il eut le lit. L'ex-*Premier* Edward Heath se retrouva sur le plancher.

Dans les anciennes colonies, nous résidions toujours à la Résidence du Gouvernement. L'existence de ces institutions crée un réseau de demeures royales à travers le monde, assez unique en son genre, et qui semble avoir survécu à la mort de l'Empire. Dans ces résidences, généralement très luxueuses, le personnel changeait rarement, et ils connaissaient bien les goûts du Prince. Les miens aussi, par la même occasion. Dans les autres contrées, nous restions à l'Ambassade Britannique quand cela était possible. Les hôtels demeuraient vraiment l'ultime recours.

J'avais beaucoup de travail dans l'avion. Je ne prenais jamais de repos avant que le Prince ne fût confortablement installé, et je dormais ensuite littéralement au pied du lit de mon maître, pour être là en cas de besoin.

Peu importait la personne qui voyageait avec lui, le Prince était seul maître à bord. Quand il voulait que les lumières fussent éteintes, le reste des passagers se contentait de l'obscurité. Je devais me lever bien avant lui, pour vérifier l'heure d'atterrissage, et lui réserver une heure et demie avant l'arrivée, pour prendre son petit-déjeuner et s'habiller. Cela ne laissait jamais trop de temps.

Les V.C. 10 que nous utilisions étaient des avions de la R.A.F. réservés normalement aux mouvements de troupes, et donc sans aucun luxe ni aménagement particulier. Il n'y avait pas de vraie salle de bains et les aménagements intérieurs allaient droit à l'essentiel. Les toilettes était à peu près les mêmes que sur les vols commerciaux. A bord, le Prince utilisait toujours un rasoir électrique pour éviter les risque de s'égorger à 6 000 mètres d'altitude. Combien de fois avons-nous atterri alors que j'étais encore en train de fixer l'épée à son côté, ou d'installer une décoration au bon endroit, quelques secondes avant sa majestueuse apparition sur l'escalier mobile.

Aux obsèques du Président Sadate, il portait une distinction égyptienne qui avait été remise à la Princesse de Galles : le Président leur avait conféré une décoration de son pays à tous les deux lors du voyage de noces, mais comme les boîtes étaient identiques, et qu'aucunes d'elles n'avait été ouverte, le cabinet du Prince s'était trompé dans l'affolement du départ précipité. Personne ne s'en aperçut...

Selon un scénario bien établi, une fois à bord du V.C. 10, il quittait son costume et passait un pantalon en velours côtelé et un sweater. Pour cette opération, il ne fallait pas se précipiter : par les hublots, les genoux du Prince auraient pu être aperçus depuis la piste. Son costume allait ensuite sur un cintre prêt à être enfilé à l'arrivée, sauf évidemment, s'il devait apparaître en uniforme.

La première fois que je volai avec lui, trois mois après mon entrée en fonction, nous nous rendîmes aux Iles Fidji pour la cérémonie d'indépendance, et de là, nous partîmes plus ou moins autour du monde. Quand le dernier Prince de Galles avait fait son tour du monde en cuirassé de la Navy, plusieurs mois lui avaient été nécessaires. Lorsque nous fîmes ce même voyage avec un V.C. 10 de la R.A.F. ou avec des vols commerciaux pour les longues distances, le voyage ne dura pas plus de quatre semaines.

Les avions de la R.A.F. étaient bien pratiques pour nous, car adaptables à volonté à nos horaires. Avec les avions commerciaux, c'était une autre affaire. La R.A.F. nous permettait d'arriver et de repartir à notre gré, et les avions étaient incroyablement sûrs. Il n'y avait que rarement des incidents à vous faire dresser les cheveux sur la tête comme cette première fois.

En chemin pour les Fidjis, un des moteurs rendit l'âme, et ce désagrément nous força à atterrir à Bahrein.

— Je suis désolé, me dit le Prince. Cela n'arrive pas à chaque fois, vous savez.

Je fus soulagé de l'apprendre. J'étais en train de penser que si ça commençait comme ça, que nous réserverait l'étape suivante ? Nous nous arrêtâmes trois ou quatre fois sur des bases de la R.A.F. pour refaire le plein et nous détendre un peu. Nous étions tous emmenés chez le commandant de la base, où le Prince ne manquait pas de faire un plongeon s'il y avait une piscine. Généralement, il se contentait d'un peu de quiétude. Ce n'était pas toujours facile, car, pour la femme du commandant de la base, c'était l'heure de la gloire : le prochain Roi en sa demeure ! Lui ne voulait pas du tout de distraction, mais du repos. Nos « nuits » se passèrent toujours à bord de l'avion, et je ne fus pas mécontent de voir les Fidjis, et enfin, un vrai lit !

Le Prince et son Ecuyer, Nicholas Soames, allèrent là-bas à

un grand nombre de cérémonies solennelles. A leur retour, ils nous mimaient tout le déroulement. Nous riions à gorge déployée. Je fus fasciné par le peuple Fidjien. Leur taille immense me faisait passer pour Gulliver. C'était si loin de l'Angleterre. Notre éloignement fut presque annihilé quand le Prince demanda l'heure à la femme du Gouverneur :

— Où ? demanda-t-elle en retroussant ses manches pour faire apparaître quatre montres à chaque poignet.

Elle pouvait nous dire l'heure qu'il était à peu près n'importe où dans le monde !

Des Fidjis, quatre d'entre nous seulement visitâmes les Iles Gilbert et Ellis pour y porter un message de la Reine. Un tout petit avion nous transporta là-bas. Notre premier arrêt fut à Funafuti. Là, nous passâmes la nuit dans ce que John Maclean baptisa le « Hilton Funafuti » : une grande hutte sur le bord de la plage, avec des paravents comme cloisons. Cela donnait en quelque sorte l'impression de dormir dans la salle commune d'un hôpital. Le Prince avait acquis la plus grande intimité possible : il avait deux paravents.

C'était assez primitif : au bout de la hutte, se trouvaient quelques chaises de bambou, et pas grand-chose d'autre. Toute la nourriture fut spécialement aéroportée de Singapour et servie par une dame de la localité, complètement abasourdie par sa mission. Et cet étroit bout d'île déserte, avec une superbe plage, était strictement interdit à la baignade. L'île manquait de toutes les facilités habituelles, la mer devait donc être évitée.

Ceux que nous avions laissés derrière nous aux Fidjis, s'étaient installés dans un centre sportif luxueux.

— Qui s'est amusé le plus ? demanda le Prince au retour.

— Eux ! nous écriâmes-nous tous en cœur.

Malgré cela nous nous adaptâmes, ignorant les ronflements de chacun au cours de la nuit, et essayant de nous éviter les uns les autres au matin.

J'avais suspendu tous les vêtements du Prince autour des murs. Il n'avait pas emporté grand-chose, de toute manière, et ma mission se bornait à repousser les assauts des chasseurs de souvenirs.

Au cours des années suivantes, je dus affronter d'autres voyages fantaisistes. Ce type de circuit pourrait, vu de l'extérieur, ressembler à une partie de plaisir, mais devenait rapidement pesant dans des endroits vraiment inconnus, sous des températures étouffantes. Nous connûmes des moments de gloire, bien sûr : je me souviens d'une de ces îles du Pacifique où nous réquisitionâmes la seule automobile de l'endroit. Pendant une soirée, cette Morris Minor époumonée devint la voiture royale, et tout le reste du cortège devait suivre en pédalant sur des bicyclettes. C'était une de ces situations que seuls les Britanniques peuvent affronter avec dignité. Ce premier voyage fut une expérience enrichissante pour nous tous. Le Prince lui-même n'avait pas autant voyagé auparavant. C'était son premier grand tour du monde. Représentant la Grande-Bretagne, il était allé l'année précédente au Japon. C'était à cette occasion que les gens de *Sony* avaient déclaré qu'ils désiraient construire une usine en Europe. Immédiatement, le Prince lança :

— Et pourquoi pas au Pays de Galles ? Il y a un joli emplacement près de Bridgend.

Ils relevèrent la suggestion et il fut, et l'est encore, naturellement ravi de sa présence d'esprit. Au début de 1982, la seconde phase de la construction fut inaugurée par la Princesse. Les journaux se sont plaints qu'elle ait donné à une firme japonaise une incroyable publicité en portant un chapeau avec *Sony* inscrit dessus. C'est une injustice : cette usine est la grande affaire du Prince, qui a procuré des emplois bien nécessaires à une région si mal en point de son Pays de Galles.

Mais arrêtons là cette digression. Pour l'étape suivante, après les îles du Pacifique, nous nous arrêtâmes au Mexique, où Merle Oberon, l'actrice de cinéma maintenant décédée, nous reçut à Acapulco. Le Prince Philip et elle étaient de vieux amis, et il fut suggéré que rester chez elle serait plus amusant que d'aller à l'hôtel.

Bien sûr, elle n'était plus très jeune, mais c'était encore un petit bout de femme fort belle et avec un charme immense.

Elle était mariée à un ferrailleur Mexicain, très riche, évidemment.

Le temps ne signifiait rien chez elle. Il était 10 heures trente du soir avant que le dîner ne fût servi, et 2 heures du matin avant le dessert. Le Prince avait revêtu son masque de grande lassitude. Je pouvais toujours lire dans ses pensées, mais heureusement, rares étaient ceux qui y arrivaient à part moi !

La plupart du temps, nos voyages se passaient comme sur des roulettes. Avant un déplacement important, quelqu'un du cabinet du Prince partait en reconnaissance sur le terrain, comme une sorte d'éclaireur. C'était d'ordinaire le Secrétaire Privé, accompagné par un policier et le service de presse, qui allait de l'avant et préparait le voyage entier, vérifiant chaque chambre, minutant chaque trajet. Ils savaient exactement où il resterait, et qui il rencontrerait avant même qu'il ne s'apprêtât à décoller. Quand ils revenaient, il ne restait plus que les ajustements finaux, et les recommandations à donner. Ils lui dressaient un aperçu de toutes les personnes qu'il serait amené à rencontrer. Tout était fait de façon très professionnelle, planifié jusque dans les moindres détails, avant même que nous mettions le pied dans l'avion.

Le voyage aux Fidjis, par son importance, me donna énormément d'expérience du premier coup, et me permit de juger plus facilement les opérations futures.

Dans l'avion, j'étais en liaison permanente avec le personnel de cabine, pour vérifier combien de temps allait durer le trajet suivant, et l'heure d'arrivée. Nous étions constamment en train de jongler avec le temps et les repas. Si nous devions arriver, disons, à 11 heures du soir, au lieu d'avoir un déjeuner et un dîner, nous ne faisions qu'un repas — plus généralement un dîner — pour réduire au minimum les troubles du décalage horaire.

Dans l'avion, l'équipage de réserve se tenait derrière la cabine de pilotage, ensuite, il y avait la cambuse, puis derrière un rideau, la partie réservée au Prince avec son lit, sa table et quatre chaises. Au fond du couloir central, et derrière une autre cloison, se trouvaient six sièges pour nous.

Le reste de l'avion, au-delà de cette limite, était réservé, si possible, pour les déplacements de personnel militaire d'un endroit à un autre. Nous déposâmes souvent des soldats dans des pays comme Chypre ou Singapour. Le vol n'était que rarement limité au transport du Prince et de sa suite, surtout parce que l'utilisation de l'avion pour d'autres missions permettait de réaliser des économies substantielles.

Parfois, nous avions l'impression de passer notre vie dans les airs, essayant de maintenir une sorte d'emploi du temps totalement artificiel, pour ne pas être complètement désorientés à l'arrivée. Le Prince n'en était jamais beaucoup affecté. Il adore remuer. Trois jours quelque part, et il en a déjà assez, sauf s'il s'agit de Balmoral ou Highgrove. Passé ce délai, il devient très agité.

Le Prince dormait, se levait, mangeait son petit-déjeuner à l'heure qui semblait la plus appropriée. Quand un déjeuner était possible, nous nous relayions pour manger avec lui. Quand il se sentait d'humeur chahuteuse, il invitait John Maclean et moi-même ensemble. Son choix de convives dépendant de son humeur du moment.

J'informais l'équipage de ses désirs. Comme nous voyagions avec des équipages de la R.A.F. spécialisés dans le transport des V.I.P., nous nous connaissions tous les uns les autres.

Sur les vols commerciaux, c'était bien sûr assez différent et même très ennuyeux. Le Prince ne boit jamais, donc aucun de nous ne pouvait profiter de tout ce champagne qui est offert en première classe. En plus, les gens ne savaient pas jusqu'à ce qu'ils arrivassent à l'aéroport, avec qui ils allaient voyager. Ils ne le réalisaient que lorsque les autorités entreprenaient des fouilles en profondeur dans les bagages de chaque passager. Ceux qui payaient le prix normal, s'irritaient du retard de l'avion. Ils se présentaient à l'heure prévue, pour découvrir que cela prendrait au moins deux heures encore avant que l'appareil ne décollât.

Pour calmer les esprits, au moment du décollage, le commandant de bord s'excusait toujours en ajoutant :

— Comme consolation, et avec les compliments de la compagnie, le bar sera libre.

Je n'oublierai jamais ce vol de San Francisco à Sydney, quand une telle annonce fut faite. De bruyantes acclamations australiennes vinrent du fond de l'appareil. Le Prince s'exclama alors :

— Ah, Ciel !

... et offrit ses condoléances à l'équipage.

Ceux qui étaient montés dans l'avion avec des billets en standby avaient décroché la timballe. C'est un long voyage, de San Francisco à Sydney. A notre arrivée, beaucoup de passagers ne tenaient plus debout, les stewards étaient exténués, et plus une goutte d'alcool ne restait à bord.

Pour ces raisons, nous essayions de prendre dans la mesure du possible des avions de la R.A.F. Les voyages en vols commerciaux jetaient trop de gens dans la confusion et ruinaient les marges bénéficiaires du bar volant. Beaucoup de voyageurs de première classe très surpris se retrouvèrent assis près du Prince. La cabine devenait alors très calme et silencieuse, et chacun surveillait ses gestes, un peu comme dans les soirées auxquelles il est généralement invité. Le niveau sonore s'élevait toujours de plusieurs décibels quand il s'en allait. Sa présence jetait malheureusement un froid et il en était conscient :

— Que s'est-il passé quand je n'étais pas là ? demandait-il à son retour.

Bien sûr, les gens étaient contents de l'avoir vu en chair et en os. Quand il quittait un avion commercial, il passait toujours la tête à travers le rideau de séparation afin que les passagers de seconde classe pussent le voir également.

Je dois avouer que travailler pour lui m'a donné de temps en temps des plaisirs spectaculaires, comme cette fois où nous prîmes le Concorde pour New York, juste pour assister à une représentation de ballet.

Le voyage de Vancouver jusqu'en Floride pour jouer au polo dans ce nouveau complexe sportif du Wellington Club, se termina tristement à cause du malaise qu'eut le Prince, mais le voyage d'aller fut merveilleux. Je jouai les stewards, préparant les plateaux-repas, tandis que le Prince me disait :

— Voyons si vous avez appris quelque chose de *Quantas*. (*Quantas,* la compagnie aérienne australienne, était sa compagnie favorite parce qu'ils étaient toujours bien disposés à notre égard, au point de nous envoyer un avion quand le Prince en avait besoin).

Dans ce jet privé, l'équipage ferma la porte de la cabine et nous laissa nous débrouiller. L'avion était plein de gadgets : le Prince était donc un homme comblé. Nous fîmes jouer les Bee-Gees sans arrêt sur la stéréo, et comme il y avait un téléphone, le Prince décida de l'utiliser :

— Vous croiriez cela ? fit-il. Je fais un numéro à 12 000 mètres d'altitude et c'est occupé !

Quand le Prince voyageait, il devenait un personnage à la Howard Hughes. Il ne sortait jamais ; quand il n'était pas à un rendez-vous officiel, il était virtuellement sous les verrous au sommet d'un hôtel, entouré de gardiens vigilants. Et du reste, à Vancouver, nous fûmes installés dans le même hôtel et la même suite qu'avait occupé Howard Hughes. Le Prince Charles déclara alors :

— Je sais exactement ce qu'il a dû ressentir.

S'il voulait faire quelques pas, il fallait qu'il s'entourât d'une dizaine de policiers, pour aller se baigner ou faire du surf en Australie, toute une bande de types le suivait à la trace. Au moins dans le cas de Howard Hughes, avec sa sécurité, il assurait aussi son intimité. Le Prince n'en avait aucune : il était prisonnier de sa propre situation ; il ne pouvait pas s'échapper. Pendant douze ans, je ne l'ai jamais vu, durant un déplacement à l'étranger, faire un tour dans un night-club ou sortir avec une fille. Toutes ses relations avec les dames se faisaient en Grande-Bretagne, et il ne rencontrait en aucun cas une fille pour son seul plaisir, comme le font tant de dignitaires en visite.

Quand il était en déplacement, tout ce qu'il désirait, c'était rentrer chez lui. Il adore la Grande-Bretagne. Dans les années à venir, je crois qu'on va devoir l'extirper de force de ce pays pour les visites officielles et les tournées outre-mer. Il faut dire que ce n'est pas un bien grand plaisir de voyager quand vous êtes le Prince de Galles.

— Je ne suis au plus qu'un ambassadeur britannique itinérant, confiait-il souvent.

Certains voyages furent plus amusants que d'autres. Il avait ainsi un grand désir de voir les Etats-Unis, et un jour, à Balmoral, alors que nous étions en balade avec les fusils, il me demanda :

— Je vais peut-être faire un voyage en Amérique. Voudriez-vous venir ?

— Essayez seulement de m'en empêcher, répondis-je.

Dans un premier temps, l'ambassadeur britannique à Washington avait évoqué cette possibilité avec le Foreign Office, déclarant notamment qu'une visite du Prince serait des plus appréciée. Le Foreign Office avait ensuite contacté le Palais. Le Prince Charles aimerait-il faire un voyage en Amérique ?

Pour une fois, il manifesta sa chaude approbation. Il y avait été une fois avec la Princesse Anne, en 1970, sous la présidence de Nixon, qui avait, à cette occasion, essayé avec beaucoup de détermination de jeter sa fille Patricia, une jolie fille du reste, dans les bras du Prince. Nixon voyait en eux un beau couple, mais le Prince avait d'autres idées en tête, à cette époque-là.

— Au moins, je n'aurai pas à affronter sa fille, cette fois, dit-il avant de partir.

Normalement, il devait avoir une raison spécifique pour entreprendre ce type de voyage. Il ne pouvait vraiment pas aller là-bas pour s'asseoir à Palm Beach pendant quatre jours. Il fut décidé qu'il ferait un tour des Etats-Unis. Il y avait tant d'amis américains qui voulaient le voir. Toutes sortes d'associations liées à la Grande-Bretagne, l'Union des Anglophones, les Amis de Covent Garden, demandaient une visite. Comme en plus, il désirait très vivement y aller, l'Ambassade à Washington pensa que ce serait une excellente opération pour la Grande-Bretagne. Ils montèrent un programme prévoyant 17 étapes en 13 jours, et un but : rencontrer le plus d'Américains possible. Ce fut un voyage très simple pour moi aussi : il n'y avait pas d'uniformes à emporter. Ce fut juste ce que j'appellerais une représentation « en bourgeois ».

Nous prîmes un avion de la *British Airways* jusqu'à Chicago, où le magnifique hôtel Drake nous ouvrit ses portes. Après un passage à Détroit, nous nous dirigeâmes vers le Sud, à Atlanta, en Géorgie.

Le Prince est grand amateur de show business, et il aime beaucoup rencontrer les artistes dont il admire le travail. Il apprécie notamment Gladys Knight et les Pips, originaires d'Atlanta. Ils passaient justement là-bas, à l'*Alhambra Theater*. Une réception y fut donnée en son honneur, après le spectacle, sur la scène, et le Prince fut enthousiasmé par cette rencontre avec Gladys Knight.

De Géorgie, nous nous dirigeâmes vers le Texas, où Anne Armstrong nous reçut dans son ranch, qui, s'il est incroyablement luxueux, est aussi le siège de son entreprise d'élevage de bétail. Le Prince avait connu Mme Armstrong quand elle était ambassadrice en Grande-Bretagne. Le dimanche, il put jouer au polo au ranch, et ce soir-là, elle donna une énorme fête en son honneur.

Une centaine de personnes environ arrivèrent en jets privés, et quand le Prince demanda à son Secrétaire Privé comment il était installé, le Squadron Leader Checketts déclara, résigné :

— C'est à peu près comme de dormir en bout de piste à l'aéroport de Londres.

Le Prince était intrigué par les Texans et leur style de vie. Les milliardaires américains présents à cette fête furent peut-être fascinés par lui, mais c'était bien réciproque : à chacun sa conception de la richesse. Surtout, le succès, comme la fortune, créés de toutes pièces l'intéressent beaucoup. Après le dîner, il s'approcha de moi :

— Vous vous rendez compte que la richesse accumulée dans cette salle, ce soir, équivaut à notre dette nationale ?

Après le Texas, nous fîmes des sauts de puce tous les jours jusqu'à Los Angeles, où, pendant trois nuits, nous fûmes logés au *Beverly Wilshire Hotel* dans les plus belles pièces de la tour privée, la même résidence où Warren Beatty a sa suite permanente. Nos chambres étaient toutes des duplex avec des escaliers en colimaçon. Le Prince vint traîner chez nous, affirmant pour plaisanter que nos chambres étaient mieux que les siennes. Faux : nos chambres n'étaient jamais mieux que les siennes...

Un des engagements là-bas était un énorme dîner de charité d'un millier de personnes, organisé par le Variety Club. Ronald Reagan, en tant qu'ancien Gouverneur de la Californie, y vint, et le Prince, comme à l'accoutumée, se retrouva à côté d'une vieille dame américaine, dont le mari avait ourdi ce guet-apens. Le Squadron Leader Checketts fut charmé de se trouver voisin de Sophia Loren. Sans arrêt, il rencontrait le regard de son patron, plein de reproches :

— C'est du joli ! Est-ce que je vous paye pour dîner avec les plus belles ? lui lança-t-il ensuite.

Il fit mieux le lendemain quand nous fûmes invités à déjeuner aux studios de la 20th Century Fox. Il y avait environ trente personnes là, dont Henry Fonda, et toute l'équipe de *M.A.S.H.* Le déjeuner avait été organisé à Londres, et la décision avait été prise qu'à cette occasion, le Prince serait assis près de Lauren Bacall, une de ses actrices favorites. Légèrement intimidé par sa présence, il lâcha étourdiment :

— Vos films en noir et blanc m'ont tellement plu, Miss Bacall.

— J'ai vraiment mis les pieds dans le plat, me confia-t-il par la suite.

Elle s'était vexée et avait répliqué :

— Je ne suis pas si vieille que ça, Prince !

Cette journée le combla. *Charlie's Angels* étaient sur le plateau suivant, et on nous emmena regarder le tournage. Il fit un brin de causette avec Farah Fawcett Majors, mais ce fut assez court, car on les interrompit pour les photographier ensemble.

— Elles étaient toutes parfaites, fit-il après. Mais qu'elles sont petites ! Surtout Farah Fawcett. Elle paraît beaucoup plus grande à l'écran.

Un peu désappointé ? Peut-être. Le Prince aime les femmes grandes.

L'installation de la 20th Century est intéressante. Quand nous y entrâmes par Pico Boulevard, on nous montra une rue de New York complètement reproduite pour les besoins du film *Hello Dolly*. Le studio avait même reconstruit une réplique du vieux métro aérien de la Troisième Avenue. Le Prince en fut émerveillé.

C'est un fan de Barbra Streisand, et il a vu tous ses films. Il l'avait déjà rencontrée à San Diego, en 1975, alors qu'il était dans la Royal Navy. quelqu'un lui demanda alors :

— Quelle star d'Hollywood aimeriez-vous le plus rencontrer ?

— Je suis sûr qu'ils pensaient que je dirais Raquel Welch, me raconta-t-il. Mais c'était Barbra Streisand : je voulais rencontrer la femme derrière la voix.

Nous partagions cet intérêt pour elle, et quand il revint au Royaume-Uni, je lui dis :

— Il paraît, Monsieur, que vous avez rencontré Barbra Streisand ?

— Oui, mais c'était un de ses mauvais jours. Elle avait un travail monstre.

Cette deuxième rencontre ne fut pas non plus un franc succès. Elle était en train d'enregistrer pour *Funny Lady*, et elle ne lui accorda que très peu de temps. Elle semblait aussi nerveuse en sa présence. Il ne fut pas du tout déçu, mais juste très content de l'avoir rencontrée. Il aime sa musique et affirma que de l'observer travailler avait été une très agréable expérience.

Bien qu'il ait rencontré beaucoup de femmes extraordinaires au cours de ce voyage de 1977, comme d'habitude, il n'y eut aucune place pour les aventures ou même le badinage. Ce fut un terrible effort, bien que pour une fois, amusant.

Une quantité impressionnante de filles l'embrassèrent, ce qui lui plut assez, mais ça devenait de temps en temps difficilement contrôlable.

En allant à un match de football, dans un collège, il

commença ainsi à montrer des signes d'inquiétude quand notre avion atterrit. En jetant un coup d'œil par un hublot, comme il le fait toujours pour voir ce qui l'attend, il avait repéré un groupe d'environ soixante *cheerleaders*[1] du collège. La pensée de toutes ces filles essayant de l'embrasser le rendit nerveux :

— Mon Dieu! Je vais mourir étouffé si elles chargent! s'exclama-t-il en observant ces filles si court vêtues, et tellement américaines, qui l'attendaient sur le tarmac, en jouant de leur bâton.

Nous le récupérâmes en une seule pièce. Heureusement, elles ouvrirent leurs rangs devant lui comme la Mer Rouge avait ouvert ses eaux devant Moïse.

Treize jours sans reprendre haleine. Il revenait à son hôtel, titubait jusqu'à sa chambre :

— C'était formidable! Quand repartons-nous?

Jetant un coup d'œil sur l'horaire, je répondais :

— A 7 heures quinze, Monsieur.

S'il avait assez de temps, il s'asseyait dans un fauteuil et somnolait en attendant. Je devais alors repousser les visiteurs et le réveiller une demi-heure avant le départ. Comme au Palais. Il avait un emploi du temps quotidien très chargé. Marcher dans la chaleur torride, rencontrer des gens, voir tout ce qu'il pouvait. Il était bon pour une courte sieste chaque soir avant de reprendre.

La soirée la plus réussie de ce voyage fut, je crois, celle de l'opéra de San Francisco. Nous assistâmes à *Turandot* avec l'une de ses chanteuses favorites, Monserrat Caballé. Et il fit ce qu'il faisait rarement en Grande-Bretagne : il se rendit dans les coulisses pour rencontrer les acteurs. L'atmosphère fut fantastique. Le rideau était abaissé, et tout le monde était sur la scène, encore en costume et maquillage. Lui et Monserrat Caballé, une opulente dame espagnole, parlèrent

---

1. Les *Cheerleaders* sont chargées de diriger les supporters au cours d'un match de football américain, en lançant des cris de guerre, et des ovations. Leur tenue vestimentaire rappelle celle des majorettes.

avec enthousiasme d'opéra. Il l'avait rencontrée auparavant, quand elle avait chanté la *Traviata* à Covent Garden.

Ce fut un excellent séjour pour lui, mais parfois, je m'amusais plus que lui, je le crains. Quand il revenait le soir, je lui demandais :

— Vous comptez ressortir, Monsieur ?

Il se contentait de hocher tristement la tête.

— Eh bien, s'il n'y a plus rien à faire, Monsieur...

— Vous sortez ?

— Eh bien, s'il n'y a plus rien que je puisse faire pour vous.

— Non, allez-y.

Je donnais mes coordonnés à un policier et sortais en ville. Au petit déjeuner, le lendemain, invariablement il me demandait :

— Vous vous êtes bien amusé ?

— Oui, Monsieur.

Je lui donnais alors un bref compte rendu de ma soirée.

— Mmmh. Plus réussie que la mienne, faisait-il dépité. Je suis resté debout jusqu'à 2 heures du matin pour écrire le discours d'aujourd'hui.

Cela ne serait exact de dire qu'il enviait notre liberté, mais parfois, il y avait de légères traces de jalousie quand il nous voyait nous amuser beaucoup plus que lui.

Nous étions aussi ceux qui pouvaient le joindre quand nous le voulions, et qui pouvions sortit seuls, alors qu'il restait enfermé dans la luxueuse tour d'ivoire qu'était un hôtel habité par lui.

Nous retournâmes aux Etats-Unis en 1981, l'année du Mariage et encore une fois, il rencontra Nancy Reagan. Il aime les femmes plus âgées que lui, intelligentes et vives, et Mme Reagan présente ces caractéristiques.

Il la rencontra au ballet à New York, et à la Maison-Blanche, et ce fut là qu'elle lui dit qu'elle viendrait seule au mariage.

— Je suis content qu'elle ait fait cet effort, fit-il par la suite, ne montrant aucun signe d'indignation à propos de son refus de faire une révérence devant la Reine, un détail qui fut si volontiers colporté.

Washington fut une ville particulièrement difficile pour lui : les mesures de sécurité étaient terribles et des « gorilles » sortaient de toutes les armoires pour assurer sa protection. Il se sentit surtout entravé.

Ce fut aussi désagréable qu'en 1978, en Amérique du Sud, où le Prince fut virtuellement prisonnier dans l'hôtel Copacabana, à Rio. A l'extérieur, se trouvait une magnifique plage, et sous ses fenêtres, une superbe piscine. La suite du Prince dominait tout cela. Et il pouvait nous voir, nous et tous les reporters qui couvraient son voyage, au bord de la piscine, s'offrant de vraies vacances, tandis que lui, la raison de toute cette agitation, était pris au piège au dixième étage, comme un rat.

Nous manquâmes même le Carnaval de Rio. Malgré notre retard, l'école de samba qui avait gagné le prix de danse, cette année-là, fit une démonstration de son art devant le Prince, un soir, à l'hôtel du Gouverneur qui nous avait invités. Le Prince opta pour la décontraction et se joignit à la danse. Les photos qui ont été prises durant cette soirée ont dû être publiées dans le monde entier.

Nous arpentâmes le Brésil en long et en large pour finir par un comptoir sur l'Amazone. Ce n'était pas plus pour nous qu'une étape vers le Venezuela. A notre immense stupéfaction, le directeur de l'hôtel monta chez nous pour demander :

— Savez-vous que Lord Snowdon se trouve ici ?

Nous ne le savions pas.

— Pourquoi ne peuvent-ils pas communiquer, là-bas, à Londres ? s'irrita le Prince. Pourquoi ne m'a-t-on pas dit qu'il serait ici ?

Lord Snowdon photographiait l'Amazone, mais il trouva le temps de prendre un verre avant que nous ne repartions pour Caracas, une ville bruyante, très active, mais où chacun semblait conduire avec une arme sur ses genoux.

Nous étions logés à l'ambassade, beaucoup plus confortable qu'un hôtel, et surtout entourée d'un jardin, où le Prince pouvait se promener. Il se plaignait sans cesse des difficultés de faire de l'exercice pendant ces voyages à travers le monde. C'est son grand sujet d'amertume.

Au Venezuela, nous nous égarâmes. Imaginez le Prince de Galles assis sur le bord d'une route poussiéreuse dans la banlieue de Caracas, pendant que son chauffeur partait à la recherche d'un bistrot ou d'un naturel qui connût le chemin. Un cauchemar pour les responsables de la sécurité !

Lorsque nous nous retrouvions sur une aire de parking, parce que nous étions en avance sur l'horaire, le Prince s'enrageait contre celui qui, en préparant les déplacements et leur minutage, avait tablé sur une circulation normale, oubliant que les autorités locales dégageraient les routes sur le passage du Prince de Galles.

Une fois, en plein milieu de la Nouvelle-Guinée, nous fûmes tellement en avance, qu'en chemin, le Prince et moi nous promenâmes jusqu'au village le plus proche. Nous fûmes tous les deux enchantés par le spectacle d'une imposante dame noire, enroulée dans un châle, et parée d'un superbe et pesant collier, confectionné avec des capsules de Coca-Cola.

Il nous fut possible de faire une courte pause de quelques jours au Venezuela. Un Andover déposa quatre d'entre nous, le Prince, le Squadron Leader Checketts, John Maclean et moi, sur une piste d'atterrissage poussiéreuse, en plein dans les montagnes, dans un endroit appelé Lac Caribou. Ce site naturel avait donné à Jules Verne l'idée du *Monde Perdu*. Nous comprîmes son point de vue...

Il y avait là trois ou quatre huttes, qui abritaient les quelques Vénézuéliens qui devaient nous escorter vers le bas de la rivière en canoë, avec nos bagages. La-bas, se trouvait le campement. En plein milieu de nulle part, il se composait d'une resserre, deux huttes et un abri pour le barbecue.

A notre intention, le Gouvernement vénézuélien convoya une nourriture de qualité, et nous fûmes abandonnés à nous-mêmes pendant quatre jours. Formant un contraste complet avec Caracas, le confort y était sommaire, mais pour nous, le silence constituait le phénomène le plus extraordinaire et le plus appréciable de cet endroit. Nous étions si hauts dans les montagnes que le seul bruit nous venait de la rivière, malheureusement trop agitée et trop rapide pour qu'on pût s'y baigner. Le soleil conjugué avec la chaleur créait une très forte réverbération et nous traînâmes aux alentours, lézardant, mangeant et dormant. L'endroit était tellement à l'écart de tout, que dans la fraîcheur de la nuit, l'éloignement créait une angoisse quasi claustrophobique. Mais nous survécûmes grâce à une nourriture délicieuse, et des barbecues presque semblables à ceux dont raffolait le Prince dans les Highlands d'Ecosse.

— Supposez que quelqu'un arrive à ce détour de rivière, et nous voit tous, assis là, à manger, dit le Prince, un jour. Il en serait plutôt ahuri.

— Il le serait encore plus en apprenant qui vous êtes, Monsieur, répliquai-je.

Le Prince dormit seul dans une hutte, sur une couchette. Les policiers trouvèrent un abri mais pas de couches dans la cabane voisine, tandis que le Squadron Leader Checketts et moi partageâmes l'autre hutte et deux couchettes.

Etrange expérience...

Ce fut également une courte parenthèse de liberté totale. Comme lorsqu'il rejoignit la Reine au cours de sa visite officielle à Paris, à l'époque où Lord Soames était notre ambassadeur là-bas. Le Prince était alors dans la Navy, et son bateau en rade de Marseille. Il prit l'avion pour rejoindre la Reine à l'ambassade de Grande-Bretagne, prenant pour principe que plus on est de fous couronnés, plus on s'amuse. Je pris l'avion d'Angleterre pour le retrouver à Paris, tandis qu'un des policiers convoya son Aston-Martin par le ferry.

A la fin de la visite, je retournai au Royaume-Uni à bord du *Britannia,* avec la Reine. Le yacht royal descendit majestueusement la Seine jusqu'au Havre. De son côté, le Prince repartit en voiture vers le Sud : il roula de nuit, la capote ouverte, et la stéréo jouant ses morceaux de musique classique favoris.

Il aime beaucoup la route de nuit, et partage alors la conduite avec son policier. Pour les longs trajets, il aime commencer tôt, et continuer sans s'arrêter, même si cela veut dire qu'il arrivera à 2 ou 3 heures du matin. Après quoi, il s'effondre...

La vie était toute en contrastes. Nous passions de voyages princiers sur le yacht à ces séjours d'une lacédémonienne simplicité sur le bord des rivières vénézuéliennes, en passant par la salle de bains partagée avec Cary Grant, au Palais du Prince Rainier, à Monte-Carlo. Ma mère fut enchantée quand je lui racontai ce détail...

En Côte-d'Ivoire, en 1977, depuis l'aéroport, les rues étaient bordées de femmes noires énormes, délirantes d'enthousiasme, agitant des drapeaux. Chacune d'entre elles était habillée des pieds à la tête d'un tissu avec le visage du Prince imprimé dessus. Deux séries de sourires l'accueillirent : les leurs et les siens.

— Je me suis un peu trop vu aujourd'hui, fit-il observer. La Côte-d'Ivoire ne fut pas toujours visitée sous le signe de l'allégresse, toutefois. Nous étions invités par le Président, qui, contrastant avec l'environnement général, avait la plus splendide demeure qui nous fut offerte pendant nos voyages. Des tentures en soie, des chandeliers, une excellente table. Aucun luxe ne nous était épargné.

On nous montra aussi un grand lac sombre habité par les crocodiles du Président, et nous assistâmes à leur dîner de poulets vivants. Une terrible pesanteur planait sur les lieux.

— Je me demande à quoi sert ce lac, à part ça..., fit le Prince, par la suite.

Avant cette visite en Côte-d'Ivoire, nous étions passés au Ghana. Au moment de l'atterrissage, le Prince s'habillait au fond de l'avion, lequel amorçait alors sa descente. Brusquement, il y eut un terrible rugissement d'accélération, l'avion se cabra de façon inquiétante, puis, pleins gaz, remonta en chandelle dans le ciel.

— Mais que diable... fit le Prince en retrouvant son équilibre.

Après une minute un peu difficile, le steward apparut :

— Nous sommes désolés, Votre Altesse, mais la garde d'honneur ghanéenne a choisi cet instant pour traverser la piste. En bas, dans un désordre complet, les soldats s'étaient éparpillés sur toute la zone d'atterrissage...

En 1980, la Rhodésie devint le Zimbabwe, et le Prince s'y rendit pour la cérémonie d'indépendance. Ce fut un voyage un peu agité, à cause de la guérilla. La menace d'une opération militaire aggravait considérablement le climat. Pourtant, tout se passa bien.

Le Prince a donné leur indépendance à de nombreux pays, autrefois en rouge sur les cartes. Symboliquement, les cérémonies se déroulaient toujours à minuit, pour marquer simultanément le commencement d'une nouvelle journée et d'une ère nouvelle pour le pays. L'action se situait soit dans un stade, soit sur une pelouse, en tout cas, dehors. Chaque pays envoyait un représentant, généralement le même. Tous ces habitués avaient un peu l'impression d'appartenir à un club. Nous avions pris l'habitude de voir les mêmes têtes connues, partout où nous allions. Le Prince, sur son trente-et-un, s'y rendait vers 23 heures quarante-cinq. Sur le terrain, ou ailleurs, illuminé par des projecteurs, il montait sur un podium, ou une estrade, et lisait le message de la Reine, pendant que tout le monde applaudissait et acclamait. Puis lentement, le drapeau britannique était amené, et s'élevait à la place celui du nouveau pays. C'était alors au tour du chef de ce pays de se lever et de prononcer son discours. Après l'exécution de l'hymne national, et quelques scènes d'hystérie populaire, tout était fini.

Nassau eut l'indépendance la plus réussie à mon avis. C'était en 1973, et le Prince était assez jeune. Trois immenses bals de l'indépendance avaient été organisés : deux la même nuit, et le dernier la nuit suivante. Nous les fîmes tous. Paul Officer et moi passâmes une splendide soirée. Comme d'habitude, le Prince dut danser avec la femme du Général, la femme du Premier Secrétaire, la femme de l'Ambassadeur, et la femme du Premier Ministre.

— Je n'arriverai jamais à atteindre la jolie fille dans le coin, à ce compte-là, grogna-t-il. Chaque fois que je regarde autour de moi pour reprendre le souffle, on me harponne à nouveau parce que l'hôtesse s'imagine que je m'ennuie !

Il avait rarement l'opportunité de s'approcher d'une femme et de demander :

— Puis-je avoir cette danse ?

Même en Grande-Bretagne, où il avait un peu plus de liberté, les soirées privées s'étaient espacées dès avant son mariage. Pourtant, il adore danser et se débrouille très bien.

Il nous entrava un peu aux bals de Nassau. Comme ce n'est pas un couche-tard, il partait toujours quand la fête battait son plein, et quand il s'en allait, nous nous en allions. Et vite... pour pouvoir revenir après ! Malgré tout, nous étions là pour nous occuper de lui, pas pour danser.

Le couronnement du Roi du Népal, en 1975, fut un des épisodes les plus curieux de mes voyages avec le Prince. Lui et Lord Mountbatten y représentèrent tous les deux le Royaume-Uni, et je devais m'occuper des deux en même temps. Cela faisait le double de bagages à vérifier, et à empaqueter, ce qui n'était pas une petite affaire, car Lord Mountbatten qui adorait s'habiller, avait pris tous les ordres, décorations, médailles et machins brillants qu'il avait pu trouver chez lui. C'est de Lord Mountbatten, que le Prince apprit cette maxime :

« Si vous l'avez, mettez-le. »

Notons que le Prince ne fut jamais aussi attaché à l'observance de ce principe que le fut son grand-oncle.

Juste avant le Népal, nous avions fait escale à Delhi, où nous étions restés deux jours. Lord Mountbatten avait pris un plaisir immense à montrer au Prince le Palais Présidentiel, où, jadis, il avait habité quand il était Vice-Roi des Indes, et il avait agi ce jour-là comme s'il l'était encore. En effet, il avait quasiment repris possession des lieux : sa présence avait immédiatement dominé le Palais. Le pauvre Président de la Confédération Indienne, un homme très timide, était chassé de pièce en pièce, essayant de nous échapper alors que Lord Mountbatten avait organisé sa propre visite guidée. La plupart des serviteurs présents étaient déjà employés au Palais du temps de Lord Mountbatten, et ils le regardaient comme s'il était un dieu. Le Prince s'était énormément amusé de cette comédie.

Au Népal, le Roi et sa famille dirigeaint le pays et avaient tout le pouvoir : le frère du Roi possédait le seul hôtel décent, une sorte de motel, que nous partageâmes avec les autres figures familières des cérémonies officielles de par le monde.

Mme Marcos, des Philippines, qui se montrait à toutes les occasions, arriva avec soixante invités, dont Mme Ford et sa famille (des automobiles *Ford*). Le Prince héritier du Japon — un autre habitué — était là, comme le Roi de Suède et le Gouverneur Général d'Australie, tous pour profiter du bar à l'œil.

L'hôtel n'avait aucune majesté. Les chambres étaient exiguës et meublées du strict nécessaire. Cela ressemblait à n'importe quel motel des Etats-Unis. Un après-midi, je découvris tous ces gens riches et célèbres, entassés dans le tout petit salon du Prince, buvant du thé arrosé de lait, pressés comme des harengs, sur des lits-divans, mais se comportant comme s'ils avaient été à Windsor. Et le Prince, en tant qu'hôte, contrôlait la situation avec sa dignité naturelle.

Mme Marcos donnait toujours un peu de souci au Prince. Elle arrivait avec des cadeaux onéreux, totalement dénués d'utilité pour lui et qui le plongeaient dans le terrible embarras de devoir lui offrir quelque chose en contrepartie. Je me souviens de lui, considérant un énorme livre magnifiquement relié mais d'un auteur irrévocablement obscur, et se lamentant :

— Mais, que vais-je pouvoir lui donner cette fois !

Nous avions toujours un petit stock de cadeaux pour nos hôtesses, comme la femme d'un ambassadeur, notamment l'omniprésente boîte, des photos encadrées, des boutons de manchette, des bibelots d'argent. Rien d'extravagant.

Ces cadeaux étaient préparés à Londres, comme n'importe quel détail concernant le voyage. Mais Mme Marcos demeurait un cas difficile à résoudre : nous n'avions plus d'idées pour elle. Et en plus, elle continuait à presser le Prince de venir aux Philippines.

— Nous irons là-bas, un jour, murmurait-il évasif.

La principale complication de ce couronnement au Népal était l'absence d'horaire précis pour la cérémonie. Nous dûmes nous lever très tôt pour nous rendre au temple, au milieu de Katmandou, dans lequel le couronnement devait avoir lieu. Là, tout le monde dut attendre que le soleil se levât, et que l'Astrologue décidât de l'instant propice. Les auspices devaient être favorables à cet important événement.

De mon côté, j'avais eu suffisamment de peine à habiller à l'aube, le Prince Charles et Lord Mountbatten. Le Prince n'était pas un bien grand problème, mais son grand-oncle avait tant de bidules à accrocher à son uniforme qu'il nous fallait une demi-heure d'efforts intenses, avant d'obtenir l'effet requis. Heureusement, le Prince n'avait encore qu'une ou deux décorations. Lord Mountbatten en avait des douzaines et toutes les intentions de porter le lot entier.

Vers 7 heures du matin, le Prince et Lord Mountbatten se rendirent dans ce temple pour assister à ce couronnement, et attendirent, assis sur des bancs de bois dur. Soudain, peu après 9 heures, l'Astrologue leva les mains et annonça :

— C'est maintenant.

Le Roi, qui était assis depuis le début sur un trône très simple avec le reste des invités, se redressa et, d'un geste sec et précis on lui posa sur la tête la couronne, sorte de turban avec un plumet ressemblant à une plume de faisan. Cela en un clin d'œil. Et à part une promenade à dos d'éléphant vers les arènes locales, où le nouveau Roi donna une réception, ce fut tout...

— Aucun sens du faste ! marmonna Lord Mountbatten.

Sur le chemin du retour, nous fîmes une halte à Téhéran, et nous restâmes au Palais du Shah. En fait, ce n'était pas *le* Palais du souverain, mais un palais d'hôtes, dont l'opulence reléguait presque Windsor au rang de pavillon de banlieue. En l'absence du Shah, l'Impératrice et le Prince Héritier nous reçurent. Une Mercedes prit le Prince et Lord Mountbatten à l'aéroport, et après avoir traversé les quartiers misérables de Téhéran, les déposa dans ce luxe incroyable qui caractérisait la Cour Iranienne. Le Chambellan du Shah, en jaquette, attendait notre arrivée dans un immense vestibule. Tout le bâtiment était truffé de gardes patibulaires et silencieux, vêtus de costumes de grandes marques.

A Téhéran, le travail ne manqua point pour le Prince qui devait rencontrer l'ambassadeur, et comme à l'accoutumée, battre le rappel des affaires commerciales pour la Grande-Bretagne.

Nous autres profitâmes avec un léger sentiment de culpabilité de la vie luxueuse du Trône du Paon. Nous avions chaque matin du caviar au petit déjeuner, mais la conversation à table était des plus limitées : la Cour du Shah parle principalement le français. Les repas étaient donc pris par tables anglophones et tables de non-anglophones.

Je revins chez moi avec une boîte de caviar de la taille d'un biscuit, un cadeau de départ, et le partageai avec un ami, cuisinier au Grill du Savoy et sa femme.

Les autres années, la famille Royale essaye de faire une apparition en Australie. Ce n'est pas une corvée pour le Prince Charles, qui adore vraiment l'Australie et les Australiens. Peut-être parce qu'ils ne sont pas surexcités lorsque la Reine ou un prince viennent les voir. Ils ne s'agglutinent pas dans les rues pour les acclamer comme dans les pays africains, où le Prince Charles est désigné comme étant « Lui, le fils du Numéro Un ». Si un Australien se trouve au coin d'une rue, quand le Prince ou la Reine y passent, c'est tant mieux pour lui, mais les Australiens n'iront pas se battre pour les voir passer.

Le Prince aurait aimé vivre en Australie pendant un moment. Il adore l'espace et trouve les gens ouverts et généreux. Il aime leur extériorisation, comme pour les Américains. Là-bas, la réserve britannique disparaît. Les Australiens appellent un chat un chat. Ils l'aiment bien et le respectent mais ça s'arrête là. Pour cette raison, il apprécie ce mélange de respect et de naturel.

J'eus l'impression, lors de notre voyage en Australie en 1974, que toutes ces histoires selon lesquelles les Australiens ne voulaient pas du Prince comme Gouverneur Général étaient sans fondements. A l'époque, personne ne savait trop bien ce que le Prince allait faire dans la vie. Et il me semblait également que les Australiens en avaient assez des Gouverneurs Généraux comme Sir John Kerr, et qu'ils auraient préféré quelqu'un naturellement attaché à la monarchie, mais qui aurait pu être considéré comme apolitique.

Un autre grand plaisir de l'Australie pour le Prince Charles, est constitué par les parties de polo qu'il peut disputer là-bas. Ce gros sac plein de maillets nous suivait partout dans le monde. Il y a également de bons amis avec qui il peut se détendre. Juste avant le mariage, nous passâmes une partie du printemps à parcourir l'Australie, et le Prince se reposa chez ses amis, les Sinclair Hills. Il consacra deux week-ends à jouer au polo, et comme d'habitude, à manger des grillades au feu de bois.

Un barbecue très élaboré fut organisé à six kilomètres à cheval de la demeure des Hills. Je fus investi de la mission de confectionner les Pimms. Sinclair Hills décida que le cheval serait le moyen de transport. Tout le monde partit donc à cheval. Et moi avec. Je n'étais pas monté sur le dos d'un de ces animaux depuis environ dix ans, et le Prince passa la moitié du temps à m'attendre.

— Vous avez mal? demanda-t-il avec sympathie, vers la fin de la journée.

— Oui, Votre Altesse, j'ai mal, répondis-je avec ressentiment.

Il téléphona à Lady Diana assez souvent pendant ce voyage, et réciproquement. On raconta qu'il y aurait eu quelqu'un à l'écoute de leurs conversations : rien de vrai.

Ses appels furent composés à partir de la Résidence du Gouverneur et furent très brefs. Si quelqu'un avait écouté, il n'aurait pas intercepté de bien grandes confidences.

Son premier grand voyage en Australie eut lieu en 1974, et je fus de la partie.

Comme toutes les tournées qui ont suivi, c'était un voyage bons offices. Il prit une permission de la Royal Navy pour l'entreprendre. Ce fut sa première expérience d'ambassadeur itinérant : il tomba amoureux du pays immédiatement.

Il y eut une soirée très amusante pendant ce voyage. Nous étions à Brisbane et nous avions des invitations pour un concert de variété. Le Prince est habitué aux dépassements d'horaire, et il ne s'attend jamais à pouvoir s'échapper à l'heure, mais dans ce domaine, notre soirée à Brisbane fut un couronnement. Winnifred Atwell, la pianiste de beuglant, avait fait depuis longtemps sa carrière en Australie, mais le Prince se souvenait d'elle de son enfance, quand elle était star en Grande-Bretagne.

Winnie était la tête d'affiche ce soir-là. Le concert s'allongea, et s'allongea. Pendant ce temps, elle campait au bar en compagnie de boissons étranges. C'était 23 heures quinze quand elle fit son apparition, juste au moment où nous aurions dû quitter le théâtre.

Elle commença à jouer, tout en observant la loge où était assis le Prince, et chaque fois qu'il applaudissait, elle recommençait à jouer. Et jouer. Et jouer...

Finalement, à minuit passé, le directeur du théâtre désespéré descendit le rideau noir. Winnie continua à jouer. Il fit tirer le rideau principal, et on pouvait encore l'entendre là derrière, toujours en train de taper sur son piano.

Le Prince devait encore remercier les participants, le directeur, les machinistes, et l'ouvreuse aux crèmes glacées. A minuit trois quarts, nous étions de retour à l'hôtel. Et si le directeur n'avait pas descendu le rideau, je suis sûr que Miss Atwell serait encore en train de jouer.

CHAPITRE XIII

LE PRINCE CHARLES
ÉTAIT LEUR CHÉRI

Le matin du 17 Juin 1977, le Prince Charles écoutait « Ce qu'en disent les journaux », sur Radio Quatre de la B.B.C., selon son habitude bien établie, quand il entendit que le *Daily Express* proclamait en manchette : « Charles épouse Astrid : Officiel. Fiançailles la semaine prochaine ! Les fils seront protestants, les filles catholiques ! » Il en fut abasourdi...

La prétendue « dame de son choix », la Princesse Marie-Astrid de Luxembourg était probablement une très plaisante jeune femme, mais il ne la connaissait pour ainsi dire pas.

Il me téléphona immédiatement et me demanda de lui faire parvenir un exemplaire du journal. Le *Times,* sa lecture habituelle en matière de journal quotidien, n'avait pas fait mention de cette histoire.

Il put ainsi apprendre que « bien que cette relation ait été tenue secrète par le Palais, même au point de nier qu'ils se soient rencontrés, un ami proche avait déclaré la nuit précédente : « ils se sont entendus dès leur première rencontre ». Il ne savait pas comment réagir : rire ou s'engager. Finalement, il opta pour la remarque suivante au premier témoin qu'il avait sous la main : moi.

— C'est absurde ! — puis sur le ton de la plaisanterie : Je suis désolé de vous avoir caché mes fiançailles, Stephen. Je vous le dirai, la prochaine fois.

— Je vous en serai obligé, Monsieur, fis-je. Juste pour que

je puisse me précipiter chez Ladbrokes[1], et remporter la tirelire !

Toute l'histoire avait pour origine la simple amitié entre les parents de Marie-Astrid et la Reine. La Princesse était venue en Grande-Bretagne pour étudier les langues, ce qui ajouta de l'eau au moulin à potins. Personne, chez nous, ne l'avait jamais rencontrée. Nous, nous n'étions même pas sûrs que le Prince ait eu ce privilège. Cette affaire dut être aussi embarrassante pour elle que pour lui. Heureusement, depuis lors, elle s'est mariée avec un Autrichien. Le Prince reçut une invitation au mariage, mais ne s'y rendit point. Il me semble me rappeler qu'il envoya une paire de draps comme cadeau de mariage.

Cette histoire de fiançailles avec la Princesse Astrid fut l'une de celles qui fleurirent en 1977, l'année du Jubilé. Nous, nous l'appelions « l'année des spéculations », parce que le public, comme la presse, étaient certains que le Prince en profiterait pour annoncer ses fiançailles. Le résultat le plus tangible fut que chaque fille qu'il saluait, se retrouvait étiquetée « Princesse de Galles en puissance ». C'était épuisant pour elles comme pour lui.

Pendant toutes les années soixante-dix, les journaux recherchaient sans trêve toute fille de son milieu qui fût blanche, anglicane, et âgée de moins de trente ans. Il fut obligé de faire la déclaration publique suivante :

« — Je suis tombé amoureux de toute sorte de filles, et j'ai bien l'intention de continuer. Dans ce domaine, je ne suis sûr que d'une chose : de ne m'être pas marié avec la première fille qui m'ait tourné la tête. »

Il eut beaucoup d'amies, mais pas autant que ne lui en prêtèrent les journaux. Beaucoup de celles que la presse lui attribua n'étaient guère plus que des filles d'amis de la famille, des histoires montées en épingle, ou d'authentiques divagations d'esprit.

C'est un homme très attirant, et il a pas mal de bagou. Quand il entendit que les soldats de son régiment, les Welsh

1. Ladbrokes est un grand bureau de paris.

Guards, stationné en Allemagne Fédérale, avaient des problèmes pour s'adresser aux filles de la région, il décida de les aider et rédigea, sous la forme d'une brochure, un guide pour flirter en allemand, et l'envoya au régiment. Etant donné la qualité de son allemand, c'était là une prouesse louable !

Une autre des rumeurs du Jubilé était son mariage imminent avec la Princesse Caroline de Monaco. Comme dans le cas de la Princesse Astrid, il fut allègrement oublié que la première fille de la Princesse Grace et du prince Rainier est catholique, et d'après nos critères britanniques, d'une noblesse sujette à caution.

Il ne rencontra Caroline qu'une seule fois, quand nous nous rendîmes à Monte-Carlo pour un immense bal de charité organisé par le Prince Rainier. Il fut placé à côté d'elle au dîner du Sporting Club, ce qui enflamma les imaginations. Il n'avait pas la plus infime attirance pour elle. Le Prince n'est pas vieux jeu, mais surtout très conscient. Il ne serait pas question pour lui de jeter le discrédit sur sa famille...

Or, la Princesse Caroline était connue pour avoir un passé, et il n'aurait certainement pas pu accepter d'être un numéro sur une liste. La Princesse Grace était en face de lui, à ce dîner, et il la trouva beaucoup plus intéressante que sa fille qui n'était même pas son type physique : il aime les blondes ; Caroline est brune. Il aime aussi le bon teint et la peau anglaise. Pour dire la vérité, la peau de Caroline ne résistait pas à un examen rapproché.

Si cela avait été le commencement d'une affaire d'importance, ils n'auraient pas non plus eu beaucoup de temps pour la développer. Nous prîmes l'avion pour Nice, et le Prince de Monaco nous envoya des voitures pour nous conduire jusqu'à la Principauté.

Pour le dîner, j'aidai le Prince à mettre sa cravate noire et celle de l'ordre. Après le repas, il y eut un merveilleux feu d'artifice et un bal. Nous passâmes la nuit au Palais de Monaco. Ce fut à cette occasion que je partageai ma salle de bains avec Cary Grant. Le lendemain, nous repartions en

Andover. Ce fut là le début, le milieu et la fin de cette prétendue idylle avec la Princesse Caroline.

Les gens ne semblaient jamais réaliser l'extrême prudence du Prince avec ses amies. Il se sentait parfaitement heureux comme célibataire. Le soir, son travail achevé, il était libre de faire exactement ce qu'il voulait, aucune femme ne venant interférer avec ses activités sportives. Il eut l'initiative avec toutes ses favorites. C'est lui qui téléphonait, normalement assez tard dans la journée. C'était très rare qu'une femme l'appelât, et il préférait que cela se passât comme il l'entendait.

Ayant la direction de tout, il se sentait parfaitement libre de changer ses plans s'il avait des projets qu'il jugeait plus intéressants.

Il allait rarement les chercher. Elles arrivaient toujours par leurs propres moyens et repartaient généralement de la même manière. Je ne crois pas que cela lui ait jamais traversé l'esprit de se poser des questions sur leurs moyens de transport. Certaines recevaient un traitement préférentiel, ce qui voulait dire envoyer quelqu'un, le policier de service par exemple, les prendre chez elles. Elles ne semblaient du reste pas s'en offusquer. Je crois qu'elles devaient trouver amusant d'arriver seules au Palais ou à Windsor.

Mais gare aux écueils ! Au commencement d'une nouvelle amitié, une fille profitait de toutes les attentions des media. Pendant un moment, c'était très flatteur. Puis dans leur esprit, surgissaient toutes les conséquences de cette aventure. Etre constamment observées par la presse peut rapidement affoler des femmes solides. Elles commençaient à se dire :

— Cela peut vraiment gâcher toutes mes chances auprès de quelqu'un d'autre. Qui voudra d'une laissée-pour-compte du Prince Charles ?

Et peu à peu les relations s'effilochaient.

Les relations qui comptèrent le plus pour lui furent organisées avec la plus grande discrétion. Pendant ces douze ans à son service, s'il devait être dans son lit le matin quand j'entrais pour le réveiller, il y était. Seul. Et puis, ses amies n'en auraient jamais parlé. Il se cantonna à sa propre classe, des jeunes femmes riches de la bonne société. Une allusion, la plus infime, à la place qu'elles occupaient dans le cœur du Prince, et leur situation dans la société aurait été remise en question. Les maîtresses de maison auraient biffé leur nom de la liste des invités. Un mot de trop, et une fille pouvait disparaître complètement de la scène sociale.

Il n'y avait pas de possibilités pour des relations très étroites. Le Prince était rarement seul. Le Palais de Buckingham était tout à fait peu propice au secret, quelqu'il fût. Avec ses appartements en enfilade le long d'un couloir, il aurait été impossible à une fille de s'introduire sans qu'un laquais ou un policier, ou moi ne se rendissent compte de sa présence. Ses amis, dans leurs maisons de campagne, où il passait beaucoup de week-ends, auraient certainement pu fermer les yeux. Mais ces amis ont aussi des serviteurs, et le Prince était rarement invité seul. A l'évidence, il avait une vie privée, mais elle fut organisée avec une discrétion exemplaire. Ce n'était pas non plus cette vie endiablée décrite à profusion par les media. Je pensais parfois que les limites si réduites de son intimité expliquaient en partie ses activités sportives particulièrement débordantes.

Il quitta pratiquement toutes ses amies en bons termes. Mais attention, il ne m'a jamais dit :

— Faites un saut chez Wartski's et achetez à une telle un bracelet comme cadeau d'adieu.

De toute façon, il n'achetait jamais de cadeaux aux filles.

Il envoyait de temps en temps des fleurs.

Non, les idylles s'achevaient d'elles-mêmes : il était si souvent en mission ailleurs, qu'il était facile s'il le voulait de mettre fin à une relation. Et les filles, aussi, en avaient assez d'attendre qu'il appelât.

Ce n'était pas toujours facile pour lui, non plus. Nos nombreux voyages se conciliaient mal avec les flirts. Il pouvait être au milieu d'une affaire avec quelqu'un et se retrouver obligé de partir au bout du monde, comme aux Fidjis, pour un mois, pour un voyage préparé longtemps avant qu'il ne rencontrât la fille. Et quatre semaines, c'est long, à certains stades d'une relation. Ce fut pour cette raison, qu'il n'entreprit rien de sérieux avant Lady Diana. Ses amies étaient seulement cela : des amies...

Il y a eu celles qui l'ont quitté d'elles-mêmes, et je suis certain que Georgina Russell était parmi celles-ci. Georgina est la fille de Sir John Russell, qui était notre représentant à Rio et à Madrid. De ces deux villes, Georgina était la coqueluche : pleine de vie, jolie, la jupe mini. Sa mère grecque, qui avait été en son temps Miss Grèce, puis Miss Europe, lui avait donné cette ample silhouette que le Prince appréciait tant chez les filles. Elle vint au polo et se montra avec lui dans d'assez nombreuses occasions. Puis il l'invita à Craigowan pour une partie de pêche.

John Maclean et moi avions coutume de dire que celles qui survivaient à l'Ecosse, Craigowan et la pêche, avaient une chance d'être « couronnables ».

Georgina était une fille des villes et l'atmosphère de Craigowan l'épouvanta immédiatement. Elle grelottait de froid, et dut manger les restes, car le Prince était dans une de ses périodes d'avarice. Je crois qu'elle avait imaginé cette semaine sous un jour plus brillant, une sorte d'intermède romantique dans les Highlands. Rien du tout : il passait sa journée les pieds dans l'eau, tandis qu'elle s'ennuyait à cent sous l'heure.

— Elle ne durera pas, dis-je alors.

Et j'avais raison, elle dura pas : elle rentra chez elle.

Lady Russell dut être furieuse : nous avions tous senti qu'elle avait entièrement orchestré cette aventure. Mais Georgina elle-même comprit que ce type de vie n'était pas le sien.

Il y eut une assez amusante séquelle de l'affaire Russell. Nous nous trouvions dans un avion. Je parcourais *Harper's* et *Queen* quand je tombai sur une photo de Georgina à son mariage avec Hugo Boothby.

— Devinez qui s'est mariée ? demandai-je au Prince.

— Qui ?

— Georgina Russell.

— Je sais. J'ai reçu une invitation.

Sans dire un mot de plus, je lui tendis la photo :

— Dieu du Ciel ! s'exclama-t-il indigné. Ses cheveux sont noirs. Elle n'est pas du tout blonde !

La plupart de ses ex-amies se marièrent, et il fut bien souvent invité au mariage. Il s'y rendit rarement, observant en cela un sage principe :

— Si j'acceptais chaque invitation à un mariage, j'achèterais des cadeaux toute la journée, et je ne quitterais jamais ma jaquette.

Une autre fille qui ne tint pas toute la course fut Anna Wallace. Le personnel du Prince fut très déçu par la fin. C'était une fille si gentille. Nous l'aimions beaucoup.

Anna est la fille d'un riche propriétaire terrien, Hamish Wallace, et elle rencontra le Prince Charles chez les Belvoir, qui passent pour avoir la plus grande chasse de Grande-Bretagne.

Ce fut là leur premier lien : elle était aussi folle de chasse que lui. Elle commença à venir le voir jouer au polo régulièrement. C'était une présence merveilleuse, une personnalité brillante. Elle faisait vraiment tourner toutes les têtes. Nous pouvions tous voir qu'il était très attiré par elle, et il semblait être plus attentionné envers elle qu'avec les précédentes.

Elle avait un passé, bien sûr. Deux anciens amis furent exhumés par les journaux. Dès l'instant où une fille apparaissait dans sa vie, le Département des Eaux Troubles furetait dans tous les coins et recoins. Cela mettait le Prince en colère, mais dans le fond ces révélations lui rendaient service : la future Reine d'Angleterre devait être considérée comme vertueuse et cela devait être admis par tout le monde.

Je rencontrai Anna pour la première fois quand elle vint au Palais pour assister à la répétition finale du *Trooping the Colour*.

En tant que Colonel des Welsh Guards, le Prince devait rendre le salut au cours de la cérémonie militaire.

Anna Wallace figurait en bonne position dans la course, et quand je la rencontrai, sa modestie me frappa tout de suite. Elle n'était pas du tout attachée à sa propre publicité comme certaines l'ont été. Elle l'observa durant la répétition depuis les fenêtres de Burkingham, en ma compagnie. Je lui servis le café en lui expliquant le déroulement de la manœuvre qui avait lieu sur le quadrangle. A 10 heures quarante-cinq, la troupe prit le chemin du Horse Guard's Parade par le Mall. Le Prince m'avait dit, avant de descendre dans la cour :

— Vous vous chargez de Miss Wallace en mon absence.

Je lui proposai donc :

— Voulez-vous faire le tour du Palais ?

— Oh, s'il vous plaît !

Je l'emmenai partout : j'avais mon passe, et j'étais donc capable de lui montrer les appartements d'apparât. Elle était fascinée, avide de savoir à quoi servait exactement telle ou telle pièce. Elle avait déjà vu les appartements privés du Prince, et bien entendu, je n'étais pas en mesure de lui montrer les quartiers de la Reine. Personne ne va se fourvoyer dans le couloir, sauf sur ordre royal.

Je me suis demandé à l'époque si elle se voyait traversant ces mêmes couloirs dans un rôle différent. Il n'y avait certainement personne d'autre dans la vie du Prince à ce moment-là, et elle semblait idéale. C'était une fille charmante, et il était visiblement de cet avis.

Elle n'attendit pas son retour de la parade, ce jour-là. Elle se glissa tranquillement hors du Palais par une porte dérobée. Il y avait trop de gens sur le Mall pour qu'elle pût sortir par la Porte Principale.

Et puis les choses se gâtèrent. Elle et le Prince eurent une querelle très publique au cours d'une soirée dansante à Windsor, pour les 80 ans de la Reine Mère. Plus exactement, elle se querella avec lui. Le Prince ne se querelle avec personne. Je crois qu'elle interpréta faussement la situation. Elle avait été invitée à ce bal d'anniversaire en tant que cavalière du Prince, mais semblait avoir oublié que quatre cents autres personnes avaient également été conviées avec elle. Le Prince avait l'obligation de circuler parmi eux. Elle devint brusquement possessive et le voulut pour elle tout le temps. Il la laissa à la table et partit parler à des gens qu'il connaissait. Quand il revint, elle était furieuse. Il essaya de raccommoder les choses, mais Anna Wallace était une personne très sûre d'elle et de sa légitimité. Elle en avait assez du secret, et des révélations de la presse sur sa vie privée. Elle le quitta.

Il ne m'a jamais parlé de la fin, mais il en fut déprimé pendant un certain temps, car elle avait beaucoup compté pour lui. Je le sais parce qu'il était si joyeux et content quand elle était dans sa vie. Le futur semblait tout tracé. Elle était même allée déjeuner chez la Reine, à Windsor, un événement qui n'arrivait jamais avant qu'une relation ne se précisât.

La Reine était très circonspecte, et avec juste raison. Elle ne voulait pas être utilisée comme attraction supplémentaire.

Anna Wallace se maria rapidement après cette rupture. Ce n'était pas très surprenant que quelqu'un, en l'occurrence John Hesketh, le jeune frère de Lord Hesketh, lui mît le grappin dessus très vite. Le jour du mariage, le Prince était aux Indes. Et très peu après, Lady Diana fit son apparition.

L'autre fille qui aurait fait une bien jolie Princesse de Galles, et qu'il aima beaucoup, fut Davina Sheffield. Elle était délicieuse, et si mignonne, avec un sourire ravissant. Grande, blonde, elle était en effet assez semblable à la Princesse Diana, mais en plus adulte.

Davina fut son amie en 1974, et le charme se prolongeait toujours en 1976, quand je la rencontrai pour la première fois à Windsor, à l'occasion d'un déjeuner avec la Reine. A Balmoral, cet été 1976, elle survécut à la partie de pêche. Elle passa en quelque sorte son brevet d'aptitude à la campagne. Il était plus ouvert avec elle qu'il ne le fut plus tard avec Anna Wallace. Il l'emmena au polo en carrosse, et des photos absolument merveilleuses furent prises d'eux. Ils continuaient nettement ce qu'il est convenu d'appeler un couple d'amoureux. Je pense qu'il l'aurait épousée si son passé n'avait pas été soudainement révélé.

Elle avait vécu avec un jeune homme nommé James

Beard, un dessinateur de bateaux sorti d'Harrow[1], dans un cottage que son ex-amant décrivit comme couvert de roses. Beard narra l'histoire de leur amour à grand renfort de détails. Et ce fut un bien sale coup qu'il fit à Davina Sheffield. Ce fut du moins ce que nous pensâmes au Palais. Quand cette histoire fut publiée, ses chances d'épouser le Prince Charles étaient ruinées.

Ils avaient dû évoquer le mariage, parce qu'en plein milieu de leurs relations, elle partit précipitamment à Saïgon pour s'occuper d'orphelins vietnamiens. Au Palais, nous interprétâmes ce voyage soudain comme le « temps de réflexion ». La Princesse Diana pratiqua cette même tactique en partant pour l'Australie juste avant l'annonce de leurs fiancailles.

Lui et Davina sortirent ensemble à nouveau à son retour du Vietnam, après des semaines d'absence. Puis, peu après, l'histoire de Beard fut publiée mais aucune annonce de fiançailles ne le fut, par contre.

Ils ne cessèrent point immédiatement de se voir. Cela continua quelques mois après que James Beard eut vendu son roman d'amour. A mon avis, le Prince trouvait dur à avaler de se séparer de Davina. Mais il le fallait. Il ne pouvait pas épouser quelqu'un qui risquerait de créer un scandale. C'est pourquoi il a attendu si longtemps et pourquoi sa femme est tellement plus jeune que lui.

La difficulté résidait bien évidemment dans ce que les filles plus âgées et attirantes avaient bien sûr un passé. Il aimait Davina Sheffield, bien qu'il fût très fort pour cacher ses sentiments réels. Il maîtrisait constamment l'image qu'il donnait de lui.

Il était également attaché à elle au point d'essayer de lui éviter une humiliation beaucoup plus tard. Il se trouva par hasard qu'elle était en Australie quand il fit une tournée là-bas. Toutes sortes de ragots furent alors publiés sur leur prétendue rencontre secrète. Pour lui, la coupe se remplit vite, car il rendit publique une déclaration dans laquelle il

1. Harrow, et dans ce cas, Old-Harrow, est un des plus importants collèges du Royaume-Uni, fondé en 1571, dans le Comté de Middlesex.

affirmait que ces fables étaient absolument sans fondement. Il souhaitait en outre que Miss Sheffield fût laissée tranquille. Cela ne fit que rajouter de l'huile sur le feu.

Une autre fille dont il fut épris mais d'une manière différente, ce fut Laura Jo Watkins, une Américaine.

Laura Jo fut sa première amie « adulte ». La première aussi hors du contexte familial. Il la rencontra en effet tout seul à San Diego, en Californie, quand son navire mouilla là-bas. Ce fut sa première rencontre avec l'Amérique et les Américains. Il fut émerveillé parce qu'elle était différente.

C'était la fille d'un amiral, donc j'imagine qu'ils se rencontrèrent à l'un de ces cocktails que les navires ne manquent pas d'organiser quand ils sont dans un port. La Navy aime les filles séduisantes, et Laura Jo était certainement douée dans ce domaine. Elle fut, en fait, la première des grandes blondes.

C'était en 1974, et ils avaient tous les deux un peu plus de vingt ans. Laura Jo comprit vite qu'elle n'avait aucun espoir de mariage, et elle n'avait même aucune ambition dans cette direction. Je m'entendis à merveille avec elle parce que je savais qu'elle ne pourrait pas décrocher la timbale. Je pouvais la faire marcher, et éclater de rire avec elle quand elle l'appelait « Prince », avec son fort accent américain, pour le taquiner.

Rien ne la choquait, mais en revanche, je crois qu'elle choqua légèrement le Prince parce qu'elle n'était certainement pas le genre « petite fleur bleue d'Angleterre ». Elle était très femme américaine, ouverte et amusante. Par exemple, elle disait : « Oh, merde ! ». Doucement, certes, mais le genre de filles anglaises que fréquentait le Prince ne disait jamais un mot pareil.

Bien sûr, je ne la rencontrai que lorsqu'elle vint à Londres. Elle arriva au début de l'été 1974, et logea chez l'ambassadeur des Etats-Unis. La femme de l'ambassadeur, Mme Lee Annenberg, organisa une très belle soirée en son honneur et celui du Prince, et il sembla accepté qu'elle fût la favorite du Prince pendant son séjour à Londres. Par le truchement de son cabinet, il organisa sa visite de Londres dans le plus grand confort possible. Mme Annenberg la chaperonna à travers toute la ville.

Laura Jo suscita l'intérêt du Prince pour le simple amusement de cette aventure. Il ne pouvait y avoir de futur dans cette affaire. Elle le faisait rire. Elle l'appelait « Monsieur » mais d'une façon très américaine, presque comme si elle se moquait. Quand elle venait au Palais, je prenais soin, toujours par souci de discrétion, de la faire passer par les sous-sols. Ces endroits ressemblent tout à fait aux installations de service d'un grand hôtel. Les revêtements de sols sont en linoléum, les téléphones sont tout ce qu'il y a de plus ordinaire. La deuxième fois que je la fis se glisser par cette usine, elle me confia dans l'ascenseur :

— J'en ai ras le bol de cette porte de service.

Elle ne faisait que résumer ce que la plupart des amies du Prince ressentaient sans oser le dire à haute voix.

Britannique, ses chances auraient été grandes. Mais, Américaine, elle ne rencontra jamais aucun membre de la famille. Elle vint au polo quand la Reine se trouvait là, par hasard, mais à part le « bonjour » en même temps que vingt autres personnes, elle pouvait difficilement prétendre avoir été présentée.

Ils échangèrent une correspondance pendant un certain temps. Je pouvais toujours reconnaître une lettre d'elle. D'abord, elle utilisait de l'encre sépia. Son écriture était aussi très reconnaissable ; large et pleine d'audace, elle ne pouvait m'échapper.

Il s'arrangea même pour la revoir aux Etats-Unis. Il accepta une invitation pour un bal de charité à Miami pour le Variety Club. Il devait rester chez Titch et Shortie Green, un couple de très riches Américains : le père de Shortie avait inventé le distributeur automatique. On demanda à Laura Jo d'être sa partenaire, et elle arriva en avion. C'était certainement la plus jolie fille de la fête.

Le Prince était encore dans la Navy et son bateau ancré à Fort Lauderdale. Son Secrétaire Privé, David Checketts, sa secrétaire, Rosemary Taylor et moi, nous vînmes de Londres pour le retrouver. Nous étions intallés dans les bungalows des invités au milieu des jardins. Laura Jo et le Prince étaient dans la maison principale.

Il avait ordre d'appareiller après le bal, et retourna à son navire. Laura Jo resta plus longtemps, et nous passâmes de bons moments à nous baigner dans la piscine des Green, et à nous dorer au soleil sur la plage. Elle me dit un jour, avec une certaine mélancolie dans la voix :

— C'est vraiment un type extra.

Mais elle avait trop les pieds sur terre pour imaginer un heureux dénouement.

Rencontrée pendant sa carrière navale, elle fut l'âme de tout ce qu'il fit à l'époque, alors qu'il avait beaucoup de travail dans la Navy. Ce milieu des années soixante-dix constitua l'apogée de sa vie de prince célibataire.

Toutes ses nouvelles amies n'eurent pas le même succès que celles-ci. Elles étaient alors traitées comme des segments particuliers de sa vie, ni plus, ni moins. Jamais elles ne le dominèrent. Les seuls éléments qui dominent son existence, ce sont le travail et les sports. Les filles viennent en troisième position. Le Prince Andrew, n'ayant pas le même futur, peut montrer beaucoup plus d'intérêt pour les filles que son frère aîné. Le Prince Charles est fondamentalement timide, et extrêmement prudent.

Son attitude devant les femmes diffère totalement de celle du Duc de Windsor. Quand il était amoureux de Mme Simpson, comme elle de lui, il faisait attendre ceux qui voulaient le voir, pendant des journées entières. Les gens du Palais se souviennent encore de cela et disent que la monarchie fut sauvée par cette abdication. Le Prince Charles accepte sa tâche. Il sait que les ministres ne doivent pas faire antichambre parce qu'il est amoureux, ou qu'il est rentré tard.

Il avait des possibilités énormes de rencontrer beaucoup de femmes, et beaucoup d'entre elles étaient « possibles », comme certaines filles d'amis de la Reine. Le bruit courut ainsi qu'il allait épouser Angela Neville, la fille de Lord Neville. Cette rumeur sans fondement se développa uniquement parce qu'elle était jeune, attirante, et, à un dîner, constituait l'invitée idéale, pour boucher les trous. Et plus encore, Angela était appréciée par la famille.

Il n'invitait jamais une fille avant d'être sûr qu'elle fût libre, sans petit ami dans la manche, et qu'elle fût vraiment amusante comme compagne de sortie. Cela pouvait prendre deux ou trois rencontres à de grandes soirées, avant qu'il ne suggérât de se retrouver seuls. Quand cette proposition était faite, il s'agissait généralement d'un paisible souper. Quand la fille se présentait au Palais, le policier à la porte avait reçu de moi l'ordre de la laisser entrer. Je l'introduisais dans le salon du Prince. Un souper froid était ensuite servi par un laquais. Dans ces conditions, deux policiers, un laquais et moi avions eu connaissance de son arrivée. Ce n'était vraiment pas propice à l'intimité.

Si plus tard, la jeune fille était priée de venir à Balmoral ou à Sandringham, qui sont propriétés de la Reine, celle-ci faisait ouvrir une chambre d'invité. La Reine est une dame très à cheval sur les principes : les habitants de sa demeure étaient soigneusement dispersés. Les invités qui vivaient notoirement ensemble mais n'étaient pas mariés, étaient séparés. Ils pouvaient déjà s'estimer heureux d'être invités ! Cette règle domestique était très stricte. Ainsi, la Princesse Margaret ne fut jamais autorisée à amener son jeune ami, Roddy Llewellyn, bien que la Reine Mère lui permît souvent de rester à Royal Lodge.

Le Prince faisait sa cour chez ses amis. Quand il était invité pour une partie de chasse ou de pêche, la petite amie officielle était généralement invitée aussi, et ils se retrouvaient alors en compagnie d'un grand nombre d'autres gens. La vie amoureuse du Prince était en butte à toutes sortes de difficultés.

Par exemple, il est intéressant de savoir qu'il n'avait pas de téléphone privé. Tous les appels qu'il recevait, passaient par un standard. Au Palais, il y a un numéro d'intérêt général et un autre qui raccorde au standard particulier de la famille. Quand une lumière s'allume sur ce tableau, il est immédiatement répondu à cet appel. Aucune communication à lui adressée ne pouvait être, de ce fait, privée.

Il y a deux ans seulement, quand on modernisa l'installation téléphonique du Palais, il fut doté d'un téléphone personnel avec un cadran d'appel branché sur le réseau extérieur.

Il y avait, bien sûr, de temps en temps, une petite amie qui n'aurait pas été considérée comme présentable par la famille Royale. Parmi ces dernières, la mignonne Sabrina Guinness dura l'espace de l'été 1974. Toutes ses affaires semblaient commencer au polo, et si je me souviens bien, ce fut bien là qu'ils se rencontrèrent. Je fus surpris qu'il appréciât cette fille, parce qu'elle était si menue ; il les préférait normalement beaucoup plus fortes. Elle l'intéressa cependant : son style de vie Chelsea[1] était si différent du sien, même si elle était riche et socialement acceptée. Elle avait été la nounou de l'enfant de Ryan O'Neal, à Hollywood, et avait eu beaucoup de petits amis. Le Prince a vu et fait plus que beaucoup de gens rêveraient de faire, mais tout sous un angle différent du commun des mortels. En voyant Sabrina Guinness, il se livrait à une expérience nouvelle. Mais cela n'avait rien de sérieux. Homme de la campagne, il désirait partager cette inclination. Je me demande si elle aurait survécu à la partie de pêche à Craigowan. Nous ne saurons jamais : il ne le lui proposa pas. Je l'aimais bien. Je la vois de temps en temps à Londres. Je suis du reste toujours resté en bons termes avec ses ex-amies, et quand je les croisais dans la rue, elles ne manquaient jamais de dire :

— Transmettez toute mon affection au Prince.

— Mais, je n'y manquerai pas.

Le lendemain, je lui disais :

— Devinez qui j'ai vu hier, Monsieur ?

— Qui ?

Et quand je le lui disais, il voulait toujours savoir où et avec qui.

Une autre fille improbable, bien que brillante et agréable, était l'actrice Susan George. Sa ressemblance avec Laura Jo

---

1. Chelsea : quartier de Londres. Allusion à une différence analogue à celle qui existe entre le XVIᵉ et la Rive Gauche, à Paris.

plut peut-être au Prince. Elle n'eut pas plus d'espoir que son amie américaine.

Elle le rencontra à la première d'un film en 1978. Sa famille vivait dans le Berkshire, près de Windsor. Elle prit l'habitude de venir voir le Prince au château. Mais elle n'y resta jamais, parce que sa maison n'était qu'au bas de la route. Elle venait dîner et repartait ensuite. Souvent, son père la conduisait. Elle était toute petite et jolie, pas voyante, comme beaucoup d'actrices, et très plaisante.

Je me souviens qu'un soir, elle fit même un saut au Palais pour prendre un verre, sur le coup de 6 heures du soir. Buckingham était plutôt son bureau, mais comme elle était de passage à Londres, il l'avait invitée à prendre un pot. Il attendait des journalistes du *Shooting Times*. La sonnerie annonça leur arrivée : ils étaient dans l'ascenseur. Il fallait qu'elle partît, et comme son visage était connu, le Prince me demanda de la reconduire tranquillement par l'escalier, pour éviter la rencontre avec les journalistes. Cela ressemblait à une farce : une porte s'ouvrait, une autre se refermait. Avant de s'enfuir par une porte latérale du Palais, elle me lança avec une nuance de dépit dans la voix :

— Une vraie comédie de boulevard.

Elle ne rencontra personne de la famille, ni ne vint à Sandringham ou à Balmoral. Il ne sortit pas avec elle bien souvent non plus. Elle était là à l'anniversaire de ses trente ans, avec quatre cents autres personnes. Ce n'était pas une soirée très intime. Elle l'accompagna aussi à *Une soirée avec Madame Edna,* une pièce de théâtre, puis à dîner après le spectacle chez des gens. Mais la plupart du temps, quand ils allaient au théâtre, il ne le lui demandait pas personnellement. Ses amis, mettant sur pieds la soirée, lui posaient la question suivante :

— Veux-tu que nous invitions Susan George, si elle est libre ?

— Excellente idée.

Et voilà comment cela s'arrangeait. Le Prince n'entreprenait pas grand-chose. Les autres le faisaient pour lui.

« Le Prince et la Danseuse », c'était sans avenir, mais elle fut incroyablement discrète à propos de leur amitié.

Il y eut une malheureuse qui ne fut pas aussi discrète et qui perdit son travail et la maison où elle habitait à cause de cela.

Elle s'occupait des chevaux dans une équipe de polo. C'était une blonde divorcée, très attirante, du nom de Jane Ward. Le Prince l'avait repérée, et, comme il devait se sentir seul un samedi soir, il lui demanda de dîner avec lui à Windsor dans ses appartements. Quelque chose ne tourna pas rond. A son arrivée je la guidai vers l'ascenseur et la laissai avec lui. Le dîner fut servi mais apparemment très vite. Peu après, elle et sa voiture étaient reparties. Il ne souffla pas un mot de sa soirée quand je passai m'assurer qu'il n'avait plus besoin de rien, avant de me retirer.

Le lendemain, l'idiote ne se tint plus devant les reporters. Présentée comme son nouvel amour, elle eut droit à sa photo partout dans les journaux. Bien que très contrarié, il comprit qu'elle n'était probablement pas consciente des conséquences de son bavardage inconsidéré, ni des risques d'emballement de la machine à ragots. Mais il fut assez furieux pour la faire renvoyer du terrain de polo, quand il la vit la fois suivante. Il lui fallait mettre un terme aux bruits déplaisants qui couraient, et cela une bonne fois pour toutes.

Une fille s'arrangea pour rester presque anonyme et le Prince la vit bien plus qu'on ne le crût : son nom était Janet Jenkins ; une Galloise vivant au Canada. Il la rencontra en 1975, au cours d'exercices navals, au cours desquels il pilotait des hélicoptères. Une blonde brûlante, cette Janet Jenkins, et elle dut avoir une certaine importance dans sa vie parce qu'elle se vit confier le numéro de téléphone royal.

J'eus la révélation de son existence quand l'opératrice de Buckingham me demanda si je connaissais une demoiselle Jenkins. Il n'en était rien, mais je demandai à lui parler. Je pus deviner rien qu'au ton de sa voix qu'elle devait avoir rencontré le Prince.

— Pouvez-vous lui faire savoir que je suis à Londres, demanda-t-elle, et elle me laissa son numéro de téléphone.

Quand le Prince rentra, je transmis le message.

184

— Merci.

Rien de plus.

Mais le jour suivant, elle débarqua à Windsor pour déjeuner.

La Reine n'était pas là et il jouait au polo dans l'après-midi.

— Pouvez-vous emmener Mlle Jenkins sur le terrain avec la Range Rover, me demanda-t-il tranquillement, avant de partir. Juste pour éviter d'éveiller la curiosité. Merci !

Je m'assis avec elle sur la partie la plus à l'écart du terrain de jeu. Très agréable, c'était l'amie type : grande, blonde et un peu timide. J'avais l'impression qu'elle n'était pas trop sûre du terrain sur lequel elle s'aventurait, et ce fut moi, qui, finalement, la raccompagna à Londres. Les rendez-vous avec le Prince étaient intimidants au premier abord pour ces jeunes filles : tous ces policiers, la protection et le fait qu'il y avait en permanence quelqu'un pour les épier, tout cela était très désorientant. Il était facile de lire dans leurs pensées.

Cette nuit-là, je mis Janet Jenkins dans le train pour le Pays de Galles, où elle allait voir des parents. Le Prince, qui était encore dans la Navy, retourna à la mer.

Elle réapparut à nouveau en 1976 et se joignit à nous à Craigowan. Comme d'habitude, elle dut se débrouiller pour y arriver par ses propres moyens. C'était en Mai, et il pleuvait tout le temps, mais cela ne découragea pas le Prince de pêcher. Elle resta juste un week-end. Il commandait le H.M.S. *Bronnington,* stationné à Rosyth : il retourna à son navire, et elle à Londres. Nous la vîmes encore une fois, au Canada, pendant l'année du Jubilé. Le Prince s'était rendu à Calgary pour la Fête du Bétail. Elle apparut à nouveau là-bas, mais cela ne valait guère le voyage depuis Toronto. Elle vit à peine le Prince qui était très occupé par les manifestations officielles, et elle ne put même pas rester à notre hôtel, qui était complet. Ils prirent un pot ensemble, et il me demanda de prendre soin d'elle.

Ne voyant rien d'autre à faire, je l'emmenai faire des courses. Elle lui acheta un pull-over, qu'elle lui apporta elle-même en lui disant adieu, et je crois bien que c'était là pure vérité.

Il est étrange de repenser aux rumeurs qui coururent à propos de ses relations avec Lady Sarah Spencer, la sœur aînée de la Princesse. Personnellement, je n'ai jamais pensé qu'il y eut un fond de vérité là-dedans. Ils avaient à peu près le même âge, et elle le connaissait depuis l'enfance : c'était en quelque sorte la fille des voisins, à Sandringham. En fait, elle s'est toujours mieux entendue avec le Prince Edward. Ils s'aimaient bien, tous les deux, sans que cela portât à conséquences : Edward était beaucoup trop jeune à l'époque. Lady Sarah était au fond aimée de tout le monde, mais elle disparut de la scène pendant longtemps à cause de son anorexie.

Elle vint à Balmoral à l'été de 1977, mais comme invitée de la maison, et non à la demande spécifique du Prince. L'année suivante, il partit au ski avec elle. Il fut rapporté avec une pluie de détails, qu'ils partageaient le confort intime d'un chalet. C'était rigoureusement exact, mais dans le même chalet, se trouvaient le Duc et la Duchesse et Gloucester, et John Maclean. Moi, j'étais à Londres : je ne partais jamais aux sports d'hiver avec lui.

Finalement Sarah elle-même publia une déclaration annonçant qu'elle n'était pas amoureuse du Prince afin de couper court aux spéculations. C'est curieux de penser que sa sœur qui est maintenant Princesse de Galles, avait 16 ans seulement, à l'époque.

Pendant plusieurs années, avant qu'il ne se mariât, le bruit courait que le Prince de Galles se laissait fortement influencer dans son choix de petites amies par deux femmes mariées : Lady Tryon, une Australienne exubérante, qui était connue dans le milieu du Prince sous le surnom de « Kanga », et Mme Camilla Parker Bowles, la femme d'un officier de cavalerie, qui, comme le mari de « Kanga », était un ami très proche du Prince.

Dans le cas de « Kanga », le bruit allait jusqu'à dire qu'il y avait plus qu'une simple amitié entre eux. C'était là une ignoble insinuation : le Prince n'est tout simplement pas le type d'homme à courtiser une femme mariée, et encore moins la femme d'un ami.

La vérité était beaucoup moins spectaculaire : seules trois femmes, jusqu'à l'arrivée de la Princesse Diana, ont exercé une influence sur le Prince. Il s'agit de sa mère, la Reine ; sa grand-mère, la Reine Mère ; et sa Nounou, Mabel Anderson. En outsider, il y avait une quatrième : Lady Susan Hussey, Dame de Compagnie de la Reine.

Lady Susan a dans les quarante ans ; elle est mariée à Marmaduke Hussey, ancien Vice-Président du *Times*. C'était à Lady Susan que le Prince parlait de ses petites amies et de ses problèmes. Elle était tout le temps au Palais. Son mari travaillait tard à son journal, elle n'était pas terriblement pressée de rentrer chez elle. Pour la même raison, elle faisait toujours les comptes ronds en cas de crise à un dîner, ou une soirée, et jouait les chaperons si nécessaire. Ce ne fut pas une surprise de la voir choisie pour être la marraine du nouveau bébé royal, le Prince William.

Lord et Lady Tryon étaient des amis intimes jusqu'au mariage. La Princesse ne paraît pas à présent ravie de les voir, peut-être à cause de ces rumeurs désobligeantes. Sans que rien ne fût dit, elle prêta peut-être plus d'attention qu'il n'en fallait à ces potins rapportant une prétendue relation privilégiée entre le Prince et Lady Tryon.

Je vis « Kanga » à un mariage au printemps 1981 :

— Stephen, je n'arrive pas à comprendre pourquoi nous ne sommes jamais invités. Il n'y avait rien de vrai dans ces histoires !

C'est un peu triste pour elle parce qu'ils étaient si liés, et elle fit des merveilles chaque fois qu'il alla en Australie. Je la crois blessée de se retrouver ainsi à l'écart. Elle vint à Buckingham pour assister au départ de la Reine pour le *Trooping the Colour* en 1981, et j'en avertis Lady Diana :

— Lady Tryon est là.

— Ah, vraiment ? fit-elle impassible. Comme c'est gentil. Mais elle ne fit pas un geste pour aller la voir. Elle est encore assez jeune pour être légèrement anxieuse de voir quelqu'un la supplanter.

Malheureusement, je crois qu'à l'époque, Lady Tryon fut aussi quelque peu flattée par les insinuations de la presse, et ne fit rien pour les dissiper. Pourtant, le Prince et « Kanga » ne se retrouvèrent jamais quelque part sans Lord Tryon. Ils étaient toujours du premier voyage de pêche de l'année en Irlande, avec d'autres amis, et nous vîmes souvent « Kanga » quand nous étions en Australie en 1977.

Elle était surtout contente de pouvoir représenter l'Australie aux yeux du Prince. Elle faisait sa visite annuelle chez ses parents à Melbourne, durant notre visite, et elle mit la haute main sur tout le temps libre dont le Prince disposait encore.

Il ne lui en restait pas beaucoup... Elle ne put organiser que deux grandes occasions : une soirée à l'opéra et une réception qui dut coûter une fortune. Lord et Lady Tryon sont prudents et un financier australien endossa la facture.

La deuxième dame « influente », Mme Camilla Parker Bowles, est une amie de chasse. Elle et son mari, le Colonel Andrew Parker Bowles, qui fut, en son temps, pronostiqué comme mari possible de la Princesse Anne, vivent près de Badmington, et lui commande la caserne de Knightsbridge. Ils ont la trentaine, et continuent à voir le couple royal, à la différence des Tryon. Le Prince est le parrain de l'un de leurs enfants, Tom, et quand Lady Diana vint à Highgrove, et qu'il n'y avait pas de chambre pour elle, Mme Camilla Parker Bowles l'hébergea, et encouragea l'affaire.

Comme la plupart des amis du Prince, ils ne se font pas trop remarquer, et sont des adeptes de l'équitation, et aussi des membres assidus de ce que j'appellerais « le groupe des week-ends ».

Une autre personne qui tint un rôle important dans la vie du Prince Charles fut Lucia Santa Cruz, qu'il rencontra quand il était à Cambridge, avant mon arrivée. Ils furent présentés l'un à l'autre par le regretté Lord Butler, qui était alors Maître de Trinity College.

Elle tombait à pic : le Prince avait besoin d'une petite amie pendant ses années à l'Université et Lucia Santa Cruz était un petit peu plus âgée que lui, jolie, intelligente et bonne compagne. Elle travaillait sur un projet de recherche, qui lui meublait indépendamment l'esprit. Il n'aurait pas pu trouver d'amie plus parfaite pendant cette période.

Lucia était catholique, ce qui aurait été un obstacle à toute relation plus sérieuse. Cela n'avait guère d'importance : le Prince, à 20 ans, était beaucoup trop jeune pour songer à se marier.

Ils sont restés amis, et bien qu'elle vive au Chili, je l'ai vue de temps en temps au cours des années. Quand elle vint à Balmoral, par deux fois, elle apportait une touche exotique dans ces austères landes écossaises, avec sa peau foncée et ses immenses yeux sombres.

Mariée à un diplomate chilien, dont on dit qu'il sera un jour Président de son pays, c'est une dame apparemment promise à de hautes destinées.

Lady Jane Wellesley était une autre amie influente du Prince. La fille du Duc de Wellington est adorable : petite, brune, amicale, et pétillante, elle sait être aussi taquine, et ne craint pas d'être taquinée en retour.

On prétend qu'un ami proche du Prince aurait déclaré que Lady Jane fut la première fille dont il fût tombé amoureux. Je ne crois pas que cela soit vrai. C'était une amie de la famille. Elle était de toutes les réunions organisées par la famille Royale, mais comme invitée de la Reine, et non comme petite amie du Prince.

Son père a une demeure splendide dans le Sud de l'Espagne, offerte au premier Duc de Wellington par les Espagnols en remerciement de sa victoire sur Napoléon.

Nous y fûmes invités deux fois pour tirer la perdrix. Ce fut le parfait rendez-vous anglais transposé dans le paysage poussiéreux, brûlant et jaune de l'Espagne. Les tireurs sortaient le matin, et au déjeuner, la Duchesse de Wellington et la charmante Lady Jane venaient nous rejoindre. Lady Jane était toujours très attentionnée et inquiète que nous eûssions assez à boire et à manger. Elle parlait un très bon espagnol, et apprenait toujours au Prince des petites phrases à dire. S'il voulait remercier les gens du domaine, il répétait le mot avec elle et sortait, rayonnant de fierté, prêt à penser qu'il parlait couramment l'espagnol.

Les visites du Prince en Espagne étant semi-officielles, les Espagnols s'occupaient de la sécurité. Pendant que nous chassions, la *Guardia Civil,* avec ce drôle de chapeau sur la tête, nous suivait pas à pas. Nous étions habillés en tweed, usant de tous les stratagèmes pour nous fondre dans le paysage, tandis que ces policiers nous suivaient juste derrière... plus, évidemment, un régiment de journalistes venant de tous les coins d'Europe, tous convaincus que le mariage était imminent entre le Prince et Lady Jane.

Lady Jane n'aurait jamais pu décrocher le poste de Princesse de Galles. Elle détestait le harcèlement ininterrompu de la presse, et par moments, celle-ci arrivait à la décourager et à l'épuiser. Elle vivait à Fulham, avec en permanence une demi-douzaine de reporters campant sur son palier. C'était un inconfort qui avait le don de la mettre en fureur. Elle devint revêche et triste, alors que c'était normalement une fille de bonne composition. Mais, bien sûr, étant la fille d'un Duc, elle avait l'habitude d'être traitée avec le plus grand respect. Cette publicité autour d'elle la dérangeait profondément.

La presse était un véritable fléau, mais en même temps, un excellent entraînement pour les petites amies du Prince. Cette attention permanente leur montrait ce qui les attendait et comment s'en tirer. A ce jeu, Lady Diana marqua énormément de points. Jamais elle ne fit un faux pas.

Lady Jane resta une favorite pendant des années. Elle ne quitta jamais tout à fait la vie du prince. S'il avait besoin d'une fille pour sortir, c'était elle qui était invitée. C'était en d'autres termes, une copine. Elle n'est pas mariée, et c'est probablement la seule de ses amies qui soit sérieusement lancée dans une carrière. Les années passant, elle fut responsable de nombreuses tâches très importantes dans le monde de la télévision. C'est une fille indépendante, et je doute que le rôle de Princesse de Galles lui aurait convenu.

Beaucoup d'entre elles, il est vrai, n'auraient pu le supporter...

Lord Mountbatten, qui aimait se voir comme un faiseur de rois, avait une très forte influence sur le Prince Charles, et il aurait été emballé de voir son petit-neveu épouser sa petite-fille, Amanda Knatchbull.

Tout le monde était un peu paniqué à cette idée. Miss Knatchbull elle-même est une fille très gentille et assez mignonne, mais ce n'est vraiment pas le type du Prince. Puis, si Lord Mountbatten avait réussi dans son entreprise, nous aurions hérité de la famille Brabourne tout entière.

Encouragés par Lord Mountbatten, qui avait l'opiniâtreté d'un grand marin, ils se voyaient très souvent, d'habitude pendant les vacances, chez les parents d'Amanda, aux Bahamas.

Cette simple proximité aurait pu à elle seule provoquer les choses, ajoutée au fait que le Prince avait un immense respect pour son grand-oncle. Mais ce n'était pas écrit...

Sans la mort de Lord Mountbatten, je me demande réellement si le cours de l'histoire royale n'aurait pas été modifié et si la Princesse de Galles aurait vraiment été Lady Diana Spencer.

CHAPITRE XIV

MATCH D'AMOUR

Je vis pour la première fois Lady Diana Spencer sur le yacht royal *Britannia,* à Cowes en Août 1980. Elle vint avec un groupe de jeunes gens de la famille royale et leurs amis, sous la direction de Lady Sara Armstrong-Jones, la fille de la Princesse Margaret et de Lord Snowdon, l'enfant la mieux élevée et la plus généreuse qu'il m'a été donné de rencontrer.

La présence de Lady Diana m'intrigua immédiatement. Elle se démarquait profondément des autres jeunes gens de cette bande, combinant à la fois la maturité naturelle et une ingénuité charmante. Au premier abord, elle ne ressemblait surtout en rien aux autres dames qui avaient précédemment soulevé l'intérêt du Prince.

D'une taille imposante, du style, à la fois timide et assurée, elle était selon toutes apparences très spéciale. Mais elle était aussi magnifiquement agréable à voir, et le Prince a toujours aimé les jolies filles. Il les aime grandes, et la plupart des femmes qu'il a rencontrées sont de la même taille que lui. Et le Prince préfère les blondes...

Lady Diana se qualifiait sur tous les plans.

Mais au-delà de l'aspect positif de son physique, c'était une jeune femme sympathique et ouverte. L'équipage du *Britannia* tout entier tomba amoureux d'elle. Les serviteurs royaux ne juraient que par elle. Les stewards couraient dans tous les sens en clamant :

— Mince, elle est vraiment ravissante, Lady Di, n'est-ce pas ?

En effet, nous pensions tous qu'elle était ravissante, et surtout, qu'elle était « à part », quelqu'un qui « pouvait avoir le job », selon l'expression du personnel en parlant de la Princesse de Galles à trouver. Elle était absolument taillée sur mesure pour ce travail.

Diana, durant ce premier voyage, fut émerveillée par le yacht. Elle explora le navire de fond en comble, et se plut à rencontrer tout l'équipage dans ses fonctions.

Elle avait été, bien sûr, mêlée de loin à la vie du Prince Charles depuis de nombreuses années. En fait, c'était « la fille d'à côté ». Etant enfant, sa maison de famille avait été Park House, quasiment mitoyenne avec le domaine royal de Sandringham dans le Norfolk. Son père, le Comte de Spencer avait été Ecuyer Royal de la Reine pendant l'année du Couronnement, et sa grand-mère, Lady Fermoy, est toujours Dame de Compagnie de la Reine Mère, sans parler des rapports amicaux qui s'étaient créés entre sa sœur, Lady Sarah, et le Prince Charles.

Cependant, le Prince ne sembla pas trop la remarquer au début, bien que ses yeux à elle le suivaient partout. En septembre 1980, elle vint à Balmoral pour une des parties de campagne royales. Elle aurait pu passer pour une invitée comme une autre, mais, l'ayant vue sur le *Britannia* un mois auparavant, nous eûmes tous, parmi le personnel royal, la puce à l'oreille. Nous étions plutôt sûrs qu'il y avait anguille sous roche. Déjà la presse commençait à fureter partout, et les projecteurs convergeaient sur elle.

C'est intéressant de faire remarquer que Lady Diana ne se préoccupa jamais de sa publicité, ce qui était déjà plus que ce qu'on pouvait en dire pour de nombreuses filles avec qui le Prince était sorti. Elle ne se précipitait pas pour voir ce que les journaux avaient dit à son propos, et même, quand elle commença à être poursuivie par des hordes de reporters elle prit toutes leurs remarques avec le plus grand calme. Je crois qu'elle considéra cette pression qui lui fut imposée comme un bon entraînement pour « le job ».

Le Prince, par contre, était plus préoccupé. Il me disait souvent :

— J'aimerais bien que cette sacrée presse la laisse un peu tranquille !

Mais il n'y avait rien d'apparent, la première fois qu'elle vint à Balmoral. Les hommes étaient dans la nature, à chasser toute la journée, et Diana rejoignait le Prince avec toutes les autres dames pour un déjeuner sur l'herbe, du genre habituellement préparé pour ces parties de chasse. Le Prince et Diana semblaient s'apprécier mutuellement mais il n'y avait aucune évidence d'une passion naissante. La conviction générale que ça pourrait être « Elle » persista.

Elle monta en Ecosse une deuxième fois en octobre 1980, mais cette fois, elle était en visite à Birkhall, chez la Reine Mère. Sa grand-mère, Lady Fermoy, était également là. Il avait été décidé que l'on chasserait le daim des Highlands. Le parti des invités était beaucoup plus réduit que celui de Cowes, car Birkhall n'est pas grand. Juste à côté de Balmoral, c'est la maison écossaise de la Reine Mère depuis que la Reine est montée sur le trône, et c'est un endroit que connaît bien le Prince pour y avoir passé ses vacances, lorsqu'il était enfant. Il adore y retourner à cause de ce qu'il appelle son « atmosphère confortable ».

Pendant qu'il était en train de traquer le daim dans la lande, Lady Diana restait à Birkhall et travaillait à ses broderies. Bien qu'ils s'entendîssent fort correctement, il n'y avait aucun signe indiquant que le Prince était tombé éperdument amoureux d'elle. Cela ne voulait pas dire grand-chose, de toute manière : il tombait amoureux régulièrement, comme tout autre jeune homme de son âge mais se gardait bien de le montrer.

Mais peu après, les relations entre eux se précisèrent. Fin octobre, après notre retour au Palais de Buckingham, le Prince me sonna un matin :

— Nous allons... — Il utilisait souvent le pluriel de majesté. — à Highgrove. Lady Diana viendra également. Je veux que vous la conduisiez là-bas. Elle vous téléphonera pour arranger un rendez-vous.

Il avait l'air passablement épuisé, ce qui était inhabituel chez lui. Lady Diana n'avait jamais vu Highgrove, sa nouvelle maison dans le Gloucestershire. Sans qu'elle fût allée jusqu'à partir en courant, je ne crois pas qu'elle fut réellement très impressionnée par l'ensemble, à notre arrivée. Elle ne fit aucun commentaire, mais son expression en disait long.

La maison était dans un état déplorable, à moitié décorée, à moitié meublée, et pas très confortable. Il n'y avait, en tout et pour tout, que trois chambres utilisables à l'époque : celle du Prince, la mienne et celle du policier de service.

Le Prince se plaisait beaucoup dans ce capharnaüm bien à lui, où il pouvait vivre à la dure de temps en temps, pour se changer de la vie du Palais. Buckingham est après tout la maison de la Reine, et les autres membres de la famille qui y habitent se considèrent généralement comme ses hôtes.

Highgrove pourrait donc avoir été décevant au premier abord pour Lady Diana, qui était habituée aux fastes de la demeure paternelle, Althorp, dans le Comté de Northampton. Je suis sûr que son appartement à Londres, sur Old Brompton Road était plus confortable encore. Bien entendu, la Princesse a maintenant transformé Highgrove en une magnifique maison, pour elle, pour le Prince et pour leur enfant, le Prince William. Quand nous retournâmes là-bas, après la partie écossaise de leur voyage de noces, la décoration était achevée. Comme le Prince n'avait pas vu la maison depuis le mariage, la Princesse, très excitée, le guida à l'intérieur, pour lui montrer chaque pièce :

— Cela te plaît ? demandait-elle pièce après pièce.

Cela se lisait sur son visage.

— Il aime ! fit-elle triomphante. Et c'est la maison de mes rêves, maintenant !

Je la conduisis dans le Gloucestershire trois fois au cours de l'automne, avant leurs fiançailles. Le Prince était généralement à la chasse, quand nous arrivions, et Lady Diana faisait le tour de la maison et des jardins en attendant son retour. Ils prenaient ensuite le thé, dînaient assez tôt, et très simplement : je leur préparais des œufs. Nous installions une table de jeu et un réchauffe-plat dans le salon et nous les laissions seuls. Vers 9 heures trente, le Prince ramenait Lady Diana à Londres dans son break de chasse, avec, comme toujours, un policier assis derrière.

Après les vacances d'Ecosse, il retourna à ses tâches officielles, et elle reprit le chemin de son école de jardinière d'enfants, à Pimlico. Comme pour les précédentes, faire la cour à Lady Diana fut très compliqué. Cependant, il leur était possible de passer quelques moments ensemble. J'allais souvent la chercher, l'arrachant par la ruse des griffes de l'omniprésente presse, qui montait jour et nuit la garde devant sa porte. Le Prince me prévenait qu'elle allait téléphoner pour me dire où la prendre.

— C'est Diana.

Elle n'utilisait jamais son titre. Elle me donnait l'adresse où elle serait, et de là, je la conduisais pour retrouver le Prince. Tous les stratagèmes étaient bons pour la faire venir sans que cela ne se sache.

Par exemple, elle prenait un taxi et se rendait chez sa grand-mère à Eaton Square où je passais la prendre. Ou bien, elle allait chez sa sœur, à Kensington Palace. D'habitude, une fois qu'elle montait dans le taxi, elle arrivait à semer ses poursuivants. Sur le chemin du retour, je la déposais derrière Colherne Court, le pâté de maisons où elle habitait, et elle rentrait chez elle sans que les guetteurs ne comprissent d'où elle arrivait.

Dans la voiture, elle se détendait sur le siège de devant, ses longues jambes dépliées, bavardant avec entrain, et moi, je me demandais vraiment si la future Reine d'Angleterre était assise à côté de moi. Elle discutait de toutes sortes de sujets : l'intérêt que lui portait la presse et qu'elle apprenait à supporter, des enfants, des vêtements. Elle regardait les vitrines au passage, lançant :

— Oh ça, c'est mignon !

Elle adore les couleurs vives et les jolis vêtements. Faire des courses est pour elle une évasion de sa condition de princesse. Je crois que, même maintenant, elle serait plus intéressée par les vitrines de Bond Street que par son existence future.

Par mon truchement, Lady Diana commença à s'enquérir des goûts du Prince. Elle me demanda un jour :

— Vous ne trouvez pas qu'il est un peu triste et formaliste, dans sa façon de s'habiller ? Peut-être devrions-nous essayer de changer ça.

L'ayant habillé depuis douze ans, je ne savais pas trop quoi dire.

— Devinez ce que j'ai acheté aujourd'hui ? me demanda-t-elle un après-midi.

Elle sortit une paire de mocassins à la mode de couleur marron. Je lui fis remarquer :

— Je ne garantis pas votre succès avec ces chaussures. Il fait faire les siennes sur mesures depuis toujours.

Elle fit simplement une grimace. Ce soir-là, je vis le Prince marcher un peu partout pour s'habituer à son cadeau. Il n'avait jamais porté de mocassins de toute sa vie. Maintenant, il en met tout le temps, et du prêt-à-porter, en plus !

Une autre fois, Lady Diana voulut savoir quelle était sa couleur préférée :

— Bleu, répondis-je.

La semaine suivante, elle arriva avec un sweater bleu. Elle lui achetait toujours un petit cadeau, des chemises ou des cravates surtout, et je dois admettre qu'elle contribua indiscutablement à embellir sa garde-robe.

Jamais elle n'essaya de me soutirer des renseignements au sujet du passé du Prince. Ni à propos des autres filles de sa vie. De toute façon, il m'aurait fallu rester muet comme une tombe. Elle aurait pu aisément lui dire ensuite :

— Oh, Monsieur, — Elle l'appelait toujours « Monsieur », en ma présence au moins. — devinez ce que Stephen m'a dit dans la voiture ?

Et il se serait fâché contre moi. La prudence et la discrétion nous assurèrent ainsi de bons rapports.

Elle aimait bien plaisanter et manger des bonbons. Elle montait toujours dans la voiture avec les mains pleines de chocolats, ou de caramels.

— Prenez-en un, Stephen, disait-elle. Allez !

— Vous allez grossir.

Mais indubitablement, elle brûlait toutes ces calories en luttant contre la formidable pression à laquelle elle était soumise ; pression, qui, avant leurs fiançailles, s'amplifia. Les « révélations » du *Sunday Mirror,* notamment, les mirent dans tous leurs états. Ce journal publia une première page à sensation, où il était écrit qu'elle avait rejoint le train royal, alors qu'il stationnait sur une voie de garage dans le Comté de Wilt, et avait passé la nuit là, avec le Prince. Les implications étaient évidentes.

Il n'y avait pas le moindre soupçon de vérité dans cette histoire. J'étais moi-même dans ce train avec lui, et deux policiers ne le lâchaient pas d'une semelle. C'est le truc que tout le monde oublie : où qu'il aille, le Prince est toujours flanqué de policiers, un ou deux, qui s'installent dans la chambre voisine de la sienne. Le train royal est composé de quatre wagons, et le Prince, comme n'importe quel membre de la famille Royale, l'utilise comme moyen de transport pratique pour se rendre à ses réunions dans le pays. Il peut ainsi partir le soir tard, à minuit passé parfois, s'il a un engagement le lendemain matin à Liverpool, par exemple. Le train se range sur une voie de garage vers les 2 heures du matin pour que chacun puisse dormir un peu. Des policiers entourent immédiatement le convoi, et des renforts viennent de la localité voisine à cet effet. Personne ne pourrait approcher les wagons sans être vu, et si la Princesse avait pu se glisser à bord sans que nul ne la repérât, tout ce que je puis dire, c'est qu'elle n'a rien à envier à Houdini[1] dans ce cas.

La publication de cette histoire mit tout le monde en émoi, et le refus catégorique de Robert Edwards, le directeur du *Sunday Mirror,* de retirer son article, causa une grande contrariété au Palais. A ce moment, les gens du Prince me demandèrent même si j'étais absolument certain qu'il n'y avait aucune vérité dans cette histoire. Cela leur semblait assez étrange que le directeur du journal s'en tînt à ce refus.

---

1. Houdini fut un célèbre prestidigitateur du siècle dernier.

— Nous devons publier un démenti absolu, me confia le Secrétaire du Prince. Vous étiez là. Quelque chose s'est-il passé ?

J'étais parfaitement certain que tout cela ne tenait pas debout, et ce fut ce que je lui répondis. Il n'y avait eu aucun signe de Lady Diana cette nuit-là. Comme j'avais vu le Prince juste avant qu'il ne se retirât, et que je l'avais réveillé tôt le lendemain matin, j'étais certainement le mieux placé pour savoir. Il n'y avait aucune femme dans ce train. Ni Lady Diana. Ni une autre. Le Prince lui-même était dans tous ses états :

— Mais d'où partent toutes ces fables ! me demanda-t-il désespéré. Il n'y a pas un mot de vrai dans tout cela et cela jette un si mauvais jour sur Lady Diana !

Il était également furieux parce que le train royal est propriété publique, et qu'il a pour règle absolue de ne jamais utiliser les biens publics à ses propres fins. Bien sûr, la famille Royale paye pour l'utilisation de ce train. Chaque fois qu'il est mis en service, *British Rail,* les Chemins de Fer britanniques, présente la facture pour le kilométrage. Et ce n'est pas bon marché, mais tout compte fait, les avantages l'emportent.

Lady Diana était également fâchée. Elle eut soudainement un avant-goût du type de désagrément auxquels elle pouvait s'attendre en devenant de plus en plus intimement liée au Prince. Elle comprit qu'il fallait apprendre à faire face à ce genre de mauvaise publicité, et fut obligée d'apprendre très vite à mépriser.

Le week-end de son trente-deuxième anniversaire, le 14 Novembre 1980, fut passé dans le Norfolk, à Wood Farm, la petite habitation sur le domaine de Sandringham. C'était une petite réunion de famille rassemblant la Reine, les Princes Philip et Charles... et Lady Diana fut invitée à les rejoindre. Le Prince Charles se décida-t-il pendant ce week-end ? Ce fut en tout cas le pressentiment de la presse, qui, le dimanche, arriva en force aux portes de Wood Farm. L'anniversaire du Prince avait eu lieu le samedi, et la journée fut passée à tirer le faisan sur le domaine. Ils avaient prévu un week-end de quatre jours, du vendredi au lundi soir, mais avec les troupeaux de reporters braillant à la porte, toute intimité s'envola aussitôt. Le Prince et Lady Diana ne pouvaient même pas se promener ensemble.

Le Duc d'Edimbourg, qui ne s'est jamais accoutumé à l'intérêt malsain qu'ont les media pour la Royauté, était furibond parce que sa chasse était à l'eau. Le Prince et Lady Diana étaient désappointés. Le week-end fut donc écourté : il fut décidé au déjeuner de dimanche que le retour à Londres de Lady Diana était la seule issue.

Nous préparâmes un plan très élaboré pour la faire disparaître de Wood Farm comme par enchantement.

Dans le vestibule, le Prince me prit à part :

— Où est la Range Rover ?

— Juste dehors, Monsieur.

— Il est impossible que Lady Diana reste plus longtemps, fit-il tristement. Vous voudrez bien emmener ma Range Rover sur le chemin, tourner à gauche vers les champs. Je conduirai Lady Diana avec la Land Rover de la ferme dans l'autre direction.

Très déprimée, elle monta faire ses valises, que nous mîmes dans la Land Rover. Elle devait monter ensuite dans une voiture de police banalisée, qui attendait dans les champs à trois kilomètres de là. Complètement écœurée, elle fit sa sortie par la cuisine, pendant que, pour faire diversion, je prenais à toute vitesse le chemin principal. Cela sembla marcher impeccablement. La presse était encore en train de se glacer les os dans le Norfolk, alors que Lady Diana était repérée, rentrant dans son appartement de Colherne Court. Les media avaient pourtant raison : il y avait définitivement une sérieuse idylle entre le Prince et elle. Ce fut un court éclair, aussi. Le public, les media portèrent à cette affaire un si grand intérêt qu'ils créèrent un effet d'entraînement. Le Duc d'Edimbourg exerçait aussi une certaine pression sur son fils en affirmant que si son fils ne se dépêchait pas, il ne trouverait aucune femme pouvant lui convenir. Maintenant, je pense que le Duc était inquiet de voir son fils s'attacher à une jeune fille de 19 ans.

Tout le monde au Palais, depuis les cuisines jusqu'aux chambres, répétait :

— Mais qu'attend-il ? Elle est jolie, elle est sans tache, et elle n'a pas eu d'amants, auparavant !

Lady Diana semblait sortir d'un conte de fées à ce compte là. Et elle était certainement amoureuse de son prince. Elle était toujours avec les siens. Elle adorait visiblement être avec lui, et en Janvier, le Prince écrivit une note de service adressé à son cabinet, pour qu'ils envoyassent une copie de son emploi du temps hebdomadaire à Lady Diana, juste pour son information personnelle. Ce n'était jamais arrivé.

Ils eurent une cour très vieux jeu, un peu le style de celles décrites par Barbara Cartland, la mère de sa belle-mère. Nous avions imaginé qu'elle rentrait le soir chez elle et lisait un de ces romans, pour faire tout ce que l'auteur suggérait le jour suivant. Les pistes furent néanmoins brouillées à nouveau pour le public, quand le Prince et Lady Diana passèrent Noël dans leurs familles respectives. Puis la famille déménagea de Windsor à Sandringham en Janvier, et Lady Diana fut parmi les invités, un week-end, et arriva dans sa Mini Metro.

Parce que Sandringham est un domaine très vaste, beaucoup de routes publiques le traversent, et, pour cette raison, l'accès en est facile pour les gens, et malheureusement pour la presse. A nouveau, les reporters débarquèrent en masse, troublant la partie de chasse du Duc d'Edimbourg. Celui-ci était tellement furieux que ce fut un véritable miracle qu'aucun d'eux ne fut tiré avec les faisans.

La pauvre Lady Diana était pratiquemment confinée à la maison. Elle ne pouvait se promener qu'autour de la bâtisse, ou jusqu'à son ancienne demeure familiale, Park House, qui était vide à ce moment, et pas grand-chose de plus, sauf errer partout dans le bâtiment : on pouvait facilement la trouver buvant du café avec les laquais. Durant cette visite à Sandringham, elle passa beaucoup plus de temps avec le personnel qu'avec le Prince. Les serviteurs royaux en furent charmés.

Un second week-end avait été envisagé, mais le projet fut

abandonné à cause des reporters. Le Prince faisait une tête d'enterrement.

— Nous gâchons les vacances de tout le monde, me confia-t-il. Je ne peux plus l'amener ici. Highgrove est plein d'ouvriers mais il n'y pas d'autre solution.

Et de nouveau, je reçus l'ordre de me tenir prêt : elle devait me téléphoner pour prendre rendez-vous.

Je la pris au passage chez sa grand-mère, à Eaton Square et nous roulâmes vers les Cotswolds [1] sous un plafond de nuages gris. Elle dormit la plupart du temps, bercée par son cher Concerto pour piano de Tchaïkovsky. A l'époque, elle me connaissait suffisamment pour n'avoir plus besoin de faire tout le temps la conversation.

Le Prince avait quitté Sandringham et fait diversion en allant chasser dans le Comté de Leicester. Le jardinier à Highgrove avait tracé un chemin pour accéder à la maison par-derrière. Je le suivis et notre arrivée se passa comme sur des roulettes. Personne ne savait qu'elle était là, et le Prince rentra tard dans l'après-midi pour la retrouver. La partie de cache-cache s'était finalement révélée payante. Ils furent tous les deux bien soulagés.

Heureusement, bien que le chantier demeurât, les ouvriers avaient disparu. Paul Officer et moi décidâmes de nous transformer en courants d'air. J'avais apporté un pique-nique et nous les laissâmes tranquilles pour le manger.

En revenant à Londres, à l'aube du lundi, elle fut particulièrement détendue et souriante. Je la déposai à Pimlico.

Je serai pas catégorique, mais je suis assez certain que ce fut ce soir-là, à Highgrove, que le Prince fit sa déclaration. Il n'eut pas d'autre occasion. Je ne sais si elle a dit « oui » tout de suite, mais je n'ai aucun doute qu'il ait dit :

— Pensez-y.

C'est son expression favorite, quand il demande à quelqu'un de prendre une décision importante.

Je ne revis plus Diana jusqu'au soir des fiançailles, mais

1. Les Cotswolds sont des hauteurs du Comté de Gloucester, où se trouve Highgrove.

202

pendant ce voyage de retour d'Highgrove, au petit matin, elle me confia qu'elle envisageait un voyage de trois semaines en Australie avec sa mère. Son beau-père, Peter Shand Kydd, avait une ferme en Nouvelles-Galles du Sud. Comme par hasard, celui lui donnait le temps « d'y penser ». Le Prince prit le chemin de Klosters pour ses vacances de ski annuelles, accompagné du Duc et de la Duchesse de Gloucester.

Ceci leur donna ce petit peu de temps pour respirer que le Prince jugeait nécessaire avant la grande décision. Ils restèrent en communication téléphonique régulière, mais prudente : le Prince ne parle jamais beaucoup au téléphone. Généralement, elle l'appelait. Les engagements du Prince étaient établis tellement de temps à l'avance, qu'elle savait où et quand le trouver.

Sa réponse dut être oui, car elle écourta d'une semaine ses vacances.

Le plus grande satisfaction que je connus durant cette carrière fut d'être mis dans le secret par le Prince lui-même une semaine avant l'annonce officielle. Cette marque de confiance fut pour moi un honneur aussi grand que la valeur qu'il portait en lui.

Il m'annonça la nouvelle le week-end qui suivit le retour d'Australie de Lady Diana. Il était allé chasser à Highgrove et son humeur était exceptionnellement bonne. Pour tout son personnel, ce devait être *ça*.

Quand nous rentrâmes à Buckingham Palace, il m'appela dans son bureau. Ses yeux émergeant lentement de ses dossiers, il me dit :

— Stephen, j'ai une bonne nouvelle à vous annoncer.

— Ah oui, vraiment, Monsieur ?

Je restai imperturbable, mais assez sûr de ce qui allait venir.

— Lady Diana et moi allons annoncer nos fiançailles.

J'essayais de ne pas avoir l'air de celui qui avait deviné depuis longtemps...

— C'est une merveilleuse nouvelle, Monsieur. Puis-je présenter mes félicitations à Lady Diana, quand je la verrai ?

Je demandai cela, parce que parfois, il me disait des choses qu'il ne lui avait pas encore confié, et je voulais être sûr de ne pas commettre d'impair.

— Bien sûr !

J'aurais aimé lui serrer la main, tout comme il y avait eu des moments où j'avais désiré, pendant les dernières semaines, lui demander si Lady Diana allait être sa femme.

Cela eut été une impertinence majeure. Je devais toujours me souvenir qu'il était le futur Roi d'Angleterre, et que j'étais son valet. La relation maître-serviteur ne devait jamais s'effacer. Cependant, je ne pus résister à la tentation de l'asticoter :

— Vous le lui avez demandé à genoux, Monsieur ?

— Non, répondit-il en grimaçant.

De retour, Lady Diana dîna à Windsor avec la Reine, le dimanche soir, puis la veille des fiançailles, le lundi 25 Février, elle vint au Palais avec sa sœur Jane, qui a pour époux Robert Fellowes, l'Assistant-Secrétaire Privé de la Reine. Le Prince n'était pas encore de retour de ses rendez-vous de la journée, et elle attendit dans le bureau de Fellowes. On m'avertit qu'elle était là, et quand le Prince revint, j'appelai en bas et demandai qu'on la fît monter. Elle connaissait parfaitement le chemin à l'époque, mais je l'accueillis à la porte de l'ascenseur. Elle avait rapporté de son périple australien un hâle magnifique, et elle semblait très heureuse.

— Comme je suis contente de vous revoir, dit-elle.

— Vous devez être épuisée après tout ce voyage, lui dis-je.

— Oh, je survivrai, répondit-elle gaiement.

Je l'introduisis dans les appartements du Prince et j'étais sur le point de me retirer quand le Prince me rappela :

— Stephen, je crois que vous avez quelque chose à dire à Lady Diana.

Il avait un large sourire sur le visage.

— Mes félicitations, Lady Diana.

— Merci.

Elle sourit à son tour, en se rapprochant du Prince.

— Vous avez la bague ? demandai-je.

— Pas encore, fit-elle avec une moue de dépit enfantine. Mais bientôt. Il fallait la faire ajuster.

Plus tard, dans la soirée, elle me confia que la bague de fiançailles avait été choisie la nuit d'avant à Windsor, après le dîner avec la Reine.

— Il y avait un plateau entier de bagues venant de chez Garrards (l'orfèvre royal). La Reine en est restée bouche bée, quand j'ai pris la plus grosse. C'est un magnifique saphir, avec des diamants.

Après avoir choisi la bague, elle était revenue à Londres dans la soirée, et avait repris son travail le lendemain matin, prête, bien sûr, à exploser de joie et d'excitation. Pourtant, elle devait agir comme si de rien n'était.

Je les laissai seuls dans le salon, mais il me rappela, un peu plus tard :

— Lord et Lady Spencer vont passer prendre un verre à 6 heurestrente, dit-il. Voulez-vous les introduire ?

Ils arrivèrent à l'heure juste : Lady Spencer était rayonnante en vison et perles, mais son mari avait l'air légèrement fatigué par l'attaque dont il avait souffert, et marchait très lentement. Je les fis entrer dans le salon du Prince où la fille du Comte attendait avec son futur époux. Selon moi, c'était la première fois que les Spencer rencontraient le Prince depuis qu'il courtisait leur fille, et je crois qu'il a dû demander la main de Lady Diana au Comte par téléphone !

Ce fut une réception de fiançailles très tranquille. Aucun membre de ce petit groupe ne buvant vraiment, le champagne resta dans sa bouteille, et les Spencer repartirent au bout d'une demi-heure, suivis par Lady Diana vingt minutes plus tard. Elle partit s'installer chez sa sœur Jane, à Kensington Palace, tandis qu'il rejoignait la Reine pour dîner.

Je le retrouvai plus tard dans son bureau, téléphonant sans relâche aux parents et amis.

— Eh bien ! Se fiancer, ça donne vraiment du travail ! Bon, ai-je oublié quelqu'un ?

Je lui remis en mémoire certains noms, et à 22 heures trente, je me retirai.

Connaissant la Princesse, je ne doute pas un instant qu'elle était au lit et endormie à 22 heures. Elle n'est en aucune manière couche-tard. Souper à 7 heures et au lit à 10 heures, voilà son idée de la béatitude.

Le reste d'entre nous, est-il besoin de le signaler, célébra dignement cet événément le lendemain, à l'annonce officielle des fiançailles.

L'atmosphère au Palais était survoltée. Tout le monde, des Cuisines à la Maison pressentait l'imminence de la nouvelle. Des caisses de champagne rose avaient été mises au frais, et nous sentions comme si une explosion allait se produire. Le Palais et les gens qui y vivent, qui y travaillent mettent tout leur cœur dans les cérémonies, qu'elles soient tristes ou gaies : les fiançailles du Prince de Galles étaient assurées d'un grand succès dans les couloirs.

Le matin du 24 Février, la Maison du Prince fut convoquée en assemblée générale à 10 heures trente, dans le bureau du Secrétaire Privé, au rez-de-chaussée.

Je savais exactement pourquoi...

L'impatience était à son comble, quand lui et Lady Diana entrèrent. Il était environ 10 heures quarante.

— Bonjour à tous, déclara le Prince. Je voudrais vous présenter à ma future épouse.

Un sourd murmure suivit cette déclaration, parmi l'assistance, environ une quinzaine de personnes dans une grande salle, et une acclamation discrète prit finalement corps. En fait, tout le monde essaya de parler en même temps, d'offrir ses félicitations personnelles. Les filles du cabinet, qui n'avaient encore jamais rencontré Lady Diana, s'agglutinèrent autour d'elle, et demandèrent à voir la bague, heureusement rapportée par le bijoutier. Quelqu'un ouvrit une bouteille de champagne, et la Princesse en prit littéralement une cuillère à thé, s'excusant d'avoir encore une longue journée devant elle. Le Prince se tenait à côté d'elle, sa main dans la sienne, rayonnant de bonheur.

— Quand est-ce que vous l'avez su ? me demandèrent les filles du bureau.

— Oh, mais juste à l'instant, répliquai-je.

Je ne voulais pas briser la confiance du Prince, même à ce stade, mais d'un autre côté, j'étais drôlement soulagé qu'il n'y ait pas eu de fuites.

A 11 heures du matin, la nouvelle fut rendue publique par le Lord Chambellan à l'occasion de l'investiture hebdomadaire. La joie de la Reine semblait immense. En quelques secondes, tout le Palais sut. Les pages le passèrent aux laquais, les laquais aux cuisiniers, les cuisiniers aux bonnes... Le téléphone arabe ne tomba pas en panne, ce jour-là ! Le champagne fut plongé dans les seaux à glace. Tout le monde, du Lord Chambellan à la plus jeune femme de charge en eut un verre. L'atmosphère s'en ressentit !

Lady Diana et le Prince sortirent pour déjeuner avec la Reine, et à partir de ce moment, les fleurs commencèrent à arriver de partout dans le monde : ce fut un grand jour pour Interflora ! J'eus très rapidement de la difficulté à trouver de la place pour tous ces bouquets. L'appartement du Prince ressemblait aux floralies de Chelsea. J'en déposai dans les couloirs, puis dans les autres appartements, et finalement, je fis porter toute une masse de fleurs à Clarence House, où, comme on m'en avait averti, la Princesse s'installerait pour une journée ou deux.

Un total de 3 000 télégrammes furent reçus. Le standard était congestionné et les opératrices sur le point de devenir folles. Dehors, dans les jardins, pendant la plus grande partie de l'après-midi, le Prince et Lady Diana posèrent pour les photographes, qui purent enfin se repaître de cet événément.

Comme mon propre salon donnait sur les salons, je ne pus résister à glisser un coup d'œil, tout en restant caché derrière les rideaux pour ne pas être vu. Les photographes, le Prince et sa fiancée semblaient tous beaucoup s'amuser. Quand le Prince revint chez lui, je fis mon habituelle apparition pour voir s'il désirait quelque chose :

— Je vous ai vu regarder par la fenêtre, fit-il sur un ton railleur.

— Oh, Monsieur, je suis désolé. J'essayais de ne pas me faire voir.

Il éclata de rire :

— Ne vous en faites pas trop pour ça. La Reine en faisait autant à sa propre fenêtre, et avec les mêmes intentions. Chaque fois que les photographes se retournaient vers la façade du Palais, vous vous jetiez tous les deux en arrière, comme les coucous rentrent, après l'heure, dans une horloge suisse.

A 6 heures trente, ce soir-là, laissant le Palais plein de fleurs et d'allégresse, Lady Diana partit prendre temporairement ses quartiers à Clarence House, chez la Reine Mère, tandis que le Prince dînait avec la Reine.

Il est stupéfiant de penser combien la vie de Lady Diana changea du tout au tout en une nuit : le soir précédent, elle avait quitté le Palais avec sa sœur, esquivant encore les hordes de journalistes campant devant chez elle ; aujourd'hui, elle partait avec deux gardes du corps en civil et toute la protection dont elle pouvait avoir besoin. Sa nouvelle vie commençait.

CHAPITRE XV

FIANÇAILLES

Pour quelque obscure raison, tout le monde sembla penser que Lady Diana resterait l'hôte de la Reine Mère à Clarence House, jusqu'au mariage. Ce ne fut pas du tout ce qui se passa en réalité : après deux jours chez la Reine Mère, Lady Diana revint s'installer à Buckingham Palace, où une petite suite avait été aménagée à son intention. Une femme de chambre et un laquais furent attachés temporairement à son service. L'apprentissage débutait : son intimité fut tout de suite mise à mal par sa nouvelle condition.

Non pas qu'elle y renoncera facilement. Elle continue à se battre pour garder son indépendance. Elle insiste pour se rendre, comme autrefois, chez Headlines, son salon de coiffure à Kensington. Elle doit se lever tôt pour y aller, mais elle préfère ce léger inconvénient plutôt que de faire venir son coiffeur au Palais, comme le font les autres. Toutes les excuses lui sont bonnes pour s'échapper un instant de sa cage dorée.

La suite qui lui fut attribuée au Palais, avait été celle de Miss Peebles, la Gouvernante Royale, pendant de nombreuses années. Après quoi, Mabel Anderson, la Nounou Royale, l'avait utilisée après la fin de sa mission auprès des Princes Edward et Andrew. Les chambres étaient bien plus petites que dans les normes habituelles du Palais, et de ce fait, plus douillettes. Nous les rendîmes le plus confortable possible, en installant la télévision, des meubles plus attrayants, et les fleurs encore fraîches du jour des fiançailles. Comme le Prince avait toujours du travail, Lady Diana était destinée à passer la plupart du temps seule.

Elle avait un salon, une chambre, et une salle de bains, mais utilisait la cuisine de la vieille nursery. Le Valet de la Nursery, (car, s'il n'y a plus de nursery à présent au Palais de Buckingham, il y a toujours un Valet de la Nursery) s'occupait d'elle. C'était un charmant jeune homme du nom de Mark, que la mission lui incombant, rendait perplexe :

— Que dois-je faire ? Lady Diana ne demande jamais rien.

— Peut-être est-elle trop timide pour demander, de peur qu'on croit qu'elle se gonfle d'importance à présent, suggérai-je.

Je rencontrai le même problème. Un jour, le Prince étant absent, je fis un saut jusque chez elle :

— Etes-vous sûre que vous n'avez besoin de rien ? demandai-je.

— Non, tout va bien, fit-elle.

Elle donnait des déjeuners dans son salon pour les amies avec lesquelles elle avait partagé son appartement d'Old Brompton Road, et elle ᵢnvita même sa mère, Mme Peter Shand Kydd, et Jane, sa sœur, aussi souvent qu'elles pouvaient venir.

Une fois, je lui demandai si elle ne s'ennuyait pas dans cet appartement, seule si souvent.

— Oh, non, pas du tout.

Ce qui était aussi bien, car les membres de la famille Royale sont obligés de passer beaucoup de temps seuls, quand ils ne sont pas en vacances. Elle commença également des cours de claquettes pour tuer le temps : une dame vint l'accompagner au piano, et au désespoir du Département de l'Environnement, chargé de la protection des marqueteries du Palais, elle ruina le parquet de la Salle de Musique.

Sa popularité fut instantanément immense parmi le personnel. Elle faisait de nombreuses apparitions aux cuisines, dont un valet dut lui montrer le chemin les deux premières fois.

Durant cette période transitoire, Lady Diana ne fit jamais un repas digne de ce nom quand elle était seule. Elle picorait du chocolat, des céréales, mangeait des yaourts. Elle ne buvait pour ainsi dire jamais, mais mangeait énormément de fruits. Elle courait tout le temps aux cuisines pour demander aux chefs une pomme ou les restes d'un gâteau préparé par les pâtissiers. Cela nous semblait vraiment bizarre de ne pas se faire à sa nouvelle condition : le Prince n'est pas descendu aux cuisines depuis des années. Elles sont au fond du Palais, à des kilomètres de tout. C'était une bien longue route pour une pomme, mais je présume que c'était là une manière d'affirmer son indépendance, manière qui, entre parenthèses, la rendit extrêmement populaire auprès du personnel de l'office.

— Occupez-vous de Lady Diana, voulez-vous ? m'avait dit le Prince.

Tout ce qu'elle me laissait faire, c'était de m'assurer de son confort. Mon seul souci fut ses relations amicales avec les laquais. Je ne voulais pas qu'ils prissent avantage de sa nature ouverte et franche, et fussent trop familiers. Le bureau du Gouverneur au Palais me demanda de lui laisser savoir si de tels écarts de conduite se produisaient. Mais il n'en fut rien : la Princesse est sympathique, c'est vrai, mais elle a une dignité naturelle qui exclut une trop grande familiarité.

A n'importe quelle heure, quand le Prince rentrait de ses rendez-vous, sa première question était :

— Est-ce que Lady Diana va bien ?

Pendant cette période d'attente, elle me sembla assez heureuse dans ses appartements. Nous remplissions le réfrigérateur de la nursery de yaourts, et de tout ce qu'elle appréciait le plus. Elle cousait, lisait, regardait la télé. Quand le Prince rentrait, je montais chez elle :

— Il est rentré.

— Hourra !

Et elle se précipitait dans les couloirs.

C'était la seule personne que je n'annonçais pas. Elle frappait à la porte et entrait :

— Est-il libre, Stephen ? demandait-elle d'abord. Je peux entrer ?

Elle ne voulait pas faire irruption quand il avait un visiteur.

Une autre chose qui nous amusa beaucoup, ce furent tous les efforts qu'elle fit durant cette phase transitoire pour ne pas nommer le Prince : elle était apparemment trop intimidée pour l'appeler « Charles » devant un tiers, et « Monsieur » aurait pu paraître bien cérémonieux pour désigner son fiancé. Lui-même l'appelait toujours Diana.

Aujourd'hui, ils se donnent du « chéri », et ce mot résonne à travers tout Highgrove quand ils s'interpellent d'un escalier à l'autre.

Pour elle, la période d'attente, les six mois qui précédèrent le mariage, passa rapidement : elle avait beaucoup plus de préparatifs à faire que le Prince. Je n'eus aucun vêtement à lui acheter pour la cérémonie : l'uniforme de la Marine devait faire l'affaire. Pour partir en voyage de noces, il avait décidé de revêtir son costume gris rayé. Il n'eut même pas besoin d'une nouvelle paire de chaussettes ! Par contre, Diana fut occupée à faire ses emplettes : cela ne l'ennuya nullement. Choisir et faire ajuster la robe de mariée prit beaucoup de temps, surtout parce qu'elle perdit régulièrement du poids pendant les fiançailles. Les Emmanuel, qui furent chargés de la robe, y revenaient sans cesse et je suis certain qu'elle a dû perdre environ 6 kilos. C'était bien naturel, avec toute la tension qu'elle accumulait en elle depuis des mois.

A présent, elle était reconnue par tout le monde. Où qu'elle allât, les têtes se retournaient sur son passage. Enfin, les têtes se seraient retournées de toute manière. Sa mère fit les courses avec elle la plupart du temps et Lady Diana eut grand plaisir à s'acheter plein de nouveaux vêtements.

Elle les acheta avec son propre argent. Aucune facture n'arriva au bureau du Palais, et elle dut dépenser des sommes considérables, bien que beaucoup de vêtements qu'elle portait pour les photographies aient été prêtées par le magazine *Vogue,* ce qui était bon pour ce journal, et avantageux pour le porte-monnaie de Lady Diana.

Les vêtements sont sa grande passion, comme beaucoup de jeunes femmes de son âge, et la plupart du temps, elle a beaucoup de goût. Parfois, elle achetait des toilettes qui la vieillissaient trop, du moins, à mon avis ; mais bien sûr, la robe qui fit sensation, fut celle à l'épaule nue, qui était si décolletée. Quand je la vis là-dedans, je ne pus me retenir :

— Eh bien !

— Vous ne l'aimez pas ? fit-elle tout de suite sur la défensive.

— Elle attirera certainement l'attention.

Ce qui se produisit, et je dus admettre qu'elle était vraiment renversante dans cette robe, quand elle la porta au Gala de la Musique, qui fut aussi sa première apparition publique en tant que fiancée. La défunte Princesse Grace était également là, et elles furent photographiées ensemble.

Dans l'emploi du temps durant cette période transitoire, il était établi que, lorsqu'ils sortaient, elle s'habillait chez elle, puis venait voir s'il était prêt. Invariablement, il ne l'était pas : un rendez-vous avait dépassé l'horaire. Toute habillée, elle l'attendait dans son salon. Elle était plus organisée que lui...

Pendant les premiers mois de leur mariage, son apparence était en constant changement. Elle opéra une véritable métamorphose qui alla jusqu'au port de cette robe en coton indien transparente, qui provoqua tout un tas d'histoires parce qu'elle la porta en posant pour les photographes avec deux de ses élèves. Elle resta cependant en relation avec la plupart des gens avec qui elle traitait avant son entrée dans la famille Royale. Les seuls fournisseurs qu'elle cessa de voir, furent les Emmanuel. L'enthousiasme les avait gagnés et ils avaient trop parlé à trop de gens :

— On va voir ça ! déclara la Princesse.

Ce qui voulait dire qu'ils ne la reverraient plus.

Pendant les fiançailles, elle entreprit de redécorer High-grove, et elle descendit dans le Gloucestershire en Mini Metro, avec Graham, son policier tout fraîchement nommé, compressé sur le siège du passager.

Au milieu de 140 hectares d'un magnifique paysage de

chasse dans le Comté de Gloucester, Highgrove est une demeure géorgienne [1] de 18 pièces nobles, plus quantités de salles de bains et une cuisine. Bien que déjà décoré, le bâtiment était dans son ensemble pas mal dégradé de ce point de vue, quand le Prince l'acquit en 1980. Il décida à l'époque que le plus simple serait de repeindre la maison entière en blanc et de penser à un arrangement de couleurs plus tard. Puis il se fiança, et les choses commencèrent à bouger une fois que Lady Diana prit les commandes.

Elle loua les services du décorateur Dudley Poplak, dont elle connaissait le travail parce qu'il avait décoré l'appartement de sa mère à Londres. Pendant plusieurs semaines, Highgrove fut un déballage de peintures et d'échantillons de tissus. Les principales couleurs que la Princesse Diana choisit, furent un corail pour le vestibule et l'escalier, un jaune pour son salon personnel, un vert pour la salle à manger, et un vert d'eau pour le grand salon. Leur chambre fut décorée en rose très pâle, avec des tentures fleuries vertes et roses sur le lit à baldaquin et aux fenêtres. Des peintures à l'huile de maîtres anciens, provenant de la collection royale, garnirent les murs, partout dans la maison, et de l'ameublement ancien et moderne fut ajouté aux cadeaux de mariage. La Princesse Diana adore les coussins et les fait elle-même : il y en a donc beaucoup un peu partout, et ils servent parfois à être jetés à la tête du Prince quand il la taquine. Au total, elle et son décorateur ont réussi à créer une jolie maison, accueillante, que le Prince découvrit à leur retour d'Ecosse après leur lune de miel.

Tout le mobilier de son appartement d'Old Brompton Road est maintenant celui du personnel à Highgrove. Ses rideaux ornés de motifs floraux, qui étaient dans son salon, ont été rallongés pour les fenêtres de Highgrove, et ses deux assez bons sofas ont aussi trouvé une place. De même, les chaises cannées et les objets divers, typiques de la maison d'une jeune fille ont trouvé une nouvelle fonction. Rien n'a été jeté.

1. La période géorgienne correspond au XVIIIᵉ siècle (Louis XV).

Et bien sûr, il y eut tous les cadeaux de mariage à caser. Il y en avait des milliers, aurait-on dit, et à l'approche du jour des noces, le théâtre du Palais, où ils avaient été entreposés provisoirement, commençait à ressembler à Harrod's.

Je passai un temps pharamineux dans les bureaux du Prince à assister à l'arrivée de ces cadeaux. Les gens en envoyaient du monde entier, et du personnel supplémentaire fut employé pour le déballage, la nomenclature et les remerciements. Il y en avait tant à envoyer, que les remerciements furent informatisés.

Il y avait les cadeaux de la famille, des corps constitués, des gouvernements, des royautés étrangères, ou simplement d'admirateurs de tous les pays. Tous les jours, je faisais une liste de ce qui avait été reçu, et le Prince la parcourait avec attention en marmottant entre ses dents :

— Comme c'est gentil, comme c'est généreux de leur part.

Très souvent, il demandait à jeter un coup d'œil sur un cadeau en particulier, et je le lui apportais dans son salon. Il était surtout passionné par les dessins et peintures qui leur arrivaient, et il fut absolument enchanté par une huile de Munnings, représentant des chevaux, qu'un pétrolier américain, le docteur Armand Hammer, lui offrit. Les objets de verre l'intéressaient également beaucoup, et je les lui apportais avec précaution pour qu'il pût les examiner à loisir.

Il y eut, comme dans n'importe quel mariage, de très bizarres présents. Le grand mot du Prince à leur sujet était :

— Affreux ! On pourra mettre ça dans une chambre du personnel ! ajoutait-il.

Les communs sont maintenant un vaste fouillis, encombré de tableaux horribles, commis par des gens qui se prenaient pour Picasso.

Il y avait également un choix impressionnant de portes-toasts.

— C'est vraiment le comble, fit-il. Tous ces portes-toasts et personne n'a eu l'idée de nous offrir un grille-pain ! Nous devons être les seuls à qui personne n'a offert un grille-pain pour leur mariage !

Lui et Lady Diana descendaient souvent au théâtre pour

jeter un coup d'œil sur les cadeaux, mais aussi pour remercier le personnel du surcroît de travail qu'occasionnait l'afflux de ceux-ci.

Je suppose que le présent le plus exotique vint de feu le Roi Khaled d'Arabie Saoudite. Il s'agissait d'un très bel ensemble de bijoux décorés de pierres précieuses : un bracelet, une montre, un collier et des boucles d'oreilles en saphirs sertis d'or, le tout dessiné par un grand bijoutier parisien. Je crus que les yeux de Lady Diana allaient bondir hors de leurs orbites quand elle vit ces merveilles.

— Eh bien, dites-moi ! Je suis en train de devenir une dame très riche !

Le Roi Khaled offrit au Prince une grande boîte en or. Le Prince Charles doit avoir plus de boîtes en or que n'importe qui dans le monde. On dirait que c'est le seul présent auquel pensent les gens quand ils doivent lui offrir quelque chose. Mais enfin, qu'acheter à un homme qui a déjà tout ?

La Maison du Prince se cotisa pour lui offrir des portes-menus en argent, gravées avec les plumes du Prince de Galles sur le devant et nos noms derrière.

Beaucoup de bijoux et autres pierreries furent offerts par d'autres chefs d'Etat, mais rien ne fut aussi spectaculaire que les saphirs de Khaled. La pauvre Princesse n'avait même pas eu l'opportunité de porter ces bijoux au moment où je quittai leur service. Les cadeaux de mariage étaient en exposition itinérante pour le public, et je pense que les saphirs étaient partis avec le reste.

La Reine, pour autant que je sache, n'a rien encore donné au couple. Des bijoux de famille furent transmis à la Princesse, mais la Reine, qui est une personne pratique, attend sans aucun doute de voir ce dont ils ont vraiment besoin après toute cette avalanche d'objets divers. Et je suis sûr que son cadeau sera plein d'utilité, et que personne n'y aura pensé.

Les semaines s'écoulèrent et le jour du mariage approcha. Puis, juste cinq jours avant le jour « M », ils partirent s'installer chez Lord Romsey à Broadlands, où Lady Diana se plut particulièrement. Les Romsey sont jeunes, et ils s'entendent tous les quatre très bien.

Ce fut pendant un après-midi, alors que le Prince jouait au polo à Tidworth dans le Hampshire, que Lady Diana craqua. Les flashes des photographes, le harcèlement ininterrompu eurent finalement raison de sa patience. Elle s'effondra en larmes. Je revenais à Broadlands quand l'incident me fut révélé : je vis Lady Romsey et Lady Diana rentrer plus tôt. Le visage de Lady Diana était gonflé, et elle avait visiblement pleuré. Elle monta immédiatement pour s'allonger.

— Elle est un peu souffrante et ne se sent pas très bien, dit Lady Romsey.

Le Prince revint aussitôt qu'il put se libérer et la consola. Il n'était cependant pas difficile de voir qu'il avait quelques inquiétudes. Allait-elle tenir le coup ? A cinq jours du mariage ? Tout cela était très présent à son esprit. La jeune femme était cependant très résistante et elle se reprit rapidement.

Les répétitions du mariage à Saint-Paul commencèrent. Lady Diana, très assidue, se rendit à plusieurs d'entre elles, mais le Prince, rompu aux cérémonies officielles, n'y assista que deux fois : une fois, il s'agissait de la « générale », et l'autre, il voulait écouter la musique qu'il avait choisi. Il avait demandé à Kiri Te Kanawa, la chanteuse d'opéra néo-zélandaise, de chanter au mariage. Il l'avait entendue pour la première fois en 1970, quand nous étions à Duddinen, l'Ile du Sud de la Nouvelle-Zélande, et était depuis lors resté son fidèle admirateur.

Malgré l'intensité des préparatifs du mariage, le Prince et Lady Diana trouvèrent le temps de donner une réception très privée et spéciale pour leur personnel. Cette soirée eut lieu le 16 Juillet, et l'ensemble du personnel, environ 20 personnes, plus les femmes et les petites amies, reçurent une invitation de la part du Prince Charles et de Lady Diana. Ce fut la seule invitation commune faite avant que Lady Diana ne devînt la Princesse de Galles.

Cette réception fut tenue au Mark's Club, un endroit très

fermé, et qui, ce soir-là, le devint encore plus en refusant l'accès aux autres membres.

Lady Diana portait une robe rouge très habillée, et ressemblait tout à fait à Scarlett O'Hara. Pour ce dîner-buffet, nous fûmes dispersés à de petites tables séparées et le couple royal se déplaça de table en table. Après le dîner, il y eut une soirée disco, et tout le monde dansa, Lady Diana la première. Elle adore danser et fait montre de beaucoup de grâce.

Le plus triste fut qu'à minuit, le Prince, qui avait un engagement dans la matinée, dut nous quitter pour attraper le train royal. Mais Lady Diana resta avec nous. En partant, il me glissa ses dernières instructions à l'oreille :

— Occupez-vous d'elle, s'il vous plaît.

En fait elle partit assez vite après lui. Comme je l'ai déjà dit, ce n'est pas un « oiseau de nuit », mais son départ n'empêcha pas la fête de se prolonger jusque tôt le matin.

La répétition générale fut tenue dans la soirée qui précédait le jour du mariage, et avant les feux d'artifice. Après la répétition, la famille Royale prit un souper à Buckingham Palace, pendant que le personnel se rendait à Hyde Park, où une estrade avait été montée pour lui. Nous eûmes une vue superbe sur le spectacle. Lady Diana était plutôt furieuse d'être le seul membre de la famille, qui n'eut pas le droit d'être présente au feu d'artifice. Elle retourna à Clarence House, car, malgré son désir, les traditions pré-nuptiales devaient être respectées.

— N'est-ce point totalement stupide? dit-elle. Je suis obligée de les regarder depuis ma fenêtre, alors que tout le monde est dehors!

Elle manqua une soirée mémorable.

CHAPITRE XVI

CROISIÈRE DE NOCES

Aux premiers feux de l'aurore, ce samedi-là, Mervin, le cuisinier, John, le policier, et moi, nous nous rendîmes à l'aéroport d'Eastleigh, où attendait l'Andover de l'Escadrille de la Reine, qui devait nous emmener à Gibraltar, où nous allions rejoindre le *Britannia,* pour le voyage de noces royal.

Nous ne montâmes dans l'avion qu'à l'arrivée du Prince et de la Princesse, qui revenaient de Broadlands. Nous ne les vîmes pas beaucoup durant le vol : ils restèrent à l'arrière de l'avion dans leur compartiment privé, alors que, toujours dans l'humeur joyeuse du mariage, nous nous divertissions à l'avant. Nous attendions avec impatience ces deux semaines de détente totale, qui seraient pour nous rien de plus que de magnifiques vacances. Des vacances royales...

L'accueil de Gibraltar, à notre atterrissage, fut incroyable. Les habitants du Roc semblent plus royalistes que la Reine elle-même, et je crois que le Prince et la Princesse furent étonnés par l'enthousiasme qu'ils leur manifestèrent. Tous les deux dans une Triumph Stag à toit ouvert, ils descendirent vers le port où se trouvait le yacht royal, par la route panoramique, bordée d'une foule en délire. De façon peut-être moins spectaculaire, mais certainement plus rapide, nous empruntâmes la route de derrière pour arriver les premiers à bord. Je voulais être sûr que tous les vêtements du Prince étaient arrivés, et il me fallait les mettre dans l'ordre dans lequel je les voulais. Il avait quitté l'Angleterre dans les vêtements qu'il portait, sans rien emporter d'autre. J'avais préparé les bagages des semaines auparavant, rassemblant les vêtements de bain, ceux de sport. Le yacht avait appareillé bien avant le mariage avec tous les bagages déjà à bord. Procéder ainsi avait été nécessaire car l'Andover est un avion trop petit pour prendre beaucoup de valises. J'aurais aimé pouvoir envoyer plus souvent les bagages en avant, et n'avoir qu'à rassembler les menus objets personnels comme les brosses, et autres, à la dernière minute.

Je dois avouer que, lorsque nous nous engageâmes majestueusement dans la Méditerranée, je n'en revenais pas encore : j'étais là, sur le point de partager le voyage de noces royal. Cela me paraît encore incroyable.

Ce furent quatorze jours enchanteurs. J'avais très peu de travail, et surtout pas de réveil le matin : pour la première fois depuis des années, le Prince put dormir autant qu'il le désirait. Je n'avais guère qu'à attendre qu'il me sonnât, et ensuite de demander au steward d'amener le petit déjeuner froid dans leur chambre et de laisser le chariot à leur disposition.

Je n'eus pas non plus à attendre qu'il se retirât, le soir : lui et la Princesse passèrent la plupart des soirées seuls sur le pont royal, et nous ne sûmes jamais à quelle heure ils allaient au lit.

Leur cabine était très simple mais confortable et accueillante. Tout sur le pont royal est blanc, les garnitures seules sont rouges et les tapis gris. Les cabines royales sont composées de deux chambres et un dressing-room. Pour ce voyage, la Princesse utilisait la chambre de la Reine comme dressing-room personnel. Négligeant le grand salon de cérémonie, sur le pont principal, ils préférèrent se tenir dans le petit salon à baies vitrées qui se trouve au-dessus. Il conduit à une véranda, où ils passèrent le plus clair de leur temps, que ce soit sous le soleil dans la journée, ou dans la fraîcheur de la nuit. Le couloir, qui relie les cabines, est décoré de gravures représentant les précédents yachts royaux. Il y a, pour l'ameublement, une grande quantité de mobilier canné si lourd qu'il ne peut glisser par mer forte.

Rarement, ils utilisèrent la salle à manger principale qui sert également de salle de cinéma, préférant les dîners intimes dans leur salon, où ils pouvaient se servir sans être écrasés par les dimensions d'une pièce qui peut contenir 40 convives.

Un navire d'escorte nous suivait, quelques miles en arrière, et nous rattrapait de temps en temps pour transmettre le courrier et les papiers privés du Prince. A part ça, nous étions seuls sur la mer immense. L'Assistant-Secrétaire Privé Francis Cornish vint et repartit plusieurs fois. Nous le prenions à bord dans différents ports, et son rôle était de veiller aux bonnes relations avec les pays dont nous traversions les eaux, et de faire au nom du Prince la liaison avec les chefs d'Etat.

Nous scrrâmes la côte africaine avec ses plages désertes sans fin, et ses montagnes jaunes s'élevant derrière, sans jamais voir âme qui vive. Tous les jours, l'Amiral (il y a toujours un amiral à bord du yacht royal) rendait visite au Prince et à la Princesse dans leurs appartements et leur indiquait sur les cartes nautiques notre position exacte. Quand nous atteignîmes la Grèce, il fit des suggestions pour que nous abordions les meilleurs plages et les plus belles îles, qui seraient à la fois agréables et discrètes pour un pique-nique.

Un canot était envoyé à terre pour s'assurer que l'endroit était désert. Si tout allait bien, Charles et Diana déjeunaient sur la plage. Le Prince adore autant les bains de soleil, que la Princesse adore nager : ils étaient tous les deux comblés. Le soleil ne manquait ni pour les uns ni pour les autres. Aussi un jour, le Prince me fit remarquer :

— Vous êtes plus bronzé que moi.

— Bien sûr que non, Monsieur.

Jamais je n'étais plus bronzé que lui. Ce n'aurait pas été de bonne politique.

Nous croisâmes au large du Maroc, de l'Algérie, de la Tunisie, de l'Italie, de la Grèce, et sur le Canal de Suez sans voir un autochtone.

Un bizarre hélicoptère, que le Prince ignora souverainement, nous survola pendant un temps pour essayer de prendre des photos, mais sans succès. Personne à bord, sauf le photographe en titre du yacht et le couple royal, n'avait d'appareil photographique. Ces engins avaient été interdits : chacun d'entre nous s'était vu notifié l'ordre impératif de laisser tout équipement photographique à la maison.

La Princesse passa beaucoup de temps à prendre des instantanés du Prince et des paysages. De retour en Ecosse, à la fin du voyage, elle me montra le résultat :

— Je ne serai pas un nouveau Lord Snowdon, n'est-ce pas ? fit-elle à cette occasion.

A mon grand regret, je dus bien le reconnaître.

A bord, le Prince descendait rarement du pont royal, mais la Princesse vagabondait tout le temps sur le navire, pour notre plus grande joie.

Parfois, le soir, nous organisions des barbecues à terre, mais dans des conditions qui nous permettaient d'éviter les habitants locaux. La Terre nous semblait avoir été désertée. En mer, les marins abaissaient la coupée et les canots, pour que nous puissions nager. La Princesse nageait seule, en bikini, d'un côté du yacht, pendant que l'équipage nageait de l'autre. Le Prince ne se donnait même pas la peine de faire un plongeon. Il se contentait parfaitement des bains de soleil.

Bien sûr, il était difficile pour eux d'être vraiment seuls : il y avait 200 marins à bord, plus les officiers, et quand ils allaient à terre, des policiers demeuraient toujours dans les parages, malgré de louables efforts de discrétion. La Princesse apprécia énormément son voyage de noces, malgré ce désagrément. Elle était dans une forme exceptionnelle, riant et courant partout en petites robes de bain très simples sur ses bikinis.

Elle et le Prince firent leur tour officiel du yacht et prirent le bain de foule traditionnel, mais en général, ils essayèrent de garder le plus possible leur intimité. Ils dînaient seuls et elle mettait toujours une jolie robe pour la soirée, puis après le repas, ils se faisaient projeter de temps en temps un film et invitaient l'un de nous à y assister. Ils avaient également des cassettes vidéo de leur mariage, qui les amusèrent beaucoup.

— C'est tellement merveilleux de pouvoir profiter de tout ce qu'on a manqué ! trouvait le Prince.

La gaffe de la Princesse, lorsqu'elle avait récité les prénoms du Prince dans le désordre à la cérémonie, les fit beaucoup rire notamment.

En Grèce, le carré des officiers donna un barbecue en leur honneur sur une plage éclairée par la lune, tandis que le *Britannia* attendait à l'ancre dans la baie. Les officiers préparèrent tout le festin : le feu, la cuisine, les boissons. Ils avaient invité Mervin, le Chef Royal, mais il ne remua pas le petit doigt pour les aider. Comme nous autres, il était invité. Avant le repas, il y eut une baignade, pendant laquelle la Princesse remarqua un peu vite ma lenteur à me mettre à l'eau :

— Vous êtes toujours sec, Stephen, lança-t-elle, accusatrice.

J'étais sur le point de m'offrir mon premier Pimm's, mais, comme par ordre royal, deux officiers m'empoignèrent et me lancèrent à l'eau sous les éclats de rire de la Princesse. Elle eut pourtant l'amabilité de patauger jusqu'à moi pour sauver mon verre.

Après le dîner, une chaloupe du yacht s'approcha du rivage et déposa l'accordéoniste de la Fanfare du Royal Marines. Les officiers sortirent des paroles de chansons, et nous nous assîmes tous autour du feu sur le sable, dans cette chaude nuit d'été pour chanter ensemble. Il s'agissait pour l'essentiel de vieilles chansons scouts, et la Princesse semblait très bien en connaître les paroles. Sa voix était forte et claire. Elle et Evelyn, son habilleuse, étaient les deux seules femmes à bord. Elles prirent donc des registres sopranos. Leurs voix jaillissaient de l'obscurité, pures comme le cristal, se mariant ainsi avec les reflets lunaires sur l'étendue marine, plongée dans l'obscurité.

Il y eut beaucoup de fêtes de ce genre. Au déjeuner, vers la fin de la croisière, le Personnel Royal, qui avait toujours été invité, décida de donner une soirée Pimm's pour quelques membres de l'équipage. J'étais dans la cambuse avec

Mervin, pour préparer des masses de fruit destinés au punch, quand la tête de la Princesse apparut à la porte :

— Que se passe-t-il ?

— Nous organisons une soirée Pimm's, lui répondis-je. Nous avons été si bien traités par les différents mess que nous avons demandé à des représentants de chacun d'eux de se joindre à nous.

— Oh, mais ça m'a l'air amusant ! Je peux venir ?

Nous lui laissâmes savoir que ça serait très bien, mais que cela ne serait pas une si bonne idée que le Prince vienne également, car la réception prendrait un caractère cérémonieux à cause de sa présence, et l'atmosphère en serait modifiée. Chacun serait un peu guindé.

— Oh, d'accord.

Et elle vint seule. Je n'ai aucun doute que le Prince savait où elle allait, mais ça lui était égal tant qu'elle était heureuse.

Je dois aussi convenir qu'elle contribua énormément à la réussite de notre fête, qui fut un grand succès. Sans dire à personne ce que nous faisions exactement, nous avions invité un mélange de gens de l'équipage, depuis l'Amiral jusqu'à des représentants du mess des chauffeurs. Je crois que l'Amiral fut un peu surpris de se retrouver avec ces derniers, mais eux le furent encore plus de voir l'Amiral ! La Marine est beaucoup plus protocolaire, à sa manière, que la famille Royale. Le poids de la hiérarchie aurait pu être étouffant, mais la Princesse sauva l'affaire. Quand les officiers, les matelots et gradés arrivèrent et la trouvèrent là, ils furent tous transportés, bien que, d'une certaine manière, surpris également. Mais tout le monde se détendit immédiatement. Elle a le don de mettre les gens à l'aise, et personne ne resta sur son quant-à-soi. Elle fut très amusante à cette occasion. « Amusant » est, du reste, son mot favori.

— Je vais parler aux chauffeurs, fit-elle en empoignant un broc de Pimm's.

Les chauffeurs burent le Pimm's parce que c'était elle qui le servait, mais ensuite ils cherchèrent discrètement la bière. Il fut remarquable de voir durant cette réception que la

Princesse s'entendait mieux avec les matelots qui avaient plus ou moins son âge, qu'avec les officiers.

Une autre fois, John Maclean, Graham Smith et moi-même étions sur le point de nous rendre au poste d'équipage, juste pour dire bonjour, quand nous tombâmes sur elle. Elle venait de donner ses instructions au cuisinier pour les repas de la journée.

— Où allez-vous, tous les trois, demanda-t-elle, cherchant visiblement une occupation.

Quand nous le lui dîmes, elle lança son :

— Oh, mais ça m'a l'air amusant. Je viens avec vous!

Les marins devinrent comme fous quand ils la virent entrer avec nous. Au milieu d'une ovation générale, elle se plongea dans la foule qui se pressa autour d'elle et commença à bavarder à bâtons rompus. Comme tout le monde s'était levé par politesse, elle ordonna :

— Oh, mais asseyez-vous!

Et quand tous les marins se furent rassis, le piano du mess qui avait été masqué par le mouvement ascendant, attira immédiatement son attention :

— Oh, un piano! s'écria-t-elle. Vous avez un piano, mais qui joue?

Aucun volontaire ne se manifesta, mais un brave suggéra :

— Jouez-nous un air!

— D'accord!

Elle s'assit au piano et nous interpréta un « Greensleeves » presque sans faute, accompagnée par les voix pas trop harmonieuses d'une trentaine de matelots. Ce fut un grand moment, mais les gradés eurent à ce moment vent de sa présence au poste, et arrivèrent pour l'entraîner respectueusement vers la sortie.

— Oh, d'accord, d'accord.

Elle les suivit tranquillement. Son départ causa une grande déception chez les marins. En son honneur, ils avaient laissé le bar ouvert pendant qu'elle était là...

Bien qu'elle adorât la compagnie et se plût beaucoup à explorer le navire en tous sens, elle était également très heureuse de rester seule avec le Prince. Il y a une bonne installation stéréophonique sur le yacht, et j'avais fait embarquer, avec leurs bagages, toutes leurs cassettes favorites, parce que celles du bord sont pour la plupart des airs militaires. Elle adore Elton John, Supertramp et les Beach-boys. Lui, c'est plutôt Donna Summer et Barbra Streisand, autant que la musique classique.

Tous les matins, elle s'occupait des menus de la journée avec le chef, qui préparait les repas dans la cuisine royale. Comme le temps était magnifique, la plupart des mets qu'ils prenaient étaient froids. Ils se servaient sur des chariots que les stewards débarrassaient ensuite. Les crèmes glacées ne quittaient jamais le menu. Ils adoraient ça et le congélateur royal ressemblait à celui d'une boutique de glaces.

Ce voyage fut véritablement reposant pour tout le monde. Le seul engagement officiel qu'ils eurent fut ce dîner avec le Président Sadate et sa femme, en Egypte. Les Sadate vinrent à bord à Port-Saïd, et le Prince reçut ce soir-là, une boîte ouvragée de plus pour son immense collection... Et la Princesse eut droit à un peu plus de bijoux comme cadeau de mariage! Ce fut un dîner très intime, juste tous les quatre dans la grande salle à manger du yacht. Une solide entente naquit de cette soirée, qui rendit la peine ressentie par Charles et Diana, trois mois plus tard, encore plus profonde.

La dernière nuit fut celle de la grande représentation du bâteau, qui se déroula sur la dunette avant. Pendant des jours et des jours, les répétitions allèrent bon train partout sur le navire. On installa les rideaux, on régla les éclairages. La croisière était presque à son terme, mais elle allait s'achever en beauté.

Il y avait au moins quatorze actes, allant du comique pur à l'imitation de comédiens anglais connus.

Un grand costaud de marin s'habilla comme Lady Diana au temps où elle enseignait la puériculture et fit des plaisanteries assez salées. Elle trouva cela assez amusant.

Graham, John et moi, plus deux autres membres de la Maison, qui étions venus à bord, présentâmes un numéro de chansonniers adapté à notre situation durant ce voyage en Méditerranée, en « cannibalisant » une chanson célèbre.

Nous étions déguisés en maillots de bain, T-Shirts et palmes. Ce fut une surprise totale, car nous ne figurions pas au programme. Evelyn, la seule autre femme à bord, monta en scène dans son bikini, portant un large tableau sur lequel étaient écrites les paroles de notre adaptation d'une chanson de Rod Stewart. Le tableau la couvrait du menton aux genoux, et donnait l'impression aux spectateurs qu'elle était nue.

Nous n'aurions pas dû nous soucier de répéter. Dès que les marins virent ses jambes, les hurlements qu'ils poussèrent couvrirent nos paroles.

Après le spectacle, à la soirée qui eut lieu au mess des officiers, le Prince me demanda :

— Combien de fois avez-vous répété ? J'ai remarqué que vous n'étiez pas en mesure.

Après un tour des mess, nous achevâmes la soirée dans le quartier des Ecuyers, où nous nous réfugiâmes pour le coup de l'étrier, avant d'aller se coucher. Ce n'était pas vraiment nécessaire, il faut bien l'admettre.

La princesse passa par là, jeta un coup d'œil furtif, et s'exclama :

— Mon Dieu! Vous êtes ivres comme des cailles!

Et elle partit dans le couloir en gloussant.

Voilà ce que fut la dernière nuit...

Le lendemain, nous débarquâmes à Hurghada en Egypte, près de la Mer Rouge. Les marins s'alignèrent sur les ponts pour le salut, et nous gratifièrent de trois hourras, alors que nous descendions à l'échelle de coupée.

De là, un VC 10 nous conduisit à Lossiemouth, en Ecosse, tandis que le yacht poursuivait sa route vers l'Australie, où il devait embarquer la Reine, qui était allée là-bas pour présider une Conférence du Commonwealth.

Nous étions tous à bord du même avion, mais, comme à l'allée, nous ne vîmes guère le Prince et la Princesse. Ils restèrent dans leur section et nous dans la nôtre. Personne ne fut invité au repas, comme cela se produisait souvent avant son mariage. Ce fut le premier signe des changements à venir.

Je pris mes vacances personnelles dans le Sud de la France, pendant que le Prince et sa femme passaient quelques semaines à Balmoral.

Lorsque je remontai en Ecosse reprendre mon poste, tout me parut bien fade. Ils étaient installés à Craigowan, où le Prince passa le plus clair de son temps à chasser le daim, seul, ou à se promener avec la Princesse.

Ils donnèrent un barbecue très spécial pour le personnel à la fin de leur lune de miel. C'était en Octobre 1981 : de Craigowan, nous partîmes en voitures à 16 kilomètres de là, environ, dans une cabane de rondins sur le domaine de Balmoral. Nous avions avec nous la remorque-barbecue spécialement dessinée par le Duc.

Le Prince installa le barbecue et fit tous les préparatifs. Etant invités, nous n'étions pas autorisés à faire quoi que ce fût. La Princesse, qui ne boit jamais, distribua des cocktails explosifs, sans se rendre compte le moins du monde de leur force.

Le mobilier était simple dans cette cabane : une table et de longs bancs. Pour le repas, la Princesse installa les couverts, puis, une fois le dîner achevé, nous nous assîmes tout autour de cette table pour discuter, et notamment de mon avenir. Le bruit s'était répandu à cette époque que je comptais quitter le service.

Quelqu'un suggéra que je m'oriente vers le spectacle.

— Je ne veux pas trop travailler, fis-je.

— Je m'en doute bien, gloussa la Princesse. Pourquoi ne pas lire le bulletin météo ? Deux minutes par jour.

Ce fut une soirée très singulière. Dehors, la nuit était tombée, et il faisait un froid de loup. La chaleur du barbecue au charbon de bois nous réchauffait encore, et nous restâmes à parler et à plaisanter jusqu'après minuit.

Avant de repartir dans nos trois Land Rovers, le Prince nous remercia d'avoir rendu la partie écossaise de sa lune de miel si réussie.

CHAPITRE XVII

MAÎTRESSE DE MAISON

Craigowan fut un hâvre de bonheur pour la Princesse, car le système royal n'y a pas cours, et elle put diriger la maison à sa guise. Je n'eus pas l'impression d'avoir du travail jusqu'à ce que leur voyage de noces fût interrompu par la triste nouvelle de l'assassinat du Président Sadate.

Il y eut un soudain regain d'activité entre le départ aux obsèques et le retour, c'est-à-dire pendant deux jours. A notre retour de cette expédition, je décidai de donner mon préavis de six mois.

Je n'ai jamais eu le moindre doute sur ce point : pendant ces derniers mois, je réalisai de plus en plus que j'avais pris la bonne décision. Rien ne serait plus comme avant.

Maintenant, c'est à Kensington Palace, qu'habite officiellement le Prince, mais la plupart du temps, il vit à Highgrove. Lui et elle sont devenus des campagnards, et c'est compréhensible.

Il n'y a aucune intimité pour eux à Londres, alors qu'à la campagne, ils peuvent ouvrir leur propre porte, et sortir au soleil dans leurs propres jardins.

Highgrove n'est pas une énorme maison. Il n'y a pas de parc, par exemple : juste quelques champs autour, mais la maison elle-même est assez grande pour une nounou et un bébé. En fait, l'ancienne nursery était prête pour l'arrivée de leur premier enfant. Le Prince l'avait laissée dans cet état, puisqu'il était inévitable qu'elle serait un jour utilisée. Et indubitablement, elle aura plusieurs enfants. La Princesse semble aimer être enceinte, pas du tout comme la Princesse Anne, qui trouve ça très ennuyeux, parce que ses activités en sont affectées. Comme la Princesse de Galles ne chasse pas et ne monte pas à cheval, la grossesse ne provoque aucune restriction sur son style de vie.

Ses goûts sont tout à fait à part : elle n'aime pas les chevaux, ni les gens qui y sont associés. Les courses d'obstacles ne l'intéressent tout simplement pas. Je me souviens d'un lundi à Highgrove, alors qu'ils étaient tranquillement assis à déjeuner, la chasse des Beaufort traversa les jardins, littéralement sous les fenêtres de la salle à manger. Dans un éclair, le Prince bondit de sa chaise pour les observer depuis la porte d'entrée.

J'étais à l'étage dans sa chambre pour m'assurer que tout était en ordre, lorsque je le vis au milieu de la pelouse, bavardant avec Mme Gerald Ward, une vieille amie à lui, et l'une de celles à qui les potiniers prêtaient une grande influence sur lui. En passant, le Prince passa par les cuisines pour demander que son repas fût maintenu chaud, et la Princesse en parut fort irritée.

Le Prince n'était pas un fanatique de la chasse, mais c'est maintenant sa passion dominante. Peut-être apprendra-t-elle à l'aimer, comme elle se mettra peut-être au cheval. Je me souviens encore du temps où nous allions au Royal Ascot, et que le Prince en détestait chaque instant. Dans la Loge Royale, il y a un petit salon, et il préférait s'y tenir, avec le Duc d'Edimbourg, qui continue à détester les courses de chevaux. J'avais l'habitude de prendre avec nous sa mallette, et il passait le temps en écrivant des lettres. Aujourd'hui, pas moyen de le déloger des champs de courses !

Un autre plaisir qui ne plaît guère à la Princesse, c'est l'opéra. En revanche, elle ferait n'importe quoi pour un ballet. Lui adore l'opéra, mais les ballets le laissent indifférents. Elle vint deux fois à des soirées d'opéra, comme il aime bien en donner dans la Loge Royale, pour ses amis. C'était dans les premiers temps de leur amitié. Elle s'ennuya à mourir. Les invités du Prince, à l'opéra, sont souvent des intellectuels. La Princesse me dit un jour, quand elle apprit combien de diplômes avait passés son habilleuse, Evelyn : 8 en tout.

— Combien croyez-vous que j'en ai passé ? me demanda-t-elle.

— Je n'en ai pas la moindre idée, répondis-je.

— Deux, dit-elle, affichant un visage d'écolière candide.

— Vous ne vous êtes pas mal débrouillée pour le certificat de mariage, avec le Prince de Galles !

Par deux fois, le Prince essaya bien d'aller à des soirées de ballet avec elle, mais il passa plus de temps à somnoler qu'à regarder.

Elle ne déteste pas tirer, mais elle fut absolument furieuse lorsque parut un article selon lequel elle aurait tiré un daim sans le tuer convenablement, et se serait évanouie. Elle avait souvent passé ses journées avec les rabatteurs, et en tant que fille de la campagne, elle est habituée à ces sports. Cette histoire fut publiée un samedi et ruina le dimanche du Prince. Il passa sa journée au téléphone, prenant conseil auprès de son service de presse. A la fin, il fut convaincu de ne pas publier de démenti : il était préférable de laisser les choses se diluer dans l'oubli.

Je continue à croire que la Princesse essaie de garder un peu de sa propre individualité, ce qui n'est pas aisé quand on épouse un prince. C'est si facile d'être submergée et de devenir parfaitement abjecte. Je suis donc persuadé qu'elle a tout à fait raison de se refuser à faire ce qu'elle n'aime pas, tout en laissant au Prince sa propre liberté de mouvement. Il continue à mener les activités qu'il désire mener, et à aller où il veut. Par exemple, il adore Barry Humphries, qui est une imitatrice de théâtre australienne. Je demandai un jour à la Princesse :

— Allez-vous voir Barry Humphries imitant Dame Edna, avec le Prince ?

— Dame Edna, c'est lassant, à la fin ! répondit-elle. Non, je n'irai pas !

Le Prince aime bien les gens plus âgés que lui. Beaucoup de ses amis sont considérablement plus vieux qu'il ne l'est. Il les trouve intéressants, parce qu'il est toujours mû par le goût d'apprendre, et il est également fasciné par le succès et l'habileté.

Juste avant que je quitte son service, en janvier 1982, nous nous rendîmes à Althorp, la maison de famille de la Princesse. Nous devions rester deux jours chez son père, le Comte de Spencer, afin que les ouvriers du domaine et les fermiers tenanciers pussent leur remettre leur cadeau de mariage. Cette cérémonie fut programmée un peu tardivement parce que la Princesse n'avait pas eu le temps de passer par Althorp jusqu'à cette date.

Althorp fut une surprise pour nous. C'était tellement plus fastueux que Sandringham, qui est finalement une demeure très simple. Nous restâmes dans la « suite du Prince de Galles », où d'autres prédécesseurs dans le titre avaient passé la nuit avant le Prince. Nous arrivâmes un vendredi pour être immédiatement entraînés vers la Galerie des Portraits, éclairée à la chandelle, où s'alignent aux murs les ancêtres de la Princesse, et qui était pleine de fermiers et d'ouvriers du domaine. Au nom de tous, un chèque fut remis aux nouveaux mariés pour servir à la construction de la piscine de Highgrove. Pendant les discours, on pouvait entendre des coups de marteau à l'extérieur : hélas, le gâteau de mariage, préparé six mois auparavant, était maintenant dur comme la pierre. Les tentatives du majordome armé de son seul couteau échouèrent, et il livra bataille avec un rouleau à pâtisserie.

En rentrant dans leur chambre, au milieu de la matinée, je trouvai les rideaux ondulant sauvagement. Comme les fenêtres étaient scellées, je fus d'abord un peu surpris, avant de comprendre :

— Il y a un carreau cassé, fis-je remarquer à la Princesse.

— Oui, dit-elle d'un air innocent. Un regrettable accident. On manque d'air, ici.

Je me contentai de rire.

Ce fut un week-end très intéressant. La maison est splendide et la Comtesse est une femme remarquable. Malheureusement, il n'y a pas beaucoup d'affection entre la

Princesse et sa belle-mère. Leur relation se borne à une mutuelle tolérance. Mais le Prince aime bien la Comtesse de Spencer. C'est une femme très fine, qui se fond parfaitement dans son rôle de comtesse. De là lui vient probablement son impopularité. A la fin, je pus voir la Princesse devenir de plus en plus mal à l'aise, alors que la Prince se plaisait en compagnie de sa belle-mère, et en fin de compte, Lady Diana trouva une excuse pour le faire partir.

Durant ce week-end, les Spencer donnèrent l'impression de ne reculer devant aucun faste princier, que se refuse au demeurant la famille Royale. Un pianiste fut commandé au Savoy pour l'occasion et le pauvre homme se trompa de jour : il dut revenir le lendemain. Ils dînèrent dans l'argent et aux chandelles, car la Comtesse adore les chandelles, et s'habillèrent.

La Comtesse est toujours tirée à quatre épingles, du lever du soleil jusque tard dans la soirée, sans que jamais une mèche ne s'échappe, et je crois que la Princesse ne la tolère que pour les soins qu'elle dispense sans compter au Comte depuis sa terrible crise cardiaque, dont elle le sauva *in extremis*. Comme la Princesse adore son père, elle respecte de ce fait son choix d'épouse. Mais je doute par contre qu'Althorp accueillera souvent le Prince et la Princesse de Galles.

CHAPITRE XVIII

UNE DÉCISION DIFFICILE

Après les quatorze jours enchanteurs de cette croisière en Méditerranée à bord du *Britannia,* le reste de la lune de miel, en Ecosse, me sembla durer une éternité. Je dus m'avouer qu'au fond, l'intérêt que j'éprouvais dans ce job, commençait sérieusement à s'altérer.

Le Prince était maintenant marié : cela voulait dire qu'il y avait beaucoup moins de travail pour moi : une grande partie de mes occupations d'autrefois était à présent assumée par le personnel de la Princesse, et, parce que la Maison du Prince se développait considérablement du fait de son indépendance, elle était gagnée par la division du travail.

Il était certainement plus naturel que la Princesse elle-même se chargeât des menues tâches que j'avais sous ma responsabilité quand le Prince était célibataire.

Ainsi, je n'avais plus à le réveiller le matin et lui apporter son petit déjeuner. Je n'avais plus à prévoir les menus de la journée, ni ne choisissais les costumes, les chemises, les cravates, les chaussures pour ses rendez-vous. Tous ces petits riens n'étaient plus de mon ressort, et je commençais à me sentir superflu. Alors que j'avais toujours été à sa disposition du matin jusqu'au soir, je le croisais à présent vers le milieu de la matinée pour prendre son courrier, et parfois, brièvement, le soir, quand il se changeait pour sortir.

Ces circonstances sont seules à l'origine de ma décision, et il doit être absolument clair que j'ai quitté la Maison Royale dans les meilleurs termes. Certaines personnes ont trouvé cela dur à croire :

— Vous vous êtes disputé avec elle ? me demandaient-ils. Non, je ne me suis pas disputé avec la Princesse Diana. Nous n'étions pas assez proches l'un de l'autre pour se quereller, bien que dans les premiers temps de leur rencontre, je fus trop souvent au milieu. Je hochais doucement la tête en signe d'approbation si elle faisait bien quelque chose, ou toussais discrètement quand elle était sur le point de se tromper. Et elle tint compte de mes signaux avec une rapidité et une aisance stupéfiantes. Elle ne commettait jamais un impair.

Par la suite, elle développa une compréhension instinctive du Prince. Les seules fois où je devais peut-être lever un œil réprobateur, c'était quand elle voulait blaguer alors que le Prince désirait le calme. Il a besoin de moments de silence. Mais dans ce cas, Diana s'emparait aussitôt d'un livre ou d'une broderie, qu'elle adore faire, et s'asseyait tranquillement dans son coin. Dès le début, il fut évident qu'elle souhaitait ardemment s'occuper de lui. Mon devoir était donc de l'aider.

Je présentai ma démission au Prince Charles en Octobre 1981, juste après l'avoir accompagné aux obsèques du Président Sadate en Egypte. Je lui déclarai que j'avais servi pendant douze années bien remplies et que les milliers et milliers de kilomètres parcourus avec lui me semblaient maintenant suffisants, et que je ne voulais plus voyager autant. Bien que tout à fait exact, ce n'était pas la seule raison.

Bien qu'ayant eu une relation de maître à serviteur remarquablement peu difficile depuis le début, je sentis qu'il m'était impossible de discuter de certaines des motivations qui justifiaient à mes yeux ce départ, sans paraître déloyal avec lui.

Le Prince et la Princesse désiraient vivre essentiellement à Highgrove. J'adore la vie citadine et je me plaisais beaucoup dans mes appartements de Buckingham Palace d'où je donnais sur les 16 hectares des Jardins Royaux. Je savais qu'il me serait désagréable de passer presque tout mon temps à

Highgrove, donc que le moment était opportun de leur dire adieu.

Je n'aurais jamais démissionné tant que le Prince était célibataire : il n'y avait eu aucune raison de le faire. Après son mariage, il avait visiblement moins besoin des services que j'étais en mesure de lui offrir.

Je me sentais assez jeune encore, pour apprendre un autre métier, mais qu'en aurait-il été après quelques années de plus à son service ? Cet aspect-là de la question devait également rentrer en ligne de compte.

Je décidai donc de démissionner. J'allai voir le Prince dans son salon de Craigowan, à Balmoral, par un soir d'Octobre, alors que la Princesse était descendue à Londres. Je devinai immédiatement à son air qu'il savait ce que j'allais lui dire. Après tant de temps ensemble, il me connaissait aussi bien que je le connaissais. Nous venions tous les deux de traverser une période de changements radicaux : il renonçait à son célibat, et je trouvai maintenant difficile de travailler pour un homme marié. Il devait certainement avoir ressenti mon agitation.

— Asseyez-vous, Stephen, fit-il tout de suite. Voulez-vous quelque chose à boire ?

— Non, merci, Monsieur.

Je m'assis, et avec quelques difficultés, commençai à lui expliquer que je voulais partir. Il écouta avec attention et sérieux, puis me demanda :

— Vous êtes absolument sûr de vous ?

— Oui, Votre Altesse Royale, dis-je, choisissant délibérément la formule la plus cérémonieuse et solennelle.

Il me considéra, le regard interrogateur :

— Pourquoi ne pas prendre quelques jours et y réfléchir ?

Je me conformai à cette suggestion si typique de sa part, mais mon avis ne changea point.

Douze années de course autour du monde, c'était bien assez. Parfois, les conditions avaient été dangereuses et inconfortables. Plus souvent, nous avions voyagé en grande pompe, mais dans un cas comme dans l'autre, la tension était toujours grande. Dans l'année qui venait de s'achever, il y avait eu le mariage avec son cortège de préparatifs et toute l'excitation, la joie qui avaient entouré l'approche de cet événement, puis ce voyage de noces qu'il me fallait voir comme l'apothéose d'une carrière qui, grâce au Prince, avait été une longue suite de plaisirs.

Nous avons tous les deux le même âge. Nous avions presque grandi ensemble, bien que toujours comme maître et serviteur, et cela ne rendait pas ma décision facile. J'avais eu une position tellement privilégiée auprès de l'homme qui, un jour, serait roi. J'étais avec lui depuis si longtemps que je savais pratiquement tout ce qu'il pensait, et ce qu'il voulait avant même qu'il me le demandât. C'était pour cela que l'on me payait.

Il me sembla nécessaire d'annoncer cette décision moi-même à la Princesse. La possibilité s'en présenta le samedi suivant : le Prince était à la chasse, et nous étions, la Princesse et moi, à la cuisine pour le déjeuner. Ce repas est toujours informel, à Craigowan. A moins qu'il n'eût des invités, nous nous servions nous-mêmes, d'habitude directement dans le réfrigérateur.

La Princesse était debout contre la table de cuisine, dégustant un de ces yaourts dont elle raffole. Je m'étais préparé un sandwich au bacon.

— Le Prince vous a-t-il dit que je quitte son service ? demandai-je.

Elle sourit :

— Euh, oui... Les gens vont penser que nous avons eu une terrible altercation !

— Puisque nous savons qu'il n'en est rien, ça se passera bien, non ? répliquai-je.

Elle approuva entre deux cuillerées de yaourt.

— Quand comptez-vous partir ?

— Pas avant le mois d'avril. Cela donnera suffisamment de temps.

— C'est bien, conclut-elle, mettant fin à la conversation en posant le pot de yaourt. Bon, je vais me promener.

Je crois qu'elle était un peu soulagée. Tous ceux qui avaient côtoyé le Prince depuis des années, le quittaient. Son personnel changeait complètement : il était tout à fait raisonnable et pas surprenant le moins du monde qu'une femme aussi jeune que la Princesse Diana veuille se trouver entourée de gens de son choix. Pour des raisons bien compréhensibles, il ne lui aurait pas été agréable d'être servie par ceux qui avaient connu son mari quand il avait d'autres petites amies, bien avant qu'elle n'entrât dans sa vie.

Les réalités de la royauté ne semblent pas lui faire peur, mais comment supportera-t-elle les grosses corvées comme les déplacements à l'étranger ? On peut s'interroger...

Cette expérience, prévue pour le printemps 1982 avec un voyage en Nouvelle-Zélande, fut retardée à cause du bébé. Un ajournement qui consterna profondément le cabinet du Prince, au Palais, qui avait veillé à tous les détails pour voir le tout annulé au dernier moment.

Ce fut cette soudaine altération de l'organisation qui nous fit à tous, proches du Prince de longue date, penser que le couple royal n'avait pas prévu d'avoir un bébé si vite. Le Prince Charles est beaucoup trop attentionné depuis toujours pour avoir donné tant de travail à son personnel, s'il avait eu l'intention de fonder tout de suite une famille. Et le voyage lui-même aurait eu beaucoup plus d'impact s'ils étaient arrivés comme jeunes mariés plutôt que comme jeune couple avec enfant.

Mais personne ne fut réellement surpris : le trait le plus positif du caractère de la Princesse de Galles est certainement son amour des enfants.

Le jour où la Princesse annonça qu'elle était enceinte, le Prince Charles me demanda :

— Bien, vous n'avez pas besoin de vous presser, non ? Vous pouvez rester un moment encore ?

Nous étions dans son bureau à Buckingham Palace, où j'étais venu pour le féliciter de cette heureuse nouvelle. Debout devant lui, je marquai un temps d'hésitation :

— Non. Je crois que je m'en tiendrai à mon préavis de six mois, Monsieur, si vous n'y voyez pas vous-même d'inconvénients ?

Il eut un demi-haussement d'épaules, me regarda comme s'il allait ajouter quelque chose puis se ravisa :

— Comme vous voulez, Stephen.

Je quittai le salon du Prince à B.P., comme nous appelons toujours Buckingham Palace, et croisai la Princesse dans le couloir. Il y a là des penderies supplémentaires pour ses vêtements et elle était en train de choisir une toilette pour le déjeuner au Guildhall [1], qui devait avoir lieu ce jour-là.

— Mes félicitations, Madame, lançai-je.

Elle me sourit, rayonnante de bonheur, et caressa son ventre :

— N'est-ce pas merveilleux ? Je veux des tas d'enfants !

Elle était à juste titre très satisfaite d'elle-même.

---

1. Le Guildhall est l'Hôtel de Ville de la Cité de Londres, sur King's Street, fondé en 1411, endommagé en 1666.

CHAPITRE XIX

ADIEUX

Les raisons qui m'amenèrent à rester pendant six mois à mon poste étaient excellentes, j'en reste convaincu : je voulais préparer convenablement mon successeur aux tâches qui lui incomberaient dorénavant, et, si j'avais pris la porte immédiatement après avoir remis ma démission, les rumeurs selon lesquelles j'étais tout simplement renvoyé, n'auraient fait que croître et embellir.

Cependant, je découvris aussi que les adieux les plus brefs sont également les meilleurs. On n'arrêtait pas de me demander :

— Quand partez-vous ?

Ou :

— Vous partez vraiment ?

Ma présence entravait le nouveau personnel qui voulait naturellement s'établir de façon plus solide dans la place. Tout cela était terriblement inconfortable pour moi.

Le Prince, cependant, resta égal et merveilleux durant toute cette période, se souciant de mon futur avec beaucoup d'intérêt. Nos relations se modifièrent subtilement. Comme mon successeur prenait à présent en charge la plupart de mes fonctions, j'avais plus de temps libre, et certains matins, après le petit déjeuner, il m'appelait pour me demander de m'asseoir un moment avec lui. C'était là un comportement inhabituel, car, dans le passé, je m'étais rarement assis en sa présence.

Il devait me demander beaucoup de renseignements concernant sa propre maison. Au fil des années, j'avais pris soin de ses papiers personnels, catalogué sa collection de photos, organisé ses livres en bibliothèque : il en était arrivé à dépendre de moi pour lui trouver ce dont il avait besoin. Je connaissais l'emplacement de chaque objet. En même temps que je remettais la responsabilité de ses vêtements et autres biens à mon successeur en titre, je rendis directement au propriétaire la plupart de ses papiers personnels : toujours prudent, il n'aurait pas voulu que le tout revînt à quelqu'un qu'il ne connaissait pas encore suffisamment.

Il fut proposé que je quitte le 1ᵉʳ avril. Quand l'originalité de cette date lui apparut, il éclata de rire :

— Les gens vont croire à un poisson d'avril. Quittez le 2.

Ce que je fis...

Faire mes adieux à mon appartement de Buckingham Palace, que j'avais meublé au cours des années, et où j'avais vécu 14 ans, aurait pu être un déchirement. Mais heureusement, ce départ ne fut pas aussi douloureux qu'il aurait pu l'être. Au cours des années, le Prince, à ma demande, m'avait offert régulièrement un petit tableau comme cadeau de Noël. En 1978, il me demanda :

— Mais où accrochez-vous tout ça ?

— Maintenant, dans le placard.

Il rit :

— Dans ce cas, je vais vous faire construire un autre mur.

Le mur, finalement, se présenta sous la forme du bail d'un joli appartement à deux chambres sur un domaine du Duché de Cornouailles, à Kensington, au sud-ouest de Londres. J'avais utilisé ces nouvelles facilités aussi souvent que je l'avais pu depuis cette époque. Aussi, déménager de mes appartements de fonction au Palais fut relativement facile, parce que j'avais un chez-moi où me réfugier, tout près de là.

Si j'étais resté à son service, il m'aurait été de toute façon impossible de garder mes chambres à Buckingham Palace : le Prince et la Princesse se transportaient au même moment dans leurs nouveaux appartements de Kensington Palace...

et devaient faire face à un déménagement autrement plus important que le mien !

La vie se passa en toute tranquillité. La Princesse en était à un stade difficile de sa grossesse, et nous restâmes la plupart du temps à Highgrove. Le Prince limita ses activités de chasse pour rester avec elle. Elle avait de fortes nausées et se sentait souvent faible. Il prenait donc grand soin d'elle. Elle perdit complètement son enthousiasme pour les magasins et j'eus donc encore la charge des cadeaux de Noël du Prince, comme auparavant. La Princesse fit ses courses à partir des magazines de luxe : elle offrit aux enfants royaux une grande quantité de vêtements de laine, et je passai des jours exquis à emballer des présents innombrables pour eux deux.

Ce dernier Noël avec lui fut très réussi. Chaque année, il invite son personnel pour un déjeuner de fête dans un endroit inattendu. Nous avions été à la Tour de Londres, à la Banque d'Angleterre, à la Chambre des Lords, sur la Tamise dans une embarcation, à sa propre banque, Couts, et même une fois à Scotland Yard. Après le repas, nous avions droit à une visite des lieux.

Il décida pour ce premier Noël après son mariage que, puisque beaucoup de gens de son équipe étaient intrigués par l'installation de sa nouvelle habitation à Kensington Palace, il donnerait une réception « à nu » dans les appartements à moitié décorés.

Quand nous y entrâmes, les pièces n'avaient pas du tout l'air nu ! Lyons, d'un coup de baguette magique, avait installé son célèbre buffet dans les murs. Après le repas, des filles de son cabinet me demandèrent de leur montrer les lieux, que je connaissais déjà. Nous allions dans un sens, et nous rencontrâmes le Prince venant dans l'autre avec son propre groupe :

— Passez les premiers, fit-il courtoisement, en s'effaçant devant nous.

A ce stade des travaux, les murs n'avaient reçu que l'enduit et les appartements en L n'avaient aucun ameublement. Maintenant tout est magnifiquement décoré avec du papier peint aux armes du Prince.

Je passai mon Noël en famille et rejoignis le Prince et la Princesse à Sandringham pour le Nouvel An. Là-bas, la Princesse faisait figure de nouvelle venue dans cette assemblée d'habitués.

La plupart du temps, elle ne se sentait pas bien, et préférait se reposer. De surcroît, elle n'avait certainement aucune envie d'aller à la chasse. Aussi, le Nouvel An fut-il particulièrement calme pour tout le monde.

Une soirée, cependant, ne parut pas l'être particulièrement. Sandringham est construite sur les niveaux différents, et le son se propage probablement par les cheminées.

Un matin, juste après le Premier de l'An, la Princesse me demanda :

— Vous étiez au-dessus, hier soir ?

— Oui.

— Je pensais bien vous avoir entendu rire, fit-elle énigmatiquement.

Elle ne semblait pas contrariée, mais je pensais devoir m'expliquer :

— J'étais avec les pages, nous avons bavardé un moment et pris un verre ensemble.

— Je vois.

Plus tard dans la matinée, trouvant le Prince dans sa chambre, assis à sa table, je décidai d'aborder le sujet, pensant qu'il valait mieux tirer les choses au clair.

— Monsieur, j'ai appris par la Princesse que vous pouviez nous entendre, la nuit dernière. J'espère que nous ne vous avons pas dérangés ?

Il leva la tête :

— Ce n'est rien. La Princesse n'arrivait pas à s'endormir, nous sommes donc venus ici. Comme il faisait trop froid, nous sommes repartis dans sa chambre.

— Ciel ! J'espère que nous n'avons pas gâché votre nuit ?

— Pas du tout. Ce n'est rien : Il n'était pas très tard.

Pendant l'après-midi, je passai pour ranger ses appartements quand mon attention fut soulevée par ce qui se trouvait sur la table de chevet :

— Qu'est-ce que c'est ? demandai-je à la femme de chambre.

Elle rugit littéralement de rire :

— Des boules Quies.

Le reste du séjour se passa à chuchoter quand nous nous réunissions le soir après le dîner. En effet, rien ne pouvait réveiller le Prince, alors que Lady Diana a le sommeil très léger.

Le jour de mon départ arriva enfin. Nous étions de retour au Palais et tout se déroulait comme prévu. Je savais que le Prince devait se rendre ce soir-là à Liverpool, en train royal, donc que je ne le verrai pas dans la matinée de mon départ.

A 7 heures, ce soir-là, il m'appela. Je me rendis dans son bureau et le trouvai debout au milieu de la pièce :

— Fermez la porte, dit-il. Et asseyez-vous.

Il m'indiqua le sofa, et je m'exécutai tandis qu'il s'installait dans son fauteuil jaune :

— Je me suis soudain souvenu que vous nous quittiez demain.

— Eh oui, Monsieur.

Je me sentais bizarre à présent. J'avais vu d'autres gens lui dire adieu et c'était maintenant mon tour. Je ressentais ce qu'ils avaient dû ressentir en leur temps. C'était surtout étrange de penser que j'étais en sa compagnie probablement pour la dernière fois de ma vie, alors que j'avais passé une si grande partie de mon existence à ses côtés. J'avais appris à le connaître mieux que personne ne pouvait le prétendre au Palais. Pour moi, son caractère, ses manières, et ses goûts m'étaient plus familiers que celles de certains proches membres de ma famille.

Jusqu'à présent, parce que le concept de royauté est unique et encore enveloppé d'un certain mystère, le Prince est lui aussi unique. Ainsi, malgré la connaissance que j'avais acquise de cet homme et de son esprit, une barrière s'élevait encore entre lui et moi, une barrière de déférence.

Il me demanda :

— Tout est en ordre pour votre avenir ?

— Je l'espère, Monsieur, dis-je. Je me destine aux relations publiques chez Turnbull & Asser.

— Je viendrai vous acheter des tas de chemises. — Il marqua une pause. — Cela fait longtemps, n'est-ce pas?

— On dirait que c'est passé très vite, aussi, répondis-je.

Mais le silence me gagna à mon tour. Je lui étais redevable de tant d'expérience; tous ces voyages qui étaient une éducation complète en eux-mêmes; le contact avec les arts, la musique, la peinture, les beaux meubles; mais aussi la campagne, les mets et les vins fameux. J'avais eu le meilleur apprentissage de la vie, la meilleure école du monde, et j'étais parfaitement conscient de ma chance en ce domaine. Mais comment le lui dire?

— Combien d'indépendances avez-vous faites avec moi, demanda-t-il tout à coup.

— Quatre, Monsieur.

— Et d'obsèques?

— Quatre, aussi.

— J'ai passé pas mal de temps en avion, n'est-ce pas? fit-il, songeur.

— Pas mal, en effet, souris-je.

— Et tous ces uniformes. Vous avez finalement survécu à tous les soucis qu'ils vous ont infligés!

Il savait que la seule pensée de faire une erreur avec ses uniformes m'avait toujours causé de terribles angoisses.

— Je n'étais heureux que lorsque vous étiez rentré, que tout était en place, rangé et plié, et que personne ne s'était plaint, répliquai-je.

Il rit de bon cœur, puis son visage redevint sérieux :

— Tout se passe bien? Vous gardez l'appartement, n'est-ce pas?

— Oh, oui.

Je l'en remerciai avec une grande sincérité, car c'était là un geste très généreux de sa part. Il fit un mouvement de dénégation, et prit deux boîtes posées sur une petite table à côté de lui.

— Juste un petit souvenir.

Il me tendit la plus petite. J'ouvris le couvercle de cuir

suédé sous son regard. A l'intérieur, se trouvait une pièce d'argenterie spécialement commandée chez Wartski's : un coupe-papier avec les armes du Prince, les plumes ciselées dans l'or et serties dans le manche.

— Et ceci est de nous deux.

Il me présenta la seconde boîte : c'était ma photographie favorite de lui et de la Princesse, celle qui avait été prise pendant leur lune de miel en Ecosse. Elle était posée dans un cadre de cuir vert avec les plumes du Prince de Galles en haut. Tous les deux l'avaient signée.

Je le remerciai, la gorge nouée par l'émotion. Nous nous étions tous les deux levés, et l'audience, si l'on peut dire, était levée. Nous rentrâmes tous les deux dans ces rôles que nous interprétions naturellement depuis douze ans.

— A quelle heure dois-je partir ? me demanda-t-il en regardant sa montre.

— 22 heures, Monsieur, lui répondis-je.

Je m'inclinai et quittai la pièce.

Je le vis encore une fois, ce soir-là. Lui et la Princesse se rendaient à la gare. Je l'escortai seulement jusqu'aux portes du Palais. Avant de disparaître dans sa voiture, il se retourna vers moi et dit :

— Stephen, prenez bien soin de vous et n'hésitez pas à me contacter en cas de besoin.

— Merci, Votre Altesse Royale.

— Bonne nuit, conclut-il.

Elle me fit un petit signe de tête, et ils montèrent dans la voiture qui fut rapidement engloutie par la nuit.

Je ne l'ai plus revu depuis.

Je fis ma propre sortie le lendemain après-midi. Le personnel royal dit toujours qu'on rentre au Palais de Buckingham en blazer d'école moins le badge, avec son costume du dimanche suspendu à un cintre en fil de fer sous le bras, et qu'on quitte les lieux avec des malles bourrées de vêtements et d'objets personnels. Mes affaires à moi avaient été expédiées progressivement pendant les six mois précédents ; donc, après une réception organisée par le personnel en mon honneur, au cours de laquelle on me fit cadeau d'un magnifique plateau, je me glissai pour la dernière fois par cette fameuse porte latérale, au volant d'une voiture du domaine du Prince, qu'il avait tenu à me prêter en attendant que je puisse m'en acheter une.

Le service royal était bel et bien terminé...

ÉPILOGUE

Cette vie me manque-t-elle, me demandent fréquemment les gens. Une réponse sincère et brève serait oui et non.

Je regrette de n'être plus servi. Certes, je servais le Prince, mais en contrepartie, d'autres me servaient. Des bonnes nettoyaient ma chambre, on prenait soin de mon linge deux fois par semaine, le garage vérifiait la voiture que j'utilisais. Je regrette le bureau de poste privé, où l'on ne connaît pas la queue au guichet, et la banque, vingt-quatre heures sur vingt-quatre. Je regrette la nourriture. La salle à manger du personnel supérieur ressemblait à celle d'un club de Saint-James : une salle décorée de gravures de chevaux, et un bar du personnel avec des boissons à un tarif préférentiel, que nous pouvions utiliser également comme magasin de spiritueux : si je voulais une bouteille de gin ou de vin dans mon appartement, je la faisais monter.

Ce que je ne regrette pas, ce sont les voyages tout le temps et sans trêve, avec des valises comme compagnons de tous les jours et les effets secondaires de ce continuel mouvement.

Le travail, également, n'était pas facile. Beaucoup plus dur qu'il n'y paraît, vu de l'extérieur. Je travaillais à des heures qu'un syndicat réprouverait fortement, et dans tant d'endroits différents. Aussi, dans ces conditions, mes amis me manquaient-ils beaucoup.

Il va sans dire, bien entendu, que je regrette les avantages du métier, mais pas les inconvénients.

Il me fallut m'habituer au monde extérieur. Je découvris les heures d'ouverture des banques. Je sais où est le supermarché du coin, et le goût des hamburgers Mac-Donald's ne m'est plus inconnu. C'est si facile de tomber dans le piège du style de vie du Palais. Il y a de vieux serviteurs qui ont fini par en dépendre totalement.

Chacun change en vieillissant : je voulais me poser quelque part. Néanmoins, douze ans de service royal avec le Prince Charles constituèrent un privilège extraordinaire, et me procurèrent des possibilités énormes dans tous les domaines imaginables.

Aussi, je me considère comme un veinard...